谨以此书献给生活于
西部黄土高原刘渠村的我的父老乡亲

制度变革与村民的教育期望

基于西北地区Z县刘村的质性分析

刘炎欣 ◎ 著

人民出版社

责任编辑:刘　伟
责任校对:吕　飞

图书在版编目(CIP)数据

制度变革与村民的教育期望——基于西北地区 Z 县刘村的质性
　分析/刘炎欣 著. -北京:人民出版社,2015. 12
ISBN 978 - 7 - 01 - 015664 - 4

Ⅰ.①制… Ⅱ.①刘… Ⅲ.①社会变迁-关系-农村-义务教育-
　研究-西北地区　Ⅳ.①G522. 3

中国版本图书馆 CIP 数据核字(2015)第 317236 号

制度变革与村民的教育期望
ZHIDU BIANGE YU CUNMIN DE JIAOYU QIWANG
——基于西北地区 Z 县刘村的质性分析

刘炎欣　著

人民出版社 出版发行
(100706　北京市东城区隆福寺街 99 号)

北京厚诚则铭印刷科技有限公司印刷　新华书店经销

2015 年 12 月第 1 版　2015 年 12 月北京第 1 次印刷
开本:880 毫米×1230 毫米 1/32　印张:11. 625
字数:251 千字

ISBN 978 - 7 - 01 - 015664 - 4　定价:69. 00 元

邮购地址 100706　北京市东城区隆福寺街 99 号
人民东方图书销售中心　电话 (010)65250042　65289539

目　录

1

目　　录

序　一

　　教育研究有两条路可以走:一条路是像柏拉图那样,沉浸在自己的理念世界中,为人类勾勒一个美好的可能世界;另一条路就是回到现实中,以诠释教育现象、解决现实教育问题为目的。应当说,这两条路都有价值,但在今天的时代条件下,后面这条路更有现实意义。目前,中国社会正经历着从一元化总体性社会向多元化变革性社会的转型。变革与转型是社会发展进步的必由之路,但当变革和转型与中国城乡二元结构的社会格局相交织时,社会领域的矛盾与冲突就会凸显,进而导致民众的心理困惑增加,彷徨、迷茫、纠结、焦虑乃至无助的心理日益矛盾突出。其中,人们对教育的期望所发生的变化,就是这种社会现象的体现形式之一。如果我们能够捕捉到教育变革的现实性并对其作出深层次的学理思考,对于推进教育变革乃至教育理论创新,无疑都具有重要的现实意义和实践价值。

　　在现代社会,教育是实现社会流动的最重要的通道,是实现社会公平正义的重要方面。众所周知,生活在社会最底层的农民,由于其先赋性社会资源的不足,其改变命运和实现社会阶层上升流动的方式不多,教育往往是他们实现社会阶层流动的主要渠道。因此,一直以来,农民对教育怀有崇高的期望。当然,过高的期望又往往会演绎成为一种功利主义的行为。然而,不论怎么说,它是

1

农村家庭教育供给的主要支撑力量,它保证了农村教育发展的向心力不断绵延与持存。在社会转型期,在日趋多元化的价值体系的影响下,教育制度的变革使农民对教育的期望出现了较为严重的分化,既有的教育观念和教育信仰走向瓦解,教育的聚合功能逐渐弱化和式微,呈现出离散趋势;传统教育观念的超强裹挟力所形成的文化惯习遭遇制度变革带来的碰撞,高昂的教育费用支出和艰难的就业状况冲击着人们的教育行动惯习,使部分农民对教育产生了动摇心理,辍学现象时有发生,"花钱上学不如早日打工"成为一种潜流。另外,教育制度的确定性所形成的路径依赖遭遇制度变革带来的冲击,就业的艰难状况与"凡进必考"的激烈竞争使农民的教育行为发生迟滞,以往那种义无反顾的教育投入如今变得顾虑重重。农民深深地陷入教育支出得不到期待中的回报的困境,农民判断教育投入的动机发生了迟疑,与教育的疏离心理加重。这对他们的教育期望产生了伤害性的影响。农民的教育行动表现出无力的趋向,换来的是人生目标的迷茫感。面对教育改变命运的功能弱化,放弃教育的现象不断发生。这种现象一旦泛化,辍学率就会上升,普及义务教育与提高公民素质就会面临新的挑战。这是中国农村教育在变革与转型中面临的重大困境,需要我们直面。对此,做出基于现实的学理性思考,是对社会富有使命感的学者义不容辞的责任。刘炎欣结合自身的生活经验,运用田野研究的方法对这些现象进行了细致的考察和调研,获得了丰富的一手资料,并在此基础上进行更深入的理性思考和分析。其研究是有价值的,其所揭示的现实是准确的,对其作出的学理分析也是得当的,他提出的观点和认识值得我们去思考和理解。

教育研究的行动路向在于走出书斋,走向田野,在社会实践中倾听真实的声音,在生活世界中了解最渴望的诉求,如同沃尔夫冈·布列钦卡所认为的:"教育的实践理论有一个实践的而非科学的目的:人们创造它们是用来为教育者提供为了合理的教育行动所需要的实践知识"。刘炎欣在理论与实践的探索方面迈出了重要的一步,祝愿他能沿着教育实践的行动路向走下去,取得更多的成就。作为一名涉入教育学术领域较晚的学者,虽然存在着诸多不足,但他对学术的执着追求的精神值得肯定,希望他能一步一个脚印,务实进取,在教育研究的道路上取得更大的收获。

刘旭东

2015 年 9 月于金城

序　二

最近一个月,诸事繁杂,心绪烦乱,被颈椎不适造成的眩晕折磨得很痛苦,不得已而下野。做"寓公"期间,刘炎欣博士造访,送来博士论文,说是答辩通过,评定为优秀,十分高兴。高兴的是我做院长期间推荐培养的第二个博士毕业了,说明我没有看错人。

《制度变革与村民的教育期望》初看起来并不像一个博士论著,认真阅读才发现,其中的理论深度、思想方法、研究视角、人文情怀都是令人震撼的。而且,其文笔的学术性通俗,使我找到了一种新的论文写作格式。

之所以钟情于这篇论著,是因为我自己一直想写一个村志,一个社会心理学、文化人类学、跨文化心理学视野的村志,但我缺乏专门的时间,或者说没有找到感觉。而刘炎欣博士却花了三年时间,从教育学角度写出来了。该书反映出的作者对刘村的情怀和对农民命运的无奈,使人在理性思考的同时,禁不住潸然泪下。作为与刘炎欣博士有着同样家庭背景和生活经历的学者,我边看边有一种冲动,我要把此文复印几十套送给我家乡的父老乡亲,让他们知道,从农村家庭走出的孩子,不会忘记家乡,他们在不断追问着这个世界的公正路径。

刘炎欣博士是刘旭东教授的门生。正如后记所言,刘门弟子个个优秀,是因为导师的优秀。刘旭东教授不仅是一个帅哥,更是一个人品、学品高大的学者。正是因为导师的指导,才有了一批刘门弟子成为栋梁之才。我此生无大后悔,唯独后悔没有攻读博士学位,因此看博士论文总是有些羡慕嫉妒,当然恨是没有的。

　　看的时候很嫉妒,似乎有许多许多话要说;等到写的时候,一是发现不知如何说,二是颈椎实在难受。就到这里吧,谢谢刘门弟子的好文章。

张海钟

2014 年 9 月

引　论

　　目前,中国社会正处于由现代工业社会向知识经济社会转型的变革时期。经济社会的快速发展和社会制度的变革张力不断博弈,"变革"成为时代的特征。

　　社会转型的核心是社会制度的变革。社会制度是社会结构的内在构件和运行支架。社会转型往往以社会结构变迁为契机,促进社会制度的变革和完善。社会转型作为人类社会发展的文明跃迁和范型更替,其社会意义表现在通过制度的变革和进步,促进政治制度的民主化、经济制度的市场化、文化制度的世俗化和教育制度的大众化。

　　改革开放以来,中国逐渐由一元化总体性社会向多元化变革性社会转型。在中国社会转型过程中,最突出的问题表现在"城乡二元结构"的社会格局所形成的"社会断裂",阶层分化和利益博弈导致贫富悬殊,社会矛盾显现。随着市场经济体制的逐步确立,经济社会的规则体系和价值观念发生了变迁。以市场为主导力量的社会变迁成为经济理性和制度变革的价值分野,制度变革引发的阶层利益分化、社会结构调整和市场资源配置成为社会关注的焦点。

　　教育制度的变革是社会转型发展的必然结果。社会转型引导教育转型,教育转型促进教育制度的结构性调整和制度范型更替。

通过推动制度的变革和创新,不断促进教育的大众化和公平化。但是,在中国教育转型的过程中,伴随着教育制度变革所引发的教育问题和教育矛盾日益突出,尤其是城乡二元结构的社会格局使农村教育发展的制度性矛盾凸显。这主要表现在:义务教育阶段的学校撤并政策引发的入学问题、教育质量的薄弱导致的择校现象,以及择校中遭遇的制度性的障碍等问题日益加剧;而非义务教育阶段的高校招生制度、收费制度、培养制度、户籍制度、就业制度等引发的收入分配制度、公共服务制度、城乡身份差异等制度性和政策性的矛盾以及辍学、弃考等教育问题交织,在城乡二元结构的社会格局中显得日益尖锐。

农村教育的转型是一个不断祛魅的过程。长期以来,中国教育制度的确定性所形成的制度惯性和路径依赖成为村民教育期望的内在规定性。村民投资教育的主要动力,源于高考制度的身份改变和大学教育的利益收益。高考制度、户籍制度、培养制度以及就业制度的制度规定性,对考入大学并完成大学学业者的身份和地位的改变,产生了强烈的制度效应。比如,"成功者"的人生和命运的巨大改观和擢升,使村民对成为体制内的"公家人"形成了强烈的制度认同。教育制度产生的制度光环和预期收益,使广大公民尤其是农村村民对教育的向心力和投资热情持久而恒定。教育在农村地区的显在属性,演化为农村家庭成员改变身份和地位、实现社会流动的工具。教育的功利性价值遮蔽了教育的本体价值。

然而,随着社会转型的加剧,由社会转型引发的教育制度变革将村民对教育的制度性依赖打破。教育的投入成本显著增加,村民家庭的教育支出不断攀升,教育负担加重,而就业难成为社会性的制度困惑,缺少先赋性资本的农村大学毕业生的就业更加困难。教育投入的高风险性和回报的不确定性上升,村民的社会流动之路变得日益艰难,教育的魅力和制度的光环在逐渐消退,村民的教育期望变得茫然而无助。尤其是,随着城乡二元结构的愈益分化,农村教育处于被不断"边缘化"的困境中,制度设计成为教育不均衡发展的根源。近年来,随着教育布局的新一轮调整,农村义务教育走向城镇化和集中化。村校撤并导致办学距离的加大,引发义务教育阶段辍学现象反弹,适龄儿童难以入学,在校学生不断流失,辍学学生呈低龄化趋势,农村义务教育面临新的困境;同时,非义务教育阶段的高中教育和大学教育的高消费和高支出,超出大部分村民家庭的承受能力,"因教返贫"成为普遍现象。大学毕业生的就业难度、就业竞争日益加剧,"凡进必考"的就业制度门槛难以逾越,不能就业的农村大学生的出路和处境堪忧,人生际遇艰难。而农村教育发展的另一面,是农村义务教育质量的日渐下滑和村民教育焦虑心理的泛化。面对教育竞争的日趋激烈,村民为了不使孩子输在起跑线上,出现了大量的择校现象。为了能在县城学校择校,让孩子享受优质教育资源,村民义务教育阶段的教育支出加重。乡村学校人去楼空、资源闲置,城市(城镇)学校人满为患,没有条件择校进城的学生逐渐走向辍学和流失。村民的教育期望在社会转型和教育制度变革中出现了分化,弃学事件不断出现,高考弃考现象屡屡发生。农村教育面临前所未有的挑战。面对教育变革的困局,探讨如何保护村民的教育期望、重树村民的教育信心,具有一定的理论价值和实践意义。

第一章　基本问题概览

　　"这是一个充满变革的世界。在这里，充斥着深刻的矛盾、碰撞和社会分化……"

——［英］安东尼·吉登斯

　　改革开放以来，中国进入变革加剧的社会转型时期。"社会转型作为一种结构性的变化，其核心部件就是制度转型。"①经济体制改革和经济结构调整引发了社会形态、社会结构、社会观念以及分配制度、教育制度、就业政策等的深刻变化，出现了社会利益格局的重大调整。目前，在此背景下，教育要适应社会的转型发展，教育制度和中国正处于由制度变革引发的利益格局调整和社会矛盾大量呈现的发展时期教育政策也要随之进行变革。新制度经济学家道格拉斯·诺斯认为："作为正式制度的变迁……构成了一种经济长期增长的源泉。"②在中国社会转型变革的特殊历史时期，教育制度的变革必然随着社会转型而不断加剧。"纷繁复杂的教育改革背后，本质上是教育制度的变迁。"③教育制度变革

---

　　①　王建华:《论制度变迁与教育转型》,《教育导刊》2011 年第 1 期。
　　②　［美］道格拉斯·诺斯:《经济史中的结构与变迁》,陈郁、罗华平译,上海三联书店 1991 年版,第 225 页。
　　③　刘复兴:《当代教育理论新说》,高等教育出版社 2010 年版,第 96 页。

必然成为社会制度变革的重要话题。利益格局的调整和教育制度的变革对处于弱势地位的农村教育的影响是必然的。因此,本书的研究是基于中国社会转型背景下教育制度的变革与农村教育的发展而展开的。

第一节 问题背景与研究缘起

"问题不是我们做什么,也不是我们应当做什么,而是什么东西超越我们的愿望和行动而与我们一起发生。"

——[联邦德国]伽达默尔

一、中国社会转型背景下的教育制度变革

目前,学术界较一致地认为:广义的社会转型指人类社会从一种标志性的社会形态向另一种标志性的社会形态明显转型的过程;狭义的社会转型指社会形态转变的过程中,社会生活的丰富性内容发生了较大的甚至是剧烈的变化过程①。在中国社会转型的过程中,社会结构、社会机制、观念系统以及制度文化发生了深刻的变化;产业结构、组织结构、区域结构、资源结构、分配结构、身份结构、社会阶层等都发生了重大变革,新的利益格局不断衍生;社会流动机制、社会控制机制、社会沟通机制、社会保障机制以及社会评价机制都将重新构建,为社会主义市场经济的全面发展创造

---

① 李峻:《转型社会中的高考政策研究》,湖南人民出版社 2012 年版,第 38 页。

了条件。

（一）社会转型理论与中国社会转型

"社会转型"（Social Transformation）一词源于西方发展社会学理论和现代化理论，是对生物学"Transformation"概念的转用。社会学家大卫·哈利生最早运用"社会转型"一词来论述现代化和社会发展，后来西方社会学家用"社会转型"来描述社会结构的进化与转变。中国台湾社会学家蔡明哲在《社会发展理论——人性与乡村发展取向》中首次把"Social Transformation"译为"社会转型"，并提出了社会发展是"由传统社会走向现代化社会的一种社会转型与成长过程。"①社会学理论把社会转型看作社会发展中的结构性变革，是社会从一种形态向另一种形态转换的特殊运动形式。

国外关于社会转型的研究主要围绕社会如何从传统型向现代型转变进行。马克斯·韦伯将社会划分为"前现代社会"和"现代社会"，认为现代社会的特质是现代性，社会转型就是向现代化的发展过程；迪尔凯姆将社会划分为"机械联系社会"和"有机联系社会"，认为社会转型是法律与道德的制度性和观念性的变迁；F.滕尼斯将社会划分为"礼俗社会"与"法理社会"，认为社会的转型主要表现为从社区转向社会、由乡村转向城镇、由习俗转向法律，包括由血缘关系转变为业缘关系，社会价值观由以信仰力量的形成转向靠舆论的力量维持，生存依赖由农业转向工业；哈贝马斯认为，资本主义公共领域的结构转型要通过社会规范予以重构。以

---

① 蔡明哲：《社会发展理论——人性与乡村发展取向》，台湾巨流图书公司1987年版，第66页。

上几种不同的观点表明,社会转型是社会在由传统形态走向现代形态、由乡村社会走向城镇社会的过程中所发生的变革,主要表现为社会的整体性变迁和结构性调整。

中国研究者把社会转型看作一种社会整体性发展的过程,认为是社会由传统向现代的变革进程。李培林认为:社会转型是一种社会整体性的发展和特殊的结构性变动,是一个数量关系的分析概念①;郑杭生认为,社会转型是社会由传统向现代的转变②;马和民指出:"社会转型是社会发展进程中社会结构系统的整体变革。"③陆学艺、景天魁把社会转型看作"中国社会从传统社会到现代社会,从农业社会到工业社会,从封闭式社会到开放式社会的社会变迁和发展。"④冯建军指出:"社会转型是一种根本性的变革,是社会历史发展过程中一种质的飞跃,造就了一个完全有别于传统的新的社会形态。"⑤以上研究表明,社会转型是社会从传统形态向现代形态转变的过程中引发的一系列结构性的社会变革,其实质是社会从一种结构和形态向另一种结构和形态的转换。

迄今为止,人类社会的发展经历了两次较大的转型,即从农业社会向工业社会的转型和从工业社会向后工业社会的转型。农业

① 李培林:《另一只看不见的手:社会结构转型》,《中国社会科学》1992 年第 2 期。
② 郑杭生等:《当代中国社会结构和社会关系研究》,首都师范大学出版社1997 年版,第 3 页。
③ 马和民:《论社会转型期的教育问题与综合治理》,《杭州师范学院学报(社会科学版)》2003 年第 1 期。
④ 陆学艺、景天魁:《转型中的中国社会》,黑龙江人民出版社 1994 年版,第 5 页。
⑤ 冯建军:《论当代中国教育的双重转型》,《南京师大学报(社会科学版)》2011 年第 3 期。

社会向工业社会的转型主要表现为技术的进步和产品的改进,以提高产品质量和创造社会财富为主要目标,机器生产代替了手工劳作,提高了生产效益。但是,现代社会在效益优先和利益至上原则的规约下,过度追求制度的精准化、生活的精确化、工作的专门化以及社会分工的专业化,从而导致人被异化;而在工业社会向后工业社会转型的过程中,制度的变革以人为本,制度的设计追求人性化,以提升人的生活品质为核心,社会的进步要为人的存在服务,为人类创造更加便捷、舒适的生活方式。

常态社会的转型往往以经济体制转型为契机。社会以经济为其存在和发展的基础,经济体制的变革与转型必然引起社会结构和社会生活的变化,这种变化不是某一层次或某一领域的局部性变革,而是一种社会整体性的调整与变迁,包括政治、经济、文化和教育等各个社会子系统的变化,它的变化引起社会组织结构、社会资源结构、社会区域结构以及社会分布结构的整体变化,进而推动利益分配格局、社会沟通机制、社会保障机制和社会资源配置机制的变革。

社会转型促进文化变迁。社会是人们生活的共同体,人们以生产关系为基础结成社会关系,是社会文化的重要组成部分。社会文化是由社会诸要素构成的复合性整体。刘旭东认为:"在文化结构中,制度文化以一定的物质文化为基础,并通过物质文化表现出来,同时又反映精神文化,对物质文化、观念文化产生重要影响,在文化结构中具有重要地位和作用。"①物质文化、制度文化和

①　刘旭东:《论教学制度创新与学校文化重建》,《教育理论与实践》2004 年第 9 期。

精神文化变革是社会结构变化的必然结果。以涂尔干、帕森斯为代表的结构功能主义认为:社会作为一个系统的存在、运行与发展,需要一定类型的结构和要素发挥功能性作用。社会转型是社会结构变迁的外显形式,是由社会共同规范体系决定的,而社会文化的变迁是社会转型的直接结果。按照帕森斯的理论,一个社会系统的转型与变迁是其文化系统的调整与内化,是将价值取向的变化有效地转化为新的实践过程,以此保证社会实践与社会文化价值观的契合。

当代中国社会转型始于 20 世纪 70 年代末期。中共十一届三中全会以后,中国在改革开放政策的指引下,经济社会走向全面开放,由计划经济向市场经济的转变开启了中国社会的现代性变革。"(中国)由农业的、乡村的、封闭的传统社会向工业的、城镇的、开放的现代社会"①的转型引起了社会结构的整体性变革,变革的实质是社会结构的整体性调整,是生产力和生产关系、经济基础和上层建筑之间的矛盾运动形式。刘祖云认为,社会转型促进社会发展,主要表现在三个方面:一是社会从传统型向现代型转变;二是传统因素与现代因素此消彼长的进化;三是整体性的社会发展。②中国的社会转型促进了中国经济社会发展和社会结构的整体性变革。王中银(2009)认为:中国目前正处在两个转变之中,一是由一个总体性社会向一个分化程度较高的社会转变;二是从高度集中的计划经济体制向社会主义市场经济体制转变。经济体制转轨

---

① 郑杭生等:《当代中国社会结构和社会关系研究》,首都师范大学出版社1997 年版,第 3 页。

② 刘祖云:《社会转型:一种特定的社会发展过程》,《华中师范大学学报(哲学社会科学版)》1997 年第 6 期。

推动社会结构转型成为中国当前社会变革的一大特征,其实质是一种全面性的社会结构调整,不仅包括经济体制的转轨,更包括社会结构的转换,是一种特定的社会发展过程。

进入 21 世纪以来,中国社会的转型呈现加速化和全面化态势。社会在转型的过程中"把市场化、现代化和社会主义改造这三重重大的社会变迁浓缩在同一个时空中进行,从而构成了一次史无前例、波澜壮阔的社会转型。"①然而,中国社会在快速转型中积聚的社会矛盾和社会问题开始凸显。城乡二元结构的社会格局进一步加剧了社会的不均衡发展,使社会面临着许多转型中的严峻问题,"最突出的一个问题就是 20 世纪 90 年代以来社会转型的过程中由于种种原因造成的以'城乡二元结构'为标志的'断裂的社会'"②。中国社会的断裂以计划经济时期的户籍制度为隔离,形成城乡二元结构并存的社会利益格局。这种格局"使一个落后国家中的最先进的那部分变得更加先进的同时,这个先进的部分与社会其他部分的差距越大。"③在城乡二元结构的格局进一步分化的过程中,农村的弱势群体被排斥在主流社会结构之外,逐渐走向边缘化。城乡居民两种不同的身份制度,分化成具有明显差异的社会保障制度、教育制度、福利制度以及就业制度,使城乡居民的收入差距在日益扩大的同时,其公共服务资源的享有、尤其是教育资源的差距在日益拉大,城乡悬殊的差异导致了民众的社会诉求难以调适。

---

① 杨耕:《为马克思辩护》,黑龙江人民出版社 2002 年版,第 1 页。
② 王建华:《论制度变迁与教育转型》,《教育导刊》2011 年第 1 期。
③ 孙立平:《断裂——20 世纪 90 年代以来的中国社会》,社会科学文献出版社 2003 年版,第 8 页。

（二）中国教育转型与教育制度变革

教育作为社会系统的重要组成部分,与社会的转型发展和结构调整具有极其紧密的关系。社会转型是教育转型的前提,教育必将随着社会的转型而转型。涂尔干认为,教育是一种社会现象,也是一种社会事实,具有外在性、强制性和普遍性的社会特征。在社会的发展变革中,教育必然与其他社会子系统协同作用,促进社会的发展变革,社会的发展离不开教育,相应的,社会的转型与变革必然引起教育的转型与变革。"在教育转型的过程中,最为显著的变化是教育制度的转型"(王建华,2011)。在社会系统的构成结构中,教育与政治、经济、文化等具有密切的逻辑关系,无论是政治制度的变革、经济体制的改革或者文化系统的变迁,都会对教育制度的变革产生效应机制和联动作用,教育转型必然促进教育制度的变革,是一种协同机制的连锁反应。教育制度的变革反映了社会阶层的利益诉求,是对个人利益的正当性和合法性的制度设计与回应。苏宏章指出:"各种社会制度的实质是利益制度,是为了一定阶级、阶层、集团和一定人的利益而制定的。不管社会制度的代言人使用何等漂亮的词句,也掩盖不了社会制度的这一实质。"[①]教育制度变革的价值目标指向公平性,旨在创设一个公平的制度环境,实现教育权利、教育机会的原则平等,实现公民的利益诉求。

教育制度变革的实质是新旧教育制度的边际调整。按照新制度经济学派的思想——"制度是最重要的"的观点来分析,制度与效率的高低直接相关。在社会转型时期,教育制度的变革源于社

---

① 苏宏章:《利益论》,辽宁大学出版社1991年版,第170页。

会的诉求和教育制度的发展与创新。用较高效率水平的教育制度代替低下效率的教育制度，是教育发展的必然选择，是"物竞天择"式的制度性超越。教育制度转型和变迁是教育适应社会发展和社会结构性调整的变革，教育制度、教育目的、教育结构以及课程内容和培养模式等都会发生结构性调整。马和民指出："在社会体制转型时期，教育系统的变迁也难免存在着新旧体制相耦合、又相冲突的现象：应付与变革、守旧与创新并存。"[1]教育系统只有与社会结构和社会制度相适应才能促进社会的发展，实现自身的社会功能。

进入 21 世纪以来，中国教育在快速发展的过程中，产生了严重的利益分化，出现了复杂的制度性矛盾。教育发展的不均衡状态使教育的发展矛盾日益尖锐，广大民众对优质教育资源的追求日益旺盛，而城乡二元格局的不均衡发展态势难以满足民众的教育需求，城乡教育差距日益拉大，成为教育发展的制度性瓶颈；同时，随着高校扩招，大学毕业生数量激增，就业的难度加大。大学毕业生难以就业，但另一方面，面对激烈的就业压力，义务教育阶段的教育需求空前高涨，择校热、教育"进城"热、农村教育"空巢化"、城市教育超大班额等教育问题不断涌现，中国教育在转型中遭遇了前所未有的困境。刘复兴指出："在社会转型的过程中，相当一部分社会成员在经济收入和接受教育等方面也出现了比较严重的两极分化现象。""义务教育的入学机会、就学条件、教育质量差异巨大，相当一部分适龄儿童难以享有平等的教育机会；高等教

---

① 马和民：《论社会转型期的教育问题与综合治理》，《杭州师范学院学报（社会科学版）》2003 年第 1 期。

育入学制度和入学机会存在不公平;民办教育与公办教育之间难以享有公平竞争的制度环境;优质教育资源在区域之间、学段之间、人群之间的配置严重不均衡;尤其处境不利人群接受教育时难以受到公平的对待、弱势补偿和优先扶持。"①教育的不公平态势和非均衡发展会对社会贫困群体以及弱势群体产生不利影响,导致社会失却公平正义,对全面建设和谐社会和小康社会产生阻碍。

二、教育制度变革中农村教育发展的困境

目前,中国正处于以城市化、工业化和城镇化为路径的转型发展阶段,经济社会的发展出现了前所未有的巨大变革。但是,城乡二元结构的社会格局造成的城乡差别使中国农村社会的发展出现诸多问题,农村教育的边缘化和衰落化成为农村教育发展的时代困境。近年来,随着城乡统筹发展以及教育均衡发展战略的实施,农村地区全面推行义务教育的"两免两补"甚至"两免三补"政策,促进了农村教育特别是农村义务教育的大力发展,义务教育的"入口"问题得以解决。但是,随着中国高等教育培养制度的改革和大学毕业生就业制度的结构性调整,"并轨收费"和"自主择业"导致农民的教育投入大幅增加,教育负担沉重,"因教返贫"现象成为农村教育发展的新问题。同时,农村家庭由于缺乏先赋性资本,"凡进必考"的就业制度使得农村出身的大学生的就业难度加大,就业难成为困扰农村家庭教育发展的难题,新的"读书无用论"逐渐在农村地区蔓延,农村学生的辍学率在回升,农村教育遭遇到新的挑战。

---

① 刘复兴:《当代教育理论新说》,高等教育出版社 2010 年版,第 99—100 页。

（一）城乡教育投入的巨大差距使农村家庭教育期望难以实现

在新的历史时期，中国教育发展的突出问题表现在地区差距、城乡差距以及阶层差距，其中尤以城乡差距最为明显，并在当前呈现不断扩大之势。2001年《国务院关于基础教育改革与发展的决定》规定，义务教育实行"在国务院领导下，由地方负责，分级管理、以县为主"的管理体制。根据国务院发展研究中心"县乡财政与农民负担"课题组在湖北、河南和江西三个省的调查，在农村基础教育的投入以乡镇为主期间，实际上主要是农民承担。乡镇一级的教育负担高达78%，县级财政负担9%，省市负担11%，而中央财政实际只负担了2%。而在农村义务教育财政支撑体制实行"分级管理，以县为主"的政策之后，农村义务教育的投入中，中央财政支付只占8%，另外的92%则由各级地方财政支出，大部分由县级以下财政承担。由于相当一部分县级政府财力严重不足，尤其在国家实行分税制以后，县级财政困难，农村义务教育经费投入捉襟见肘，导致大部分农村义务教育的投入严重不足，欠账太多。华东师范大学张娥（2006）的研究表明：在"以县为主"的教育经费投入中，义务教育以地方投入为主，导致经济发达地区和经济欠发达的西部地区义务教育投入差异巨大，例如，广东省2002年小学公用经费支付为163.8亿元，而同比宁夏回族自治区为7.4亿元，两者相差22倍，初中经费投入同比则相差30倍。地区间经济发展和财政收入的不平衡，决定了以县为主的教育投入体制不能保证义务教育的均衡发展，造成农村基础教育在发展水平、办学条件、经费投入、师资队伍、教育质量等方面与城市基础教育存在较大差距。相对而言，县级财政是最弱的一级财政，对义务教育的投入只能是维持性的,对农村教育的投入难以为继。为此,中国于2006 年 9 月颁布实施了新的《义务教育法》,将均衡发展作为义务教育发展的重要指导思想,强调了义务教育的公益性、统一性与强制性原则,建立了一系列促进义务教育均衡发展的保障机制,使逐步缩小城乡教育发展差距、实现城乡教育公平发展有了法律保障。2010 年 7 月颁布实施的《国家中长期教育改革和发展规划纲要(2010—2020)》中明确指出:"坚持育人为本,以改革创新为动力,以促进公平为重点,以提高质量为核心,全面实施素质教育,推动教育事业在新的历史起点上科学发展"。然而,新的《义务教育法》强调促进义务教育"均衡"发展和《纲要》强调的"公平"发展,不可能在短时间内缩小城乡教育发展的现实差距。"以县为主"的教育发展政策不能从根本上解决农村义务教育中存在的主要矛盾和困局。城乡教育发展的差距,主要是城乡二元结构造成的。一方面,农村教育与城市教育的差距在逐步拉大;另一方面,农村学生和城市学生却参加着全国统一的高考选拔,在同一分数线上进行录取,区域教育资源的占有优势孰优孰劣,泾渭分明。高考选拔表面上是"成绩面前人人平等",但实际上,农村考生的家庭文化背景、经济条件和教育经历限制了他们对高等教育的选择机会,造成事实上的不公平。农村的受教育人群大多数只能勉强完成初中义务教育,升入高中只能是少数,而国家高考制度规定要具有高中及其以上学历的学生参加,对大部分只有初中文化程度的农村成员来讲,国家制度上尽管允许其可以通过自学、以同等学力的身份参加高考,但其中夹杂的客观因素和主观因素并不是制度所能解决的,其社会流动之路变得狭窄而无望;另外,进入高中学习的农村学生,大多数参加高考后只能考入省属普通大学或者高职院校,进入重点大学的农村学生的人数在逐年减少。重点大学的教育资源、学生资助、奖学金、未来的就业之路等都是省属普通高校无法企及的。有调查表明:在北京地区,约有20%的高收入家庭的学生,能够以非常优异的高考分数进入中国优秀高校①。该项目的负责人、北京大学教育学院副院长李文利教授认为:高收入家庭由于经济基础较好,能够为学生从小就提供更好的教育资源,他们的子女从幼儿园、小学开始,孩子就得到了更多的成长条件和学习机会。家长往往通过请家教、送子女上辅导班等方式,提高孩子的学习成绩。因此,现在像清华、北大等国家重点大学,出身农家的孩子一般不足17%。城乡教育的巨大差异对农村出身者愈益不利。

(二)农村基础教育条件难以为农村社会成员的发展提供公平的起点

近年来,中国政府十分重视农村教育的发展,实施了农村义务教育经费政府保障机制,推进了贫困地区义务教育工程,完善了面向农村的职业教育体系,在农村中小学实行"两免一补"、"三免两补"政策等。尽管如此,城乡教育差距依然巨大。部分偏远农村小学的教学条件建设仍停留在较低水平,有些学校的校舍还是危房,教学设备和器材短缺,已有的设备陈旧,新教材不配套,图书少且质量较差,根本无法满足现代中小学生的需要;实验器材严重不足,演示实验和分组实验的提供率较低,至于微机室、语音室等现代化教学设备更是空白。此外,随着国家

---

① 郭少峰:《调查显示高收入家庭子女更容易进入重点大学》,《新京报》2012年11月4日。

建设重点示范性学校政策的实施,农村学校的政策性偏差的后果逐渐显露出来,县级财政往往把有限的教育资源用于"重点学校"的建设,重点学校的建设标准向城市学校看齐,在经费、设施、师资和生源方面享有明显优势,进一步加大城市教育和农村教育梯次发展的不均衡态势,成为农村教育落后的制度性和政策性瓶颈。近年来,新一轮的教育布局调整又带来了农村教育发展的新问题。国家规定,以 2.5 千米的服务半径为标准来撤并农村学校,以优化资源,提高效率。但撤并学校之后,公共教育开支减少了,农民的教育负担却增加了。农村家庭的租房费、交通费、住宿费以及伙食费等成为农村家庭的新开支。有些学校没有住宿条件,家长为了孩子的学习和安全,在学校附近租房居住,弃农陪读。保留的学校作为接收学校,由于办学规模一时跟不上,其生源容纳量有限,造成大班额现象严重,教师、教室以及设备等成为困难,学生的住宿、伙食、营养无法解决。撤离的学校被废弃,资源浪费严重,并入的学校资源紧张,矛盾突出,农村的辍学率又一次出现新高,普及义务教育面临着新的考验。撤并农村学校后,造成了大量的小学低年级学生辍学,还可能使大量的适龄儿童无法入学,导致新文盲的产生。因此,2012 年 9 月,国务院办公厅出台《关于规范农村义务教育学校布局调整的意见》,停止了大规模的"撤校并点",但盲目的做法对农村义务教育产生的影响难以在短时间内弥补和消除。

　　从教育的起点而言,农村教育起点明显低于城市教育。这种起点的不公平,是中国教育不公平的现实差距。农村的辍学率走高,流失生增加,使农村家庭的代际改善和农村成员的社会流动难度增大。现在,城市人似乎已经形成了一个基本共识,不能让孩子输在起跑线上,起跑线就是幼儿园和中小学教育阶段。但是,日益衰惫的农村教育,无法与城市的学校比起跑线。教育公平是社会公平的基础和前提,教育不平等会使社会的公平、正义扭曲,社会的贫富差距扩至更大,广大农村民众接受的优质教育资源越来越少。《中国社会科学》刊发的题为《无声的革命:北京大学与苏州大学学生社会来源研究(1952—2002)》的学术论文显示,20世纪90年代以后,北大学生中干部子女所占比重呈现上升趋势,到1997年,该比例达到39.76%,首次超过专业技术人员子女,更远超工人和农民阶层。正如前文所述,目前北大、清华等重点大学农村生源不足20%。农村教育与城市教育的起点公平,再一次成为人们思考的焦点。

(三)农村教师的流失和短缺使农村教育的发展缺乏专业力量

目前,农村学校教师短缺,在编教师年龄老化、精英教师流失严重,正规师范大学的毕业生,即使农村生源地的大学毕业生,也不愿去农村教书,即便去农村工作,也是一种临时性的心态。究其原因,存在一些政策上的偏斜。首先,从师生比来看,农村学校师资标准不合理。目前,中小学教师编制是依据教育部2001年《关于制定中小学教职工编制标准的意见》按师生比确定的,初中阶段农村师生比为18∶1,城市为13.5∶1;小学阶段农村师生比为23∶1,城市为19∶1。这种师生比例编制对农村教师的工作量和工作认可度是一种隐性歧视,农村教师成为"出力不讨好,辛苦无人怜"的职业。中国大部分农村由于居住分散、交通不便,在校学生少,规模有限,农村学校教师必须跨学科、跨年级教学,甚至进行复式教学,工作量大,辛苦劳累,农村留不住教师,人心思走;其次,从待遇方面来看,城乡教师待遇差别大。农村教师在住房、工资待遇、福利、医疗保险、外出进修、专业提升等各个方面与城市教师都存在较大差距,导致大量农村教师不安心本职工作。在住房方面,中国《教师法》规定:"地方各级人民政府和国务院有关部门,对城市教师住房的建设、租赁、出售实行优先、优惠。县、乡两级人民政府应当为农村中小学教师解决住房提供方便"。农村教师的住房只能由县、乡政府"提供方便",农村教师的住房问题成为"后娘的孩子",这种政策倾向性使农村教师的住房问题成为农村教育发展、教师工作的"人心不平"因素。近年来,各级政府在新农村建设中,也没有考虑农村教师的住房问题,使农村教师的住房成为难题,甚至有些农村学校两位老师共居一间宿办房。在工资待遇方面,城乡教师之间的隐性差距较大,县城教师收入明显高于乡下教师,甚至有些地方不能保证教师工资的足额发放,在物价不断上涨中,农村教师的工资难以养家(农村教师大部分是半边户,即一个人的工资供养一家人),与城市教师相比,农村教师的事业心会因之而降低,城乡教师不同的待遇标准是大量农村教师、尤其是农村年轻的骨干教师不安心农村教育工作、想尽各种办法调入城市的一个关键性的政策因素;再次,从专业发展的机会来看,教师专业发展政策偏斜。一方面,农村学校教师出外进修、专业提升的机会较少;而另一方面,对口支援的教师也很难到条件艰苦的农村学校。国家鼓励城市教师到农村支教,但是,对口支教的教师数量少,时间短,考虑到支教教师的生活条件以及适应问题,大都安排在县城或条件好的乡镇,农村边远乡镇难以得到对口支援,造成农村教师、农村教育发展缺乏新鲜血液的输入,多数农村教育在原地踏步。农村教育缺乏教师,更缺乏年轻优秀的骨干教师,教师问题制约着农村教育的发展。

(四)"读书无用论"成为农村教育发展的观念瓶颈

近年来,农村大学生的就业越来越难,使村民的教育期望受到伤害。一方面,教育的支出在增加,"因教返贫"现象突出;另一方面,几乎耗尽家庭财力甚至贷款、借款供给毕业的大学生无法就业,社会流动之路受阻,农民的教育期望成为无望。从教育成本而言,农村家庭非义务阶段教育的经济负担非常沉重,高中教育的各种费用在不断增加,大学教育的学费和各项支出也在逐年上涨,农村家庭培养一名大学生,是以举家之力勉强供其完成学业的,往往会导致整个家庭"因学返贫",一旦毕业后不能就业,高额的教育投资不能得到及时补偿,对整个家庭无疑是一个巨大的精神打击:家庭的期望、荣誉、投资,孩子的前途、命运、奋斗等等都会受到极大的挫伤,影响家庭教育投资的积极性和投资热情,许多家庭因之放弃"知识改变命运"的信念,这种负面的效应使整个农村家庭的教育期望和投资热情降低,"读书无用论"的思想在农村蔓延。

涂尔干认为,社会民众的教育心态往往是一种集体表象,以另一种方式反映了教育的发展过程,这种集体表象可以起到直接或间接地影响教育实践,而实践又是人们构建整个社会世界的基础[①]。占人口总数约为9亿人的农村教育是中国教育的重心,农村民众对教育的期望和通过知识改变命运的诉求使得关注农村教

---

① 张人杰:《国外教育社会学基本文选》,华东师范大学出版社2009年版,第4—5页。

育更具现实意义。

三、研究缘起于对中国农村教育的关注和对村民教育期望的思考

村落是人类文明的根脉,它凝结着历史的记忆,透射着文明的进步,是人类社会发展的活化石。美国社会学家刘易斯·芒福德认为:"城市正是在吸收了这些村庄习俗,它才形成了自身强大的活力和爱抚养育功能;正是在这个基础上,人类的进一步发展才成为可能。"①因此,村落是人类社会的摇篮,是人类在漫长的发展、生活和繁衍生息的过程中形成的一个固定聚落,承载着人类的历史演化,蕴含着历史、社会的痕迹和教育的元素。

绵延数千年之久的中国村落具有超强的生命力,孕育了以农业和农耕文化为主体的中华文明。"村落既是一个空间单元,又是一个社会单元。"②费孝通认为:以传统农业为主体的中国社会,乡土是中国人的根,而村落则是"乡土社区的单位。"③"村落作为中国传统文化的自然载体,是中国传统生活方式保存得最完整的地方,也是中国文化最广泛、最深厚的基础。因此,从某种意义上说,中国文化就是村落文化"(赖长春,2008)。"皇权止于郡县"是几千年中华文明的村落历史见证。因此,村落既具有历史学的意义,更具有人类学和社会学的研究价值,无疑也应成为教育学的研

---

① [美]刘易斯·芒福德:《城市发展史:起源、演变与前景》,中国建筑工业出版社 2005 年版,第 13 页。
② 黄忠怀:《20 世纪中国村落研究综述》,《华东师范大学学报(哲学社会科学版)》2005 年第 3 期。
③ 费孝通:《乡土中国》,人民教育出版社 1984 年版,第 5 页。

究视域。

（一）中国村落的人类学意义和社会学价值日益受到学术界的关注

美国著名的中国问题研究专家费正清（John King Fairbank，1907—1991）认为："中国家庭是自成一体的小天地，是个微型的邦国。社会单元是家庭而不是个人，家庭才是当地政治生活中负责的成分，村子里的中国人直到最近主要还是按家族制组织起来，村子通常由一群家庭和家族单位组成，他们世代相传，永久居住在那里，靠耕种某些祖传土地为主。每个农家既是社会单位，又是经济单位，其成员靠耕种家庭所拥有的田地生活，并根据其家庭成员的资格取得社会地位。"[①]王沪宁认为："村落家族文化构成中国社会生活的一个重要方面，是理解中国社会必不可少的透视角。分析村落家族文化，不仅对认识中国社会的过去和现在，而且对认识中国社会的未来发展，都是不可或缺的。村落家族文化构成中国社会的基本特质，它的意义决不限于农业社会这一宽泛的概念。"[②]从 20 世纪三四十年代开始，社会学、人类学、民族学、地理学以及历史学等都对中国村落进行了积极而有价值的研究，取得了较好的研究成效。从最早对中国农村村落进行研究的社会学家葛学溥（D. H. Kulp，1888—1980）到吴文藻，以及吴先生的学生费孝通、林耀华、田汝康、许烺光等，开启了中国村庄研究的先河。费孝通的江村和禄村研究、林耀华的义序的宗族研究、杨懋春的台头村研究、王铭铭的

---

① ［美］费正清：《美国与中国（第四版）》，张理京译，商务印书馆 1987 年版，第 17—20 页。

② 王沪宁：《当代中国村落宗族文化》，上海人民出版社 1991 年版，第 3 页。

威海乡村和台湾石碇乡村研究,以及弗里德曼和施坚雅对中国乡村村落的研究,为中国村落研究提供了较好的研究视角和方法论意义,由此兴起了林村、岳村以及溪村等人类学的研究,掀起了村庄研究的人类学高潮。从 20 世纪 80 年代以来,各个学科从不同的视角对村庄的空间分布、历史沿革、社会结构、耕作制度、形态演变、景观规模、人口环境等方面做了探讨,拓展了村庄研究的视野,建构了良好的方法论。

从发生学的意义而言,自有人类,便有教育,教育与人类的发展共在。如果说,村落是人类社会的"根",那么发生在村落的教育亦是人类的教育之根。村落是中国文化的源泉和载体,从村落的视角审视农村教育的发展和社会进步,反思中国现代化进程中农村教育发展的问题,是对传统文化与现代文明、当地知识与社会知识、民族文化和教育与历史沿革的继承与弘扬,对寻找人类自身的精神家园和归宿具有理论和实践意义。"思想的步伐首先是返回到它得以生成的历史本源或根基上去。这种本源或根基构成了思想的传统,既蕴蓄了思想内涵中所有的密码,也蓄积着思想延伸发展的内在动力。"①因此,关注村落的教育发展形态与现实理路,通过梳理和解读村庄教育历史传统,探讨村庄教育的现代性困惑,解析村庄的教育期望,"既是进入传统的一种方式,也为再造传统提供了可能"(李政涛,2009)。对村庄教育的现代性困惑的书写,当触及教育的"基底世界"和时代弊病。

20 世纪 70 年代以后,随着后现代主义思潮的兴起,后现代主义对现代性的批判使人文社会科学的研究发生了转向。从后

———————
① 李政涛:《教育人类学引论》,上海教育出版社 2009 年版,第 5 页。

现代主义的方法论视角审视教育学研究的方法论,福柯的微观
权力理论无疑能给教育学的研究以一定的启发。福柯的谱系学
方法所关注的不是宏大的国家权力、政治经济权力以及国家制
度权力,而是关注那些渗透在社会毛细血管中的微小的、局部的
权力形式及其社会学意义。相对于整体性的社会而言,村庄是
一个微小的场域,是社会的"毛细血管",但正是这一个个微小场
域构成了整体性的社会。张济州认为:"将一个地方社区的教育
变迁置于历时性框架之中,同时引进共时性分析视角,对历史具
体场景细致的深描"成为一种新的研究视角和研究方法①。因
此,对村庄教育的关注和研究,让我们的视角延伸得足够前沿和
深入,足以消解宏大叙事的范式对我们眼界的遮蔽,摆脱单向度
的进化论思维造成的视域的空泛,要求我们扑下身子,去触摸村
落教育的真实性,倾听村民的声音,不要让村落教育游离于主流
教育之外。从已有的研究来看,大多数研究集中在对政府的宏
观规划和政策规范的研究上,缺乏对村民自身教育渴求的关注,
村民真正的教育需求往往淹没在国家宏大的制度和政策之中,
制度的变迁和政策的不确定性往往导致村民对教育的热情降
低,"因教返贫"现象使村民教育投资的积极性受挫,农村教育日
益边缘化,出现在村庄中的教育问题亟待关注;教育政策的制定
和教育制度的变革对村民的影响、以城市教育为中心的教育制
度变革对农村家庭的教育产生的负面效应,以及 21 世纪以来制
度文化的变迁对农村教育产生的影响,都需要认真反思。具有

---

① 张济州、苏春景:《历史人类学视野下的农村教育研究新转向》,《教育学
术月刊》2010 年第 4 期。

草根意识的地方性村落的研究较为缺乏,贴近村庄社会的真实的教育图景有待于开展。

在中国城乡二元结构长期并存的社会格局中,农民总是处于较低的社会层位。出生在农村家庭的人,其先赋性因素注定了人生和命运的曲折与艰辛。农民子女要想改变自己的命运,取得社会上升流动,往往以教育为依托;农民家庭要想得到代际改善,也总是以教育为主要途径,因此,教育是农村成员社会流动和农村家庭代际改善的重要的甚至唯一的手段。农村家庭对教育的期望往往超过了任何阶层的家庭,教育的隐性功能——社会分层和社会流动功能在农村显得尤为重要。农村成员通过接受教育,获得知识和技能,教育赋予他们社会流动的后致性资本。农村人深知,教育能改变他们的社会地位,使他们获取经济的和非经济的社会收益。因此,广大农民家庭对教育充满着期望,希望子女能够通过教育这条途径来实现社会流动,改变自己的命运,取得较高的社会地位。读书上大学成为农村成员摆脱农民身份的重要途径,"学而优则仕"在农村社会是教育期望的真实表达。农民家庭的教育期望是对城市生活的向往和渴盼,是农村成员对自己命运的争取和超越。然而,在社会转型时期,随着教育制度的不断变革,农民通过教育进行社会流动和代际改善的道路变得越来越难,村民还会相信教育吗?

(二)关注生命,关怀成长,是当代中国教育改革的基本价值取向

任何研究都缘起于问题的存在。马克思认为:"一个时代的迫切问题,有着和任何内容上有根据的因而也是合理的问题共同的命运:主要的困难不是答案,而是问题。因此,真正的批判要分析的不是答案而是问题。"①因此,任何研究的意义在于对理论的完善或者对存在问题的解决,亦即探索理论的新见解或者解决问题的新途径。

　　关注生命,关怀成长,面向每一个鲜活的生命个体,是当代中国教育改革的基本价值取向,也是本书研究展开的时代语境。教育期望是一个事关社会群体心理的现实问题。近年来,随着社会发展和教育改革的逐步深化,教育的社会意义和社会价值受到了社会各个阶层和群体的广泛关注,教育改革的诉求无处不在地被公众呼吁着,公众的教育期望和教育需求甚至超越了中国经济社会发展的实际水平。但是,教育的公众需求和教育的资源供给之间的矛盾却愈益尖锐,优质教育资源的不足和公众需求之间的矛盾、城乡教育的不均衡发展态势等日益加大,公众对教育改革和发展的批判之声不断出现,"上学难,上学贵"成为现实的教育问题。刘全生指出:公众对教育的批判,既反映了当今各社会群体和各社会阶层对教育的满意度之低与期望值之高,更从深层意义上折射出随着知识社会的到来,教育对社会个体的社会地位的获得与改变、对社会结构的生成与变迁以及社会发展的影响愈益突出;既表明当今教育所处的生态环境是尴尬的、艰难的,更显示出现实中教育功能的形成与释放是不能令各阶层各群体满意的②。

　　教育是村民改变人生和命运的重要手段,村民对教育充满着期望,对孩子的成才充满着渴盼,教育是农村家庭成员社会流动的主要途径。在新的时代背景下,随着社会转型和教育制度的变革,

---

　　① 《马克思恩格斯选集》第 1 卷,人民出版社 1995 年版,第 203 页。
　　② 刘全生:《教育成层研究》,教育科学出版社 2011 年版,第 28 页。

农村家庭的教育期望发生了怎样的变化？教育实现农村成员的社会流动的作用如何？教育的社会流动功能对于农民家庭的教育期望产生什么影响？就业困难对农村家庭的教育期望的影响程度如何？就业难对农村社会成员的社会流动的影响情况如何？面对这些困难,我们能够做些什么？基于对以上问题的困惑以及初步思考,我想去调研农村教育,想运用所学的教育学理论去思考教育制度变革对村民的教育期望的影响以及和农村家庭成员社会流动的关系。因此,选取西北地区甘肃省 Z 县的一个村庄——刘村,以质性研究的范式,通过田野调查和口述史的方法,通过参与式观察和访谈交流,研究教育制度的变革与村民教育期望的相关性和影响度,思考农村家庭子女社会流动的难题,反思当村民现实主义的教育期望遭遇教育制度的变革时,村民教育期望的变化情况,并探索性地提出对策与建议。这是困扰我多年的问题,也是本书研究的初衷与缘起。

为此,本书选择西北地区一个典型的村落——甘肃省 Z 县刘村作为考察村民教育期望的田野地点,以村落为单位,对村民教育期望进行微观研究,并主要基于以下问题引发思考:一、乡村教育逐渐式微;二、乡村文化进一步虚化;三、进入城市社会的乡村人的适应性困境加剧;四、村民的教育负担不断加重;五、村民的社会流动之路越来越难。

本书研究的目的:以西北地区甘肃省 Z 县刘村为研究个案,运用文化人类学的田野研究方法,进行实地研究,采用口述史、叙事研究等方法,结合问卷调查,从制度变迁、区域文化生态变动对村民教育期望的影响入手,反映制度文化的变革与介入对农村社会的影响,反思"国家的触角到底抵达何处"的问题(Shue,1984),

揭示农村教育的真实图景,展现社会转型期教育制度变革引发的教育文化冲突,了解村民的困惑和迷茫,并思考农村教育发展的合理路径。

而本书研究的样本意义则在于:相对于宏大的教育体制而言,西北农村社会的"教育故事"仅仅是一个"小窗口",是人类学家王铭铭所说的一种"习惯于'小地方'民族志研究的人类学家怎样将这样的'宏大叙事'落实到具体的时空坐落里"的研究(王铭铭,2006),也是一种结构人类学者列维—施特劳斯意义上的"可以应用于任何特殊文化的普遍概念",即"文化的语法"(Cultural Grammar)的探索,是不同词汇组合而成的表达意义的认识论结构和"无意识模式"。① 借鉴人类学村庄研究路向,以一种小窗口折射的作用,反思社会的功能结构。马林洛夫斯基认为:文化和社会形态富有多样性,但他们不是人的基本特质,人的基本特质是人是作为个体的存在,是具有共同需求的主体(王铭铭,2006)②。因此,在新的时代背景下,将宏大的社会制度变迁置于微小的乡村社会中,展现国家制度逐步延伸到村落家庭,对村落教育、乡村社会以及乡村文化变迁产生的冲击以及与乡村社会的对抗,书写社会底层的真相,反映民众的真实呼求,对本土性、地方性的村民教育期望进行细致入微地描述,将制度变革和国家权力的作用力与村民的教育期望相联系,从村落内部、底层民众中反思制度的影响力,自下而上地挖掘素材,表现研究的现场感和真实情景。

---

① 法国结构人类学者列维—施特劳斯主张,人类学者的任务在于从文化的变异中归结出全人类共通的、可供跨文化解译用的"语法"。

② 王铭铭:《走在乡土上》,中国人民大学出版社 2006 年版,第 177 页。

第二节 国内外研究现状综述

"一项成功的课题研究需要做大量的文献梳理工作，以把握本研究的理论基础与现实状况，在历史发展轨迹和现时社会结构的交接处寻找合适的切入点。"

——陈向明

由于中国农村教育在长期发展中的落后态势和与城市教育之间的巨大差距，农村教育不仅仅是研究教育学的专家、学者们关注的研究范畴，更是社会各界广泛参与讨论的话题，具有广泛的学术兴趣和群众基础。学界对于农村教育问题的广泛关注，对农村教育的研究积累了丰富的学术成果，为本书的展开奠定了良好的基础。

一、核心概念界定

（一）期望

在对"教育期望"的概念进行探讨之前，先对与之密切相关的"期望"的概念进行考察和界定，以厘清其内涵。

在汉语语境中，"期望"①意为期待。《现代汉语大辞典》（1998 年）中对期望的"解释"为："对未来的事物或人的前途有

---

① 在中国古代文献典籍中，"期望"一词很早就已使用。宋朝叶适《上孝宗皇帝札子》曰："今环视诸臣，前者后者，迭进迭退……其抱此志意而可以策励期望者谁乎"。明朝高启《送蔡参军序》曰："盖侯之贤，夙有以当太尉简注之深，而致国人期望之重"。清朝黄景仁《三十夜梦怀殊》诗曰："白头期望意，岂独在文章"。在现代文学中，较有代表性的如曹禺在《雷雨》第三幕中写道："人们心里还是热燥燥的，期望着再来一次雷雨"。

所希望和等待"。在《辞海》(2004 年)中,对"期望"做了两层含义的解释:"1. 希望、等待;如邹浩《秋蝇》诗曰:'期望秋风回,一扫无余孽';2. 社会心理学术语,指人对一个特定的行为将会产生某种特定结果的可能性估计,由托尔曼提出。"心理学认为:期望是人们主观上的成功概率,是人们对自己或他人行为结果的某种预期性认知①(李伯黍、燕国材,1993)。它是人们在对外界信息不断反应的经验基础上,或是在推动人们行为的内在力量需求基础上所产生的对自己或他人行为结果的某种预测性认知,它既是一种认知变量,又是价值信念的动机(朱贤,1997)。

在国外论著中,期望的含义与汉语中的意义相近。在英语中,期望为"hope、expectation",《牛津现代高级英汉双解辞典》(1984年)对该词解释为:"feeling of expectation and desire;feeling of trust and confidence"。费恩(Finn,1972)认为期望就是期待的意思,指个人对自己或他人的意识或潜意识的评价,而这种评价会引导评估自己、他人或事件,并期望与自己的评估相一致。个人对他人或自己所形成的意识或潜意识的评价,致使评价者对被评价者产生其所持评价为真的态度,甚至他会期许被评价的人,表现与其所持评价一致的态度,指向可能会发生的行为。

有中国研究者认为,期望是对未来的渴盼,是充满着美好理想的冀动,是人奋进的目标。期望中蕴含着人性,它超越了物化概念,成为人类生活的动力。张积家、陈俊指出:期望是人类活动的

---

① 李伯黍、燕国材:《教育心理学》,华东师范大学出版社 1993 年版,第25 页。

本质特点。人类活动具有目的性和自觉性,这种目的性体现为人的期望;人类活动具有动力性和主观性,其基础是人的需要。需要一旦被主体意识到其效用性就会转化为行为的动机。动机在人的行为中有重要作用,人类活动具有创造性和主动性,指向预想中的期望,因此,人类能改造和创造世界①。蔡映辉(2011)根据人的发展的时间顺序,将期望分为近期期望和远期期望②。

结合以上分析,期望是指人根据自己的经验和对期望对象能力大小的感知,希望其能够达到某种目标或满足某种需要的预期性期待。

(二)家庭的教育期望

由于教育期望涉及社会成员所属阶层对教育成就的价值评价,因此,教育期望是一种社会心理现象。教育期望可以从三个维度进行探讨——家庭的教育期望、学校的教育期望和社会的教育期望。根据研究的需要,本书重点探讨家庭的教育期望。

家庭是一个人初步社会化的场域,而教育期望在代际间的传递则被视为一种社会化的过程,因此,父母对子女的期望,就是一种以"重要他人"的角色对子女传递成就价值的社会化过程。

在家庭教育语境中,教育期望是家庭教育发展目标和父母对子女的成长与成才期待。从发生学的角度而言,家庭的教育期望往往是指家长(父母)对子女成长和成才的期望。张世平(1984)认为:家长教育期望是指为人父母者对子女的行为表现及未来成

---

① 张积家、陈俊:《期望教育的心理学理据》,《华南师范大学学报(社会科学版)》2003年第4期。
② 蔡映辉:《中国大学生期望研究》,福建教育出版社2011年版,第12页。

就所寄予的期望。侯世昌(2002)认为:家长(父母)教育期望是指家长希望子女接受何种教育、得到怎样的学业成效而所持的一种心理态度。家庭的教育期望是指父母对子女的教育期望,或子女对自己学业成就的预期。林俊莹指出:父母教育期望是父母对子女的期待,父母体认到自己所需扮演的角色,同时在适当的情境中表现出与之相对应的行为。林义男、杨景尧等认为:教育期望是父母对子女该接受多少教育,包含希望子女最少要接受的教育程度及最好能接受的教育程度,亦即父母对子女在学历上的最高期望。侯世昌将家长教育期望分为两个层面,即"学业及成就"期望和"品德及人际"期望,"学业及成就"期望包括对子女的学业成绩、最高学历取得及未来社会地位的期许。学业成绩指学生在学校学习的成绩表现及分数,学历系指从小学毕业到博士学位的学历而言;"品德及人际"期望中,品德包括对子女的品德、行为、操守以及道德观念等的期望,而人际关系指子女与同学的交往和受同学的欢迎程度。

从已有的研究看,父母对子女教育期望大多指的是父母对子女学历或文化程度的期望。龚继红、钟涨宝(2005)在理解教育期望时,就是指文化程度期望。关颖(2002)对天津市青年流动人口子女家庭教育状况调查就是用学历期望表示父母对子女的教育期望。洪岩璧、钱民辉(2008)认为教育期望是指家庭或学生个人对其未来所能获得的最高教育水平或学历的预期或想望,它具有很强的主观性,不等于实际获得的教育程度,但却对实际教育获得有很大影响。教育期望并非一种固定化的心理状态,父母对子女的教育期望往往会与家庭资源、子女学习表现等现实环境之间不断进行调适(李婷洁,2007)。

本书主要探讨村民教育期望与子女社会流动的相关关系,研究父母的教育期望对子女的学业成就的影响和文化程度获得以及社会地位的取得。因此,家庭的教育期望是指父母根据对子女的学习能力的客观评价并结合现实教育环境,对子女接受多少教育、达到何种文化程度并取得一定社会地位的期待。

(三)教育制度

《中国大百科全书·教育》(1985)中认为:"教育制度是根据国家的性质制定的教育目的、方针和设施的总称"。在教育学学科范畴中的"教育制度",通常是指各级各类教育机构的系统的总称,主要指教育的施教机构和管理机构。教育的施教机构,主要是指从学前教育到基础教育、义务教育和非义务教育的高中教育、高等教育,也包括校外儿童教育的机构系统、成人教育的机构系统;教育的管理机构,主要包括教育行政机构系统、教育督导机构系统、教育评价和考试机构系统,等等。正式教育制度可以分为宏观、中观和微观三个层次。宏观层次是国家对教育系统的总要求,是对学校教育系统作出的规定,确定一个国家教育发展的总方向、总方针,是一个国家根本的教育制度;中观层次是指教育系统内部的基本制度规定,包括教育体制、学制和各种教育政策、法律与法规等;微观层次是指学校教育活动中的具体制度,如招生制度、培养制度、考试制度、教学管理制度、评价制度等。

不同的学者基于不同的学术视角,对"教育制度"做了不同的概念界定,认为其内涵主要是指教育的机构体系或者规则体系。例如,日本学者仲新、持田荣一等认为:"教育制度是教育的机关及功能,依据法规并以社会传统或教育观为基础而成立或发展的教育组织。教育制度即教育政策借法规而具体化的设施,也可以说是以教育法令为中心的组织。"①康永久认为:"教育制度是人们在教育中所遵循的游戏规则或个人与教育组织的教育行为的约束条件。"②李江源认为:"教育制度是用以调整个体行动者之间以及特定教育组织内部行动之间关系的强制性或权威性的行为规则体系。"③冯建军则认为:"教育制度是根据一定社会的政治、经济制度和受教育者的身心发展特点所制定的,旨在实现教育目的,教育主体(政府、教育管理部门、学校、教师、学生、家长)在教育系统中的交往规则体系以及其社会互动方式。"④从以上观点可以看出,日本学者的研究倾向于认为教育制度是一种教育的机构体系,而中国学者的研究则倾向于认为教育制度是一种规则体系。

根据研究的需要,结合国内外学者的研究界定,本书所指的教育制度包括正式的教育制度和非正式的教育制度。正式的教育制度是由国家行政部门或者一定的教育管理部门以及学校制定并公开发布和实施的正式的机构体系和规则体系;非正式的教育制度是指教育的价值观念、教育惯习、教育习俗等非制度层面的教育观念。

---

① [日]仲新、持田荣一等:《学校制度》,雷国鼎等译,台湾中华书局1972年版,第2—3页。

② 康永久:《教育制度的生成与变革——新制度教育学论纲》,教育科学出版社2003年版,第100页。

③ 李江源:《教育制度:概念的厘定》,《河北师范大学学报(教育科学版)》2003年第1期。

④ 冯建军:《教育公正——政治哲学的视角》,福建教育出版社2008年版,第286页。

二、文献探讨

从中国知网查阅中国学术期刊全文数据库和中国优秀硕士博士论文库，截止到 2013 年 9 月，以"农村教育"为题的论文有896484 篇之多，以"农村家庭教育"为题的论文有 54517 篇之多，而以"村民教育期望"为题的研究成果相对较少，共有 93 篇。在查阅到的文献中，教育学学科的研究者对农村家庭教育期望的研究主要聚焦在家庭经济状况、家庭经济收入、家庭教育投资与成本收益、家庭教育决策、家庭文化背景、家庭结构、子女数量、母亲文化程度、流动儿童、西部地区以及欠发达地区等视角思考农村家庭的教育期望；也有学者从经济学、心理学、文化学、社会学、人类学等视角对农村教育期望问题展开了讨论，形成了宏观研究和微观研究相结合、理论研究和实践研究相结合、实证研究和质性分析相结合、横向比较和纵向梳理相结合的研究成果，为本书研究的进一步进行确立了基础。

（一）家庭的教育期望研究的回顾与述评

教育期望的本质是一种社会心理机制，它能激励个人致力于学习，获取最高学历成就而取得身份改变并获得一定的社会地位[1]。陆学艺（2003）认为：教育（文化）资本和政治资本作为后致性因素支撑着人们的地位提升和身份改变[2]。家庭教育期望并不是一个独立的问题，而是多种因素共同作用与相互影响的结果。洪岩壁、钱民辉（2008）认为，家庭教育期望具有较强的主观性，被

---

[1] 谢小岑、张晋芬：《青少年抱负的时代与区域差异》，中国台湾社会学年会论文，2004 年 12 月。

[2] 陆学艺：《当代中国社会阶层研究报告》，社会科学文献出版社 2003 年版，第 59 页。

看作家庭或学生个人对其未来所能获得的最高教育水平或学历的预期或期待。它不等于实际获得的教育程度,但却对实际教育获得产生较大影响[1]。在社会地位取得的研究中,父母对子女教育期望是影响子女教育、甚至是取得较好社会经济地位和成就的关键性因素之一(谢小岑、张晋芬,2004)。根据研究的需要,本书重点探讨国内外家庭的教育期望,即父母的期望对子女教育影响的研究。

1. 国外家庭的教育期望研究的回溯与思考

国外学者较早关注到了教育期望的价值。美国著名的心理学家和行为科学家维克托·弗罗姆(V H Vroom)于1964年出版了《工作与激励》一书,提出了期望理论。托尔曼用期望和价值(被期望的结果的价值)来解释人的动机,认为一个动机是否执行,依赖于期望得到什么样的结果,以及这种结果具有什么样的价值,其公式是:动作的执行=期望×价值。后来,心理学家罗森塔尔和贾克布森对期望效应展开了一系列研究,罗森塔尔认为,期望效应不仅在实验室会存在,在实验室之外也可能出现。他用实验证明,如果教师在学生一年级时就拿到了学生的IQ分数,这些信息也会使教师无意识地区别对待所谓"聪明学生"和"不太聪明的学生",并产生相应的影响。这种出现在实验室之外的人与人之间的自然交往中的期望效应,罗森塔尔称之为"皮革马利翁效应"。1973年,罗森塔尔提出了期望传递是以气氛——反馈——输入——输出为中介的作用过程,被称之为"四

---

[1] 洪岩璧、钱民辉:《中国社会分层与教育公平:一个文献综述》,《中国农业大学学报(社会科学版)》2008年第4期。

因素中介模型"，该模型表明，教师的高期望的情感气氛使教师对学生进行有差别的表扬和批评，尤其给高期望的学生以更多的机会和更难的学习资料，产生了较强的效应①。有意识地运用期望效应，可以更好地实现目标。所谓心想事成，是由于心想，所以事成，正如宗教领袖马丁·路德金所说，世界上所做的每一件事都是抱着希望而做成的。受罗森塔尔实验的影响，许多学者开始了类似的关于提高学生 IQ 的实验和尝试。较有代表性的实验如 Claiborn 于 1969 年、Conn. Edwards&Crowne 于 1968 年、Dusek&Wheeler 于 1974 年所做的实验。1978 年，罗森塔尔运用元分析的方法，对大约 345 个在不同背景下所做的期望效应的研究进行了验证分析，分析表明，在大约 39% 的实验研究中有明显的期望效应。在其中的 34 项关于学习与能力的研究中，29% 有明显的期望效应，充分证明期望效应能对学生的学业成绩产生影响。随后进行的实验，更进一步证明期望效应的真实性。较有代表性的如布罗菲 1983 年、1998 年的研究，古德和布罗菲 1974 年的研究，库博 1979 年的研究以及 Jussim1998 年的实验研究等，都表明期望效应是一个客观存在的真实事实，并与学生的学业成绩具有高相关性。

通过对国外有关家庭的教育期望研究的梳理，对家庭的教育期望的研究内容主要集中在家庭背景和家庭社会经济状况与教育期望、阶级文化地位和文化价值观与教育期望研究、性别区分和社会角色与教育期望研究等几个方面。

---

① 范丽恒：《教师期望效应研究》，中国社会科学出版社 2008 年版，第5 页。

（1）家庭背景与经济状况因素对家庭教育期望的影响

研究者倾向于认为：家庭背景和社会经济地位与教育期望之间呈正相关关系。美国的科尔曼经过对美国的3000多所学校的大约65万名学生和7万名教师进行的研究，并于1966年发布的著名的科尔曼研究报告（Coleman Report），引起了较大的争议。该报告指出：在诸多的影响学生的学业成绩的因素中，家庭的经济因素对学生学业成绩的影响最大[1]。并在后期的研究中，科尔曼以家庭的教育期望、家庭经济结构和居住社区等为变量，进一步研究家庭资本对子女的发展的影响，结果表明，家庭的社会资本对子女的教育成就、学习成绩和辍学等有重要影响[2]。霍尔等人的研究表明，美国城乡男生之间的教育期望水平存在着显著的差别（Haller，1957）[3]，霍尔的研究后来形成了以家庭社会经济地位对个人教育成就影响为主题的威斯康辛模型（Wisconsin Model）。Leepel K认为：家庭子女的数量，家长的教育水平、文化程度，家庭经济收入，甚至家庭成员的职业对子女的教育成就有显著影响，子女较多的家庭，子女的教育成就往往较低；而单亲家庭和重组家庭的孩子学习成绩往往受家庭的影响而呈不良倾向[4]。布劳和邓肯研究教

[1] James S Coleman et al., *Equality of Education Opportunity*, Washington DC: Government Printing Office, 1966, p.23.

[2] James S Coleman, "Social Capital in the Creation of Human Capital", *The American Journal of Sociology*, Vol.94(supplement), 1988, pp.95-102.

[3] Haller A O, Swell W H, "Farm residence and levels of Educational and Occupational Aspiration" *The American Journal of Sociology*, Vol. 62, No. 4 (1957), pp. 407-411.

[4] Leepel K, Williams M L, and Waldauer C, "The Impact of Parental Occupation and Socioeconomic Status on Choice of College Major", *Journal of Family and Economic Issues*, vol.22, No.4(Winter 2001), p.374.

育期望产生的社会心理因素,认为父母对子女教育期望是受社会经济地位的影响,并影响子女教育成就,后来被称之为布劳—邓肯模型①。Pribesh 的研究表明,学生的成绩与家庭的流动性、子女人数以及非传统的家庭结构之间具有负相关性;学业成绩往往与父母的期望、父母与子女之间的交流、父母对学校的参与、代际闭合性之间呈正相关关系;学生参与社区的活动、亲密朋友的数量以及与同辈之间的关系与学业成绩呈正相关性②。后来,Natrielio 和 Mcdill(1986)等人认为,父母对子女的鼓励深受社会经济地位的影响,父母的教育程度、文化水平、职业地位等越高,对子女的期望也越高。Teachman(1998)以教育资源为核心概念对这种现象提出了假设:父母的社会经济地位越高,有越多的能力与动机来提供教育资源③。戴维斯和古比的研究表明,经济状况较差和社会地位较低的家庭可能更看重学习与就业之间的关联性,更有可能选择那些待遇好的领域进行学习,为将来的就业打下基础④。另有研究者认为:社会经济地位决定了子女拥有的学习资源,如书籍、学习仪器、学习用品和课堂外教育等,缺乏资源可能会限制父母帮助他们的子女达成教育期望,或者随着时间的推移使

① Alexander K L,Eckland .B K,and Griffin L J,"The Wiscousin Model of Socioeconomic Achievement:A Replication"*The Americon Journal of Sociology*,vol.81,No.2(1975),pp.324-342.

② Pribesh S,Downey D B,"Why are Residential and School Moves Associal With poor School Performance",*Demoggraphy*,vol.120,No.6(1999),p.36.

③ Teachman D J,"Family Background,Educational Resource,and Educational Achievements",*American Sociological Review*,vol.40,No.8(1987),p.52.

④ Leepel K,Williams,M L,and Waldauer C,"The Impact of Parental Occupation and Socioeconomic Status on Choice of College Major",*Journal of Family and Economic Issues*,vol.225,No.4(Winter 2001),p.375.

他们重新评估或降低他们的愿望（Rank，2005；Waldforgel，2006；Hoff，2002；C Spera、K R Wentzel、H C Motto，2008）。C Spera、K R Wentzel、H C Motto 的研究表明：父母的教育水平对子女的教育期望具有正相关性，高学历父母更可能利用教育经验和社会资源帮助他们的子女完成大学或研究生教育。同时，他们认为：虽然研究还没有验证民族和父母教育水平对子女教育期望的影响，但当排除了父母的教育水平之后，这种影响可能在不同的民族中会减少①。从以上的研究可以看出，家庭经济状况对子女的教育期望具有一定的影响。家庭背景越好，对子女的教育期望越高，能为子女的学习创造更优越的条件，能激发子女的学习兴趣。

职业作为衡量社会经济地位的重要指标，也影响着不同阶层对子女的教育期望。根据学者 Konh（1969）的调查研究，不同职业阶层的人所面对的不同职业环境、职业条件和工作要求，会对个人的习惯养成、人格和价值观念等产生影响，并进一步影响他们在教养子女时所强调的价值观念和教养方式，职业阶层差异成为影响父母对子女的教育期望社会因素。加拿大学者罗斯密（Rashmi Garg）对加拿大的青少年进行了教育期望的模型预测研究，模型的结构包括：家长职业和受教育程度、家长与学校的参与关系、学生个人因素，包括学校、学业成绩、课程、课外阅读以及家长对子女的期望。研究结果显示，家庭和父母的职业

---

① C Spera, K R Wentzel, H C Motto, "Parental Aspirations for Their Childrens'Educational Attainment: Relations to Ethnicity, Parental Education, Childrens'Acedemic Performance and Parental Percepations of school Climate", *Journal of Youth and Adolescence*, vol.232, No.8（2008）, p.15.

等背景因素对子女的学业成就具有直接相关性,提高父母的期望水平能显著提高子女的学业成绩①。英国教育社会学家Banks(2005)在其著作《教育社会学》中就家庭背景、价值观和学业成绩问题作了探讨。他认为:手工业工作者由于社会职业地位较低,综合指数偏低的事实使得他们对自己的评价较低,他们中很少有中等职业阶层人员那样的成就抱负、学业期望和价值取向。基于此,他们不仅接受了自己缺乏能力的社会评价,而且还将这种观点推及到子女身上。Fan(2001)研究发现,家庭的社会经济地位和家长的职业背景对教育期望有很显著影响,家长的社会经济水平与家长对子女的教育期望有较大的相关性②。在后续研究中,国外越来越多的学者认为:家庭社会经济地位以及父母教育程度和职业地位越高,越有能力为子女的学习提供各种教育资源,保证了子女学习的物质条件,例如财务资本、社会资本越好等,就会对子女教育期望水平越高,有利于激励子女的教育成就(Krymkowski, 1991; Useem, 1992; Gerberand Hout, 1995; Sui-chu and Wilims, 1996; Zhouetal, 1998; Wong, 1998)。美国的 Dandy 和 Nettelbeck(2002)随机抽取 239 位出身不同国籍和不同文化背景的父母进行教育期望研究,主要包括澳大利亚华裔、越南裔、英裔等。结果表明,发现父母亲的教育期望因父母亲的教育程度的高低而有差异,

① Rashmi Garg, Carol Kauppi, John Lewko, and Diana Urajnik, *A Structural Model of Educational Aspirations*, Laurentian University:2003, pp.89-100.

② Fan, X.Parental Involement and Students', "Academic Achievement:A Growth Modeling and Analysis", *Journal of Experimental Education*, vol.70, No.1(2001), pp.27-61.

其中以华裔父母教育程度最高。父母对子女教育期望高,子女的教育成就亦相对地提高,而社会经济地位较低者对子女的教育期望亦较低。

在社会经济地位同父母教育期望的研究中也有不同的结论。一些学者的研究认为父母的社会经济地位与其对子女教育期望并无相关性。Chang(1994)研究美国及中国台湾的家长对其子女的教育期望影响,研究表明,美国家长的社会经济地位会影响他们对子女的成就期望,但在中国台湾地区,家庭社会经济地位对家长的教育信念和教育期望并没有差异。Carnoy(1995)认为无论父母的教育情况如何,他们都希望自己的子女能够接受尽可能多的教育并且接受最好的教育(闵维方,2000)。Fejgin(1995)比较了亚裔父母和犹太裔父母的教育期望的差异,发现亚裔父母的教育期望对子女的学业产生影响,无论社会经济地位如何,对子女的教育期望均较高(转引自简美玲,2006)。社会经济地位对父母教育期望也有可能产生负性影响,Kim(2002)以美裔韩国人为研究对象的研究报告显示:由于低收入的父母深受经济窘困的压迫,他们更希望子女接受更多的教育,增加社会上升流动的机会。父母的教育期望与家庭收入呈负相关性,收入越低的家庭,父母对子女的教育期望越高。

综上所述,国外以家庭背景和社会经济地位因素探讨父母教育期望的研究认为家庭背景和社会经济地位与父母对子女的教育期望具有正相关关系,家庭背景越好、家庭经济地位越高,父母的教育期望就会越高。也有研究者认为社会经济地位并不影响父母对子女教育期望(Carnoy,1995;Chang,1994;Fejgin,1995);少数研究者认为社会经济地位同父母对子女教育期望呈负相关性(Kim,2002)。父母受教育程度、家庭收入、父母职业等作为衡量社会经济地位的重要指标,成为影响父母对子女教育期望的重要因素。父母对子女的教育期望往往作为社会经济地位影响子女教育成就的中介变量。

(2)阶级地位与文化价值观对家庭教育期望的影响

研究者认为阶级地位与文化价值观对教育期望具有一定的影响。布尔迪厄认为大学生的家庭出身以及家庭所形成的一系列文化特征对其学业发展产生较大影响,在职业计划、服务志向、艺术实践等方面决定了大学生与其学业的关系和其家庭地位、阶级、社会以及与文化之间的根本关系①。海曼(Hyman,1953)根据不同阶级不同的文化态度和价值体系,认为阶级之间在教育期望上存在差异。海曼指出,总的来说,低社会阶层的成员的期望和目标都是有限的。影响低社会阶层进行社会上升流动的主要原因是他们所持有的价值体系。他认为:正规教育尤其是高等教育在社会流动方面的作用,并没有受到低社会阶层的充分重视,同时,低社会阶层群体在职业选择中可能对职业的可靠程度和直接的经济利益更为关注,从而影响了他们的社会阶层流动。美国学者奈特(Wnight,1994)对比研究美国白人、拉丁美洲人和亚洲人,发现亚洲方面对子女的教育期望比其他两个民族更高,利昂(Leong)和希尔菲克(Serafica)在后来的研究中认为:亚裔学生的学习压力来自父母的期望和职业选择之间的关系,因为在亚洲人的传统认识中,子女的职业与家庭之间存在相关性较大②。美国学

---

① [法] P.布尔迪厄、J.C.帕斯隆:《继承人——大学生与文化》,邢克超译,商务印书馆 2002 年版,第 24—26 页。

② Chunyuan Song、Jennifer E Glick, "College Attendence and Choice of College Majors Among Asian‐American Students", *Social Science Quarterly*, vol. 162, No. 5 (2004), pp.1401–1421.

者 Guns(1962)从社会阶层划分的角度将美国社会不同生活形态的成员分为上层阶级、中产阶级、下层阶级。他认为:在三个阶层中,中产阶级则特别注重社会流动,而上层阶级与下层阶级不强调社会流动。其原因在于上层阶级希望永远巩固他们的高地位,社会流动对他们而言,意味着向下流动,他们肯定不愿向下流动,希望永葆现有的地位;而下层阶级由于觉知所处环境太恶劣,根本没能力去获得社会流动。因此,只有中产阶级最强调通过教育取得社会流动。Rokeach(1973)认为:一个人的价值观内化于其人格之中,成为人格结构的核心,具有认知、情感、行为的动力,有相当的连续性和稳定性,是个人或社会偏好某种行为方式或生存目标的持久信念,并会影响个人的行动方式。帕森斯、普塞特和本迪克斯(1982)认为:低社会阶层对学校教育缺乏兴趣,导致其缺乏社会升迁的动机和流动的机会。卡尔(Karl)关于不同社会出身的少年和成人对学校、社会成就的态度研究,得出了类似的结论。

Kent(2000)将阶级分为蓝领阶级与白领阶级,认为他们对教育的重视程度有所不同:白领阶级比蓝领阶级更重视教育,将教育本身看作目的,他们也较善于利用教育这一社会流动的重要渠道,完成社会的上升流动;而蓝领阶级没有深刻认识到教育的重要性,而且不善于利用教育作为向上流动的阶梯并完成身份的改变。Cohen(2000)认为:社会底层家庭的学生可能在家庭成长过程中,行为就被期许着任意性和侵略性,在价值观上倾向于目前利益而非长远计划,中产阶级的学生则可能从小就被教导应具备上进心、责任感以及在竞争场合中争取胜利,因而被寄予较高的家庭期望,产生了成功的动力。Miller(2001)认为:任何一个阶级都拥有自己独特的教育价值观、规范与社会期望,而他们往往认为学校的规则以及对学生的期望与要求是中产阶级的价值信念,反映出中产阶级对子女教育的价值倾向,对位于社会底层阶级而言,因其自身缺乏成就感或人际挫败,不认同中产阶级的文化,逐渐地形成抗拒型的底层阶级次级文化,并形成不同于中产阶级的教育期望,对子女的教育产生一定的影响①。

对这种阶级文化价值观影响父母对子女教育期望,也有不同的观点。凯勒(Kellelr,1962)等人则指出:个体在社会等级制中所处的基层地位不同,下层阶级接受高等教育的期望往往不如上层社会阶级,其原因是为达到这一目标所必须走完的距离对下层阶级来说实在太长②。美国学者阿格利亚塔(Agliata A K)的研究认为:父母的教育期望与子女的期望产生差异时,学生对学校的学习适应性较差。采用回归分析结果显示,期望差异以及学生对人际交往的理解是学生适应性的重要预测值,因此,父母和子女的沟通技巧是学生学业期望提高的重要手段之一③。

综上所述,国外在阶级地位与文化价值方面的研究以各个不同阶级的价值观解释父母对子女教育期望的差异,认为阶级文化价值观对教育期望具有一定的影响,但从研究内容来看,缺乏对家庭教育期望的复杂因素的详细深入地探讨。

---

① 魏引莉:《"贫困文化"视野下的城市青少年辍学问题——以上海市个案分析为例》,硕士学位论文,华东师范大学教育学院,2005 年,第 5 页。

② 关红、张人杰:《西方教育不平等社会学述评》,《外国教育动态》1990 年第 5 期。

③ Agliata A K, and Renk K, "College students'adjustment: The role of parent college student expectation discrepancies and communication reciprocity", *Journal of Youth and Adolescence*, 2008, Vol.37.No8, p.975.

（3）性别因素和社会角色对家庭教育期望的影响

研究者认为：性别不同，所承担的社会角色相异，教育期望也会有所不同。克林斯顿森（Christensen）研究发现，性别区分对学生的学业影响较大，对女生的影响尤甚，男女生的比例约为3：7。恩斯汀（Astin）的研究表明，女生比男生获得学历的渴望更高。在个体发展中，常常会因性别的不同而被赋予不同的角色期望。美国心理学家佛隆的期望模式理论认为：人们在自觉去做任何一件事之前，总要对这件事情的结果有某种价值期许，并对实现目标的可能性大小进行预测与估计，群体或个人对在这个群体中占有特定位置的人的行为所持的一定期望，称为角色期望。佛隆的期望模式理论常用来解释不同地位的团体因为性别和社会角色的不同，可能会对不同的个体拥有不同的角色期待，对个体产生一定的心理暗示，进而影响其行动。克欧利斯基（Kourilsky）的研究认为：与男性相比，女生的性别期望与男生存在一定的差异，女生较男生对自己的个人能力缺乏自信，通常对具有冒险性和挑战性的工作不感兴趣，有求稳心理[1]。男女生对自身能力的区分以及对自我预测绩效方面存在差异。Youn（1993）在研究亚裔小学生的父母期望时发现，亚裔父母对男女生寄予不同的期望，对男生的教育期望远高于女生，认为男生是家庭的承担者[2]。另一些国外学者的研究结论解释了人们对男孩和女孩角色态度上的差异。Frome

---

① Kourilsky M L & Walstad W B, "Entrepreneurship and female youth: knowledge attitude, gender differences, and educational practice", *Journal of Business Venturing*, vol.98, No.13（1998）, p.77.

② 许玉芳：《国小学童的教师期望、父母期望与自我效能、学业成就之相关研究》，硕士学位论文，"国立屏东教育大学"教育心理与辅导学系，2008年，第1页。

和 Eccles(1998)的研究表明,父母对孩子的期望、能力与努力的知觉,会因为孩子的性别而不同①。美国学者 Xie 与 Hultgren(1994)的研究表明,父母对儿子往往寄予了比女儿更高的教育期望,也会给儿子更多的才艺训练和教育,认为儿子的成就是代表家庭的光荣与父母的教育成果,能代表家庭的社会地位,使父母赢得赞誉。Leventhal T 和 Brooks-Gunn J 研究发现家庭对不同性别子女的期望、父母对不同性别儿童的控制或教养方式上存在差异。

虽然大部分研究支持父母对男生的期望高于女生,但仍有些研究者持不同的看法。Richman(1990)认为父母期望不会受子女性别的影响,而 Helling(1993)采用问卷与访谈相结合的方式对93位父母进行研究发现:父母对男孩的期望略低于对女孩的期待。

综上所述,性别和社会角色期望的研究表明,父母对子女的教育期望能够使子女按照这种期待在未来社会中进行角色扮演,父母对不同性别的子女往往具有不同的教育期望差异,主要源于父母对子女角色的知觉,从社会心理学的角度分析其差异性,这种解释具有一定的合理性,但是,如果将其原因归咎于父母对子女的不同个人特质的知觉,就会有一定的片面性。简言之,父母对子女的教育期望是一种基于现实语境下的个体的心理状态与价值目标渴望,是个体寻求社会地位的一种价值认知。教育期望的形成和变化是与经济社会的发展息息相关的,是个体与社会之间的帕累托均衡。因此,家庭教育期望离不开一定的社会文化环境。

----

① Frome P,Eccles J,"Parents' Influence on childrens'achievement-related perceptions", *Journal Experimental Education*, vol.9, No.6(2003), p.65.

(4)国外研究结果的启示意义

从科尔曼(Coleman)开始,家庭教育期望被认为是家庭内部社会资本的重要指标,家庭期望高低往往与父母对孩子的关注和投入成正比。其他的一些经验研究均表明,父母对子女关心程度的高低在很大程度上决定着孩子们学业成绩的高低和在学校的表现,社会资本在人力资本的形成过程中发挥着不可替代的作用。国外对家庭教育期望的研究,主要从家庭背景、家庭经济状况、社会经济地位、阶级价值观、性别区分与社会角色等方面进行了研究。研究表明,城乡家庭教育期望存在差异。家庭文化背景和社会经济地位影响家庭教育期望的形成,父母职业、教育程度、文化水平等对子女的教育期望的形成具有正相关性;家庭的社会经济地位和家长的文化背景对子女的教育期望有一定的影响,表现在对子女的教育信念的养成、教育资源的供给、社会资本和财务资本的创造等外在条件的形成方面,稀缺的教育资源会限制甚至降低父母对子女的教育期望;父母的教育水平和子女的教育期望具有正相关性,高学历父母更能利用自己的教育经验和教育资源帮助自己的子女去实现教育历程。父母职业会影响个人的人格和价值观念,进而影响对子女的教育观念和教养方式。从家庭阶级地位和文化价值观来看,价值体系影响家庭教育期望并进而影响家庭成员的阶层流动,低阶层家庭更注重就业和直接的经济利益,限制了高教育期望和更高的成就目标,影响社会升迁动机。性别与社会文化角色方面的研究表明,父母对不同性别的子女的教育期望亦不相同,相对而言,对男生的教育期望要高于女生。父母教育期望是子女成长与成才的知觉归因,形成个体努力的动力。

2. 国内家庭的教育期望研究述评与反思

中国对期望教育的研究起步较晚,在 20 世纪 90 年代前后,教育期望的思想引入中国。起初国内对期望教育的研究多是对国外期望教育的资料进行翻译和介绍以及评论等(金盛华,1994;靳玉乐、王桂林,2002;洪岩壁、钱民辉,2008)。最早开展家庭教育期望研究的是刘崇顺和布劳戴德,他们对武汉市中学生的追踪调查发现,家庭对男生升学期待高于女生,他们认为这反映了家长和社会对男女教育获得具有不同的期望。家庭文化资源如家庭藏书数量、订阅报刊数量等和家庭住房条件与教育机会获得具有较强相关性①。董泽芳等对 5 省农村初中生的调查显示男女生的性别对初中后教育流向有显著影响,家长对男女生的教育期望不同②。随着经济社会的发展和就业压力的增强,家庭教育期望也在不断的发展变化。杨春华对乌鲁木齐和长春市部分小学五年级和初中二年级的学生及家长的调查显示,大部分家庭对男女生的教育期望日益趋同,这一趋势在城市更为明显。几乎所有职业阶层的父母都希望子女获得大学学历,但中上阶层的父母期待孩子获得研究生以上学历的人数最多③。从研究内容来看,国内对家庭教育期望的研究,主要集中在城乡差异、父母社会经济地位、家庭背景、子女性别角色等多个方面。

---

① 刘崇顺、布劳戴德:《城市教育机会分配的制约因素——武汉市五所中学初中毕业生的调查分析》,《社会学研究》1995 年第 4 期。
② 董泽芳、沈百福:《试析农村初中学生教育分流意向》,《湖北大学学报》1997 年第 6 期。
③ 杨春华:《教育期望中的社会阶层差异:父母的社会地位和子女教育期望的关系》,《清华大学教育研究》2006 年第 4 期。

（1）城乡差异因素与教育期望的研究

中国教育发展的历史原因所形成的城乡二元结构的社会差异,是教育发展不均衡的主要原因。城乡之间的经济条件、社会发展状况各异,家长对子女的教育投入、教育期待也不相同。刘志强以城乡二元结构下农村大学生的就业难为例进行研究,发现城乡二元的经济结构使农村大学生"先天资源不足",进而影响其就业,形成城乡教育的起点不公平。主要表现在家庭教育的投入、家庭社会地位、大学生的心理认知等各个方面存在差异。农村大学生因为家庭经济状况的限制,教育的投入不足,农村的生活条件和受教育的水平与城市无法同日而语,导致农村大学生的素质、能力等方面与城市出生的学生之间的差异;从家庭的出生来看,农民长期处于弱势地位,不公平的代际影响导致农村大学生的上大学动机和就业心理与城市学生的差异;农村大学生进城上大学,由于生活文化的差异和变迁,加之农村大学生的人生观、价值观与城市学生的差异较大,影响了他们的融入性困难和学习过程以及对未来的期望[1]。王一涛认为:随着城乡差距的日益拉大,农村学生通过教育改变身份和取得社会地位的难度在增加,与城市教育相比,农村教育的边缘化现状严重,经费短缺,师资流失严重,农村学生考上好大学者愈来愈难。大学的高收费和就业的高风险使得经济资本和社会资本严重缺乏的农村孩子在社会流动中的障碍因素越来越多,农村家庭的教育期望越来越难[2]。刘洁的研究表明,农户的

---

① 刘志强:《城乡二元结构下农村大学生就业难问题分析》,《山东省青年干部学院学报》2008 年第 1 期。

② 王一涛:《农村教育与农民的社会流动——基于英县的个案分析》,社会科学文献出版社 2008 年版,第 2 页。

教育投资行为具有复杂性,和城市家庭相比,农户的投资不仅取决于其支付能力,还受到诸如环境因素、文化因素甚至心理因素的影响①。因此,中国农村教育存在着职能困境、生存困境和制度困境,中国农村教育除了城乡差异之外,更主要的是制度设计上的等级差异,形成了城乡教育的差别对待,导致城乡教育的日益分化②。

(2)家庭经济状况与家庭教育期望的研究

家庭经济条件是影响子女教育的重要的决策因素,父母的教育期望因家庭经济状况的不同而各异。随着社会发展和家庭收入水平的提高,社会结构也在发生急剧变化。但随着中国贫富差距的逐渐拉大,在社会成员的生活水平不断改善的同时,社会各阶层之间的家庭收入和生活方式的差别日益明显,对教育的需求以及子女教育问题的看法也不同,不同社会阶层的子女在教育上的差异越来越大③。现代社会,教育的重要性越来越多地被家长和社会认可。在对待子女教育问题上,家长也易受自身社会地位的影响,对子女教育期望的态度以及对学校教育的认识上造成差异。随着教育事业的快速发展,中国高等教育已步入大众化的发展状态,家长对教育的需求也随之发生了重大变化,许多家长希望孩子获得大学及以上的学历,接受高等教育越来越成为人们生活不可缺少的一部分,对多数家长来说,上大学似乎不再是件难事,而对

---

① 刘洁:《中国农户教育投资行为研究》,经济管理出版社 2010 年版,第 33 页。

② 李艳、李双名:《农村义务教育制度选择论》,北京师范大学出版社 2009 年版,第 22 页。

③ 郑淮:《略论我国的社会分层变化及其对教育公平的影响》,《华南师范大学学报(社会科学版)》1999 年第 12 期。

于高质量的名校效应的追求逐渐成为一种发展趋势，家长对子女的要求在增高，主要源于就业的压力和行业的竞争。许玉芳（2008）认为所谓父母的期望，主要表现为父母对其子女现在及未来的行为及成就上的期望。父母对子女的期望包含了教育要求、学业成绩、行为表现、未来成就、职业、家庭等方面的期待。父母依据子女性别、日常表现，以及互动的经验，而对子女在学校学业成就、行为表现、最高学历以及未来职业及成就等从主观上产生期许。王远伟等人的研究表明，家庭经济条件对个人的高等教育选择行为产生显著影响，目前中国的高校扩招更有利于经济条件好的家庭，高等教育的高费用支出已成为影响贫困家庭子女高校选择的重要因素①。

受传统文化心理的影响，教育被看作"鲤鱼跃龙门"的重要途径。"望子成龙，望女成凤"是中国传统民族心理，父母对子女的成长、成才寄予殷切希望。因此，择校现象的发生往往以教育期望为初衷。国内学者区分了不同阶层对子女的教育期望，认为社会上层成员为了让其子女能够取得更优秀的学习成绩，享受到良好的教育，往往追求更优质的教育资源；而社会底层的社会成员，由于经济、信息、权力等资源的限制，无法使其子女享受社会主体成员子女所能享受到的教育权利，被迫退出社会大众所共同参与的大众教育体系，或被迫享受与普通社会大众子女低一等级的教育，社会底层成员远远没有意识到教育的重要性，甚至认为子女的教育只是一种可有可无的事情，甚至是一种浪费②（徐晓军，2007）。

---

① 王远伟、高巍：《经济因素对个人高等教育选择的影响》，《教育学报》2007年第4期。
② 徐晓军：《论教育排斥于教育的阶层化》，《广东社会科学》2007年第2期。

许多贫困家庭由于社会资源、经济实力和文化资源的相对劣势,追求优质教育资源的能力较弱,在一定程度上对子女的发展产生了影响,教育的起点不公平成为教育发展差距的现实原因。

国内的研究文献揭示,家庭社会经济地位是期望差异产生的主要原因。在形成的研究模式中,无论是研究家长参与学校教育行为的影响因素的研究模式,还是家长教育期望模式,在研究家长对子女的教育期望所导致的后果时,都考虑了家庭经济状况对教育的影响。王彤总结了家长对子女教育(文化程度)期望影响因素的三个规律。第一个规律是:家长文化程度越高,家长对学生的教育期望越高,家长文化程度越低,家长对学生的教育期望越低。第二个规律是:家庭收入越高,对教育的期望越高,家庭收入越低,对教育的期望越低。第三个规律是:干部、专业人员对其子女的教育期望比较高,农民、个体户对其子女的教育期望比较低①。李秋洪(1995)通过对广西部分社区进行调查分析也得出相似的结论。董泽芳(1996)对所得数据运用卡方检验方法研究初中生家长教育分流意向时,发现家长对子女的教育期望层次与家庭的经济收入、文化程度、职业状况密切相关。杨春华(2006)从父母的学历和职业两个方面分析论述了社会阶层与教育的关系,他认为对子女的教育期望会由于父母职业和学历的不同而存在差异:拥有高学历的父母亲,对子女的教育期望较高;相同职业的父亲和母亲,对子女的教育期望呈现高度的一致性;在不同地区,对子女的教育期望存在差异。姜星海利用多元回归分析法探讨初中学生家长教

---

① 王彤:《欠发达地区农村家庭的子女教育决策研究——以吉林省一村为个案》,硕士学位论文,东北师范大学教育学院,2007年,第5页。

育分流意向,他认为家长对子女的学历期待受到父母学历和家庭
生活水平的影响。也有研究者对职业和教育进行加权计算,将其
分为高、中、低三个级别,获得社会经济地位指数以衡量社会经济
地位高低,其统计结果显示社会经济地位指数同父母对子女教育
期望有显著负相关性(蔡雅雯、黄芳韵,2004)。孙小红以上海市
四所学校为案例,探讨家长职业状况与子女学业成绩关系,他认
为:职业分层直接影响到他们的诸如安全感、自尊、抱负、价值观念
等内心体验,这些因素又影响到对子女的教育态度、教育观念及教
育期望值①。

中国台湾学者侯世昌(2002)的研究表明,父母亲的学历与父
母亲的教育期望呈正相关性,而家长的职业与其对子女教育期望
具有显著差异,同时指出市区学校家长的教育期望与乡镇、偏远学
校家长间的差异都达到显著性水平。许多研究指出,父母的社会
经济地位会影响其对子女的教育期望,父母的社会经济地位愈高,
对子女的教育期望也就愈高,中下阶层、偏远地区及弱势团体的父
母由于受到经济原因的影响,对子女的教育期望低于高阶层②。
林清江(1980)认为家庭经济地位低下的家长期望也相当高,这是
一种期望向上层社会流动的表现,但可能有态度上的不同,有些家
长希望子女通过教育成就提高未来职业成就,而产生高度期望,有
些则是希望在未来职业有所成就,却忽视教育的重要性。姚若芹
(1986)研究显示,父亲的教育程度与职业声誉和父母教育期望有

---

① 孙小红:《家庭职业状况与子女学业成绩关系的社会学探讨——以上海
市四所学校为案例》,硕士学位论文,上海师范大学教育学院,2006年,第5页。
② 黄淑惠:《望子成龙,望女成凤——谈父母的教育期望》,《网路社会学通
讯》2005年第45期。

关,父亲教育程度与职业声誉越高者,对子女的要求或期望也越高。林俊莹(2001)研究发现,偏远地区家长的教育期望较都市地区的家长低,父母文化程度也同父母教育期望呈正相关。陶艳兰和张乐(2002)通过调查数据的区别分析认为,家庭居住地和父母的文化程度影响着父母对孩子的学历期望。

在探讨家庭经济水平对子女教育期望的影响中,也有研究者认为家庭经济水平并不影响父母对子女教育期望的结论。如刘守义(2006)通过研究河北省尚义县农村家庭教育投资行为,在探讨不同经济状况的家庭对子女的教育期望时发现,一定的经济状况并不对家庭的教育期望产生一定的后果,比较高的经济收入并不能促进家庭对子女教育产生较高的期望值,较低的经济收入也不会导致家庭降低对子女受教育的期望。

(3)性别区分和社会角色与教育期望的研究

侯世昌根据 C Braun 的教师期望理论模式提出了家长教育期望模式。该模式认为家长基于对现实的知觉进而透过家长的背景因素产生各种对于子女地位、成就、品德及人际等不同的角色期望①。父母的教育期望在子女的教育目标、思考和规划未来教育中具有十分重要的作用②。任淑芳(2012)认为:在学业上的努力和取得好成绩不仅是中国儿童青少年的首要任务,也是父母对子女最大的期望。重视孝道、强调家庭义务的中国青少年之所以拥有较强的学业动机,在很大程度上可能是因为他们想要实现父母

---

① 陈玟伊、郑耀男:《国民中学家长教育期望及其影响因素之研究》,《新竹师院报》2003 年第 16 期。

② 任淑芳:《父母的教育期望、青少年家庭义务感与教育领域的未来去向》,硕士学位论文,山东师范大学教育学院,2012 年,第 5 页。

对他们的教育期望。许玉芳(2006)指出,父母会依据子女性别、日常表现以及互动的经验,对子女在学校学业成就、行为表现、最高学历以及未来职业及成就的期许。思考和规划未来对于青少年来讲尤其重要,因为青少年期是由儿童向成年发展的过渡阶段。接受教育是青少年期的主要发展任务。

家庭常常会因性别的不同而被赋予子女不同的角色期望(蔡薏茹,2006)。有学者认为学校教育的大众化并没有改变民众对于性别的意识提升,民众对于男性的期望还是高过于女性(谢小岑,1998)。张文军、徐晓霞、沈旭芬(2002)在杭州市做了全球化背景下当代青年教育期望与生活期望的问卷调查,发现农村居民中重男轻女的现象仍比较普遍,教育期望也因男女性别而有区分。大众普遍对女性抱持较低的教育期望,反映出大众要求男女在接受教育方面的不同。中国家庭父母较希望家中男孩接受更高、更多的教育,以取得较高的社会地位,儿子的社会地位越高,父母的晚年会更有保障;而受传统教育观念的影响,父母往往对女儿的教育期望较低(吴宗晔,2005)。董强、李小云、杨洪萍、张克云(2007)通过质性研究认为:对于贫困家庭来讲,在资源稀缺的状况下,必然会发生资源的不均衡分配,使子女教育在家庭期望方面呈现出了两性的不平等,父母对男孩的教育期望高于女孩。同样,得出此结论的还有李文利(2005)对中国农村居民教育支出的农户调查研究、许林(2007)基于四川、甘肃、内蒙古、山东四省区部分农村地区的调查研究等。在中国台湾,学者的研究均表明中国父母对男孩的教育期望高于对女孩的教育期望(林俊莹,2001;周裕钦、廖品兰,1997;黄淑惠,2005),男女性别的区分决定了家长在教育期望方面存在着一定差异。

也有少量得出不同结论的研究。如刘守义(2006)基于对河北省尚义县农村家庭教育投资行为期望值的观察发现,无论是在基础教育阶段,还是高等教育阶段,对待男女孩教育期望值上同样差异不明显。刘守义等选取农户家庭进行抽样问卷调查,进一步探讨农村家庭子女数量对农村家庭教育投资目的与期望的影响。结果表明,随着农村家庭子女数量的增多,农村家庭通过教育投资实现子女考上大学以及社会流动的愿望越迫切;子女少的家庭,受现代生育文化的影响,对子女的教育期望无性别偏好;而子女多的家庭,受传统生育文化潜移默化的影响,对子女的教育期望存在显著的性别差异。农村家庭父母对子女的教育目标与期望很高,同时深受"读书无用论"思想冲击而产生教育矛盾;他们的教育价值观存在一定的认识偏差,重男轻女、家教失衡现象较为普遍(刘守义、刘佳君,2010)。农村家庭母亲的文化水平直接影响到农村家庭教育投资目的;无论母亲文化程度高低,在对子女教育期望方面,都存在严重的性别歧视和一定的随意性;随着母亲文化程度的提高,农村家庭对子女的教育期望无论是对男孩还是女孩,都越来越高;母亲文化程度严重地影响到对子女的教育期望(刘守义、王春禄、刘佳君、韩惠,2009)。通过对农村流动家庭对其子女的教育期望及影响因素与家长的教育期望是否存在差异、家长的个人生活经历与社会态度是否会影响到家长的教育期望调查研究,结果发现,希望子女能够接受更高层次的教育仍然是中国社会较为普遍的现象;就读于不同学校的流动儿童的家长,其教育期望的确存在差异,但这与家庭的经济条件无关;儿童的学习成绩、家长的受教育程度、家长对家庭教育的重视程度、对学历重要性的认识程度等家庭的文化背景及家长的社会态度,是影响家长教育期望的主要因素;并且,父亲和母亲对子女的教育期望是不同的(杨威,2012)。

(4)国内研究的反思

从以上的文献分析可以看出,国内对教育期望的研究起步较晚,由引介国外的研究成果开始。但随着人们对期望因素在教育中作用的认识,中国研究者开展了较多的研究,形成了如下的研究特点:第一,从研究主题而言,大部分的研究侧重于从教育投资、教育分层与社会流动角度探讨家长对子女的教育期望。第二,从研究的过程来看,父母对子女的教育期望往往以父母的职业、社会地位、经济收入等因素对子女教育期望的影响进行分析。第三,从影响因素的研究而言,城乡差异、父母教育程度、父母职业、家庭经济状况等指标是父母对子女教育期望的主要影响因素,也有研究者将性别作为家长对子女角色期望的影响因素探讨父母教育期望,并产生了不同的结论。这种探讨认为父母对不同性别子女形成角色期待是基于父母对子女性别所产生的知觉,然而对子女性别表现的知觉是要通过家长的背景因素产生的。因此,如果只以子女性别因素解释父母对子女教育期望的差异,便会忽视家长背景因素这一前置变项影响父母对子女教育期望的重要性。第四,从研究方法上看,虽然有些学者采用个案研究方法,但其结论不能推论总体,而有学者采用的卡方检验或者多元线形回归方法,并没有说明采用这些方法的原因,也没有说明研究方法的适用条件,同时,从心理学视角的研究较多,教育学和社会学的研究较少,采用量化的研究较多,质性研究较少。第五,从研究的结论来看,认为不同家庭对子女有不同的教育期望,教育期望是一种潜在的教育动力机制,正是在教育期望的驱动下,不同阶层的家庭调动各种资源、采取各种策略来使其子女获取更好的教育机会,"名校效应"、"择校热"等是教育期望的负面效应反映。第六,对农村家庭教育期望与子女学业成就、成才动机等的研究较少。中国是一个以农村、农业为主的国家,农村人口占全国人口的71%,处于社会较低层位的农村家庭中教育期望的形成与知觉动机的发生,家庭经济状况对教育期望的影响程度、子女性别与教育期望的差异性等等。现有的研究还没有能够揭示其中的机理,尤其在制度变革的背景下家庭教育期望的变化状况是怎样的;现有的研究还没有很好地揭示其中的规律。对如何发挥教育期望的正向作用,促进农村学生的成长与成才,是一个具有一定的理论价值和实践意义的研究课题,需要进一步开展研究。

(二)当代中国农村社会分层与社会流动状况研究综述

1. 当代中国农村社会分层状况综述

随着中国经济社会的发展,农村社会的分层问题逐渐成为一个新的关注点。对农村社会的分层,多数研究者根据多元社会分层理论来建立分层标准。由于职业是社会分工的产物,职业与农村居民的收入来源、经济状况、社会地位、价值观念、生活方式以及发展机会有着密切的关系。因此,在社会转型期,随着经济社会的快速发展,城市化进程的加快,中国农村社会阶层的分化主要是以职业为基础,中国学者大多也是以职业分化为主的多元标准来分析我国农村社会分层的现状。按照帕森斯的功能主义理论,在任何社会中总有某些工作被视为比其他工作更重要。因此,社会上由富至贫的分层体系,实际上反映了社会对不同阶层、群体之间社会地位重要性的规定。

以职业为标准对中国农村社会进行分层,农民是农村社会的底层阶级。20世纪90年代初,学者通过对全国不同地区、不同类型的村庄进行调查,认为划分农村社会分层的标准应是农民所从事的职业类型、使用生产资料的方式和对所使用生产资料的权力三个因素的组合,从而证明农村有十个阶层:即农村干部、集体企业管理者、私营企业主、个体劳动者、智力型劳动者、乡镇企业职工、农业劳动者、雇工、外聘工人、无职业者。也有研究者将当代中国农民阶级分为十七个阶层:单纯农业劳动者阶层、以兼业为辅的第一兼业农阶层、以兼业为主的第二兼业农阶层、不稳定农阶层、农村工人阶层、城市农民工阶层、农民企业家阶层、农村技术阶层、农村乡务管理者阶层、乡镇企业管理者阶层、个体劳动者阶层和个体工商户阶层、私营企业主阶层、宗教职业管理者阶层、游民阶层、反社会阶层和准社会阶层。有的学者按照收入的标准将农村阶层分为贫困户阶层、温饱户阶层、宽裕户阶层以及小康户阶层。也有的学者根据韦伯所强调的财富、权力和声望的分层标准,将中国改革开放以前的农村社会分为以政治性标准为主的社会分层体系称为"政治—身份型"分层体系;把改革开放后农村社会以经济性标准为主的社会分层体系称为"经济—能力型"分层体系;把合理综合经济收入、政治权力、社会声望三位一体为标准的社会分层体系称为"社会—综合型"分层体系。还有的学者引入了"象征性资源"作为分层的标准。所谓象征性资源可以理解为"潜在的经济资源"。这种资源不是现实的经济资源,而是知识、权力以及社会关系等,在当代中国农村社会衡量这种资源的唯一标准应是"社会权力"。因此,根据这样的分层标准把农村居民分为精英阶层、普通村民和弱势群体(徐婷,2011)。陆学艺(2004)将中国农村社会分为八个阶层:农业劳动者阶层、农民工阶层、农民雇工阶层、个体工商户和个体劳动者阶层、私营企业主阶层、知识型劳动者阶层、乡村集体企业管理者阶层和农村社会管理者阶层。刘成斌、卢福营(2005)根据农村社会成员分化的状况将中国农村分为九个职业阶层:农业劳动者、第二产业劳动者、第三产业劳动者、农村知识分子、农村管理者、私营企业主、个体劳动者、兼业劳动者及无业人员。林坚和马彦丽(2006)以职业为基础,以不同职业农民的收入为主要依据,结合农村中对不同职业的声誉程度,将农村社会阶层进一步划分为上层(私营企业主、乡镇企业管理者和农村管理者)、中上层(个体工商户和农村智力劳动者)、中下层(雇工和农民工)和下层(纯农业劳动者)四大类。从这样的分层标准来看,中国农村的社会分层结构大体上呈一个金字塔型的结构,越往上层走人越少,下层仍然占有非常大的比重。除此之外,在1997年和1998年两年间,中国人民大学李强教授在北京地区进行了两次职业声望调查,得出了北京市居民职业声望排名最高的前三位是:科学家、大学教授、工程师,而农民处于排名的最底端。① 李强(1999)对调查结果的分析中指出:职业声望的评价,人们往往首先以高知识、高技术、高教育因素作为参考标准,得高分者也往往是这些专业。因此,按照职业声望划分,农民(包括农业劳动者和"农民工")处于社会的较低层位,成为社会的底层阶级(王一涛,2007)。

---

① 李强教授调查结果的绩谱排列得分最高的为:科学家、大学教授、工程师、物理学家、医生、经济学家、社会学家、法官等,得分最低的依次是:传达室人员、人力车夫、废品收购人员、包工头、保姆、搬运工、进城做工的农民、单位保安人员、进城经商的农民、列车乘务员、汽车修理工、时装模特、种田农民等。参见钱民辉:《教育社会学——现代性的思考与建构》,北京大学出版社2004年版,第117页。

2. 当代中国农村社会流动状况综述

自改革开放以来,随着经济社会的发展,中国农村社会流动的趋势开始加速。学者们较为一致地认为,农村社会流动是指在农村社会里,一个社会成员或社会群体从一个社会阶级或阶层转移到另一个社会阶级或阶层,从一种社会地位转向另一种社会地位,从一种职业向另一种职业转变的过程,也即从事农业生产为主的劳动者转变为其他职业劳动者的纵向流动和农村社区转移到城市社区的水平流动。郭丛斌认为,中国的农村社会流动类型主要有以下三种:一是行业间的向上流动,这种流动主要是通过工作的顶替、婚嫁流动、参军或通过高考跳出农门,改变自己农民的身份;二是行业间的水平流动,由于现代化、机械化的农业发展,农村产生了很多的剩余劳动力,当今的农民不再仅仅是被束缚在土地上,慢慢地开始向乡镇企业、手工业、服务业等第二、第三产业流动;三是混合型流动,这种流动是乡村人口向城市转移,即农民工大量的涌向城市。学者们分析,出现这些农村社会流动的根本原因是由于生产力的发展,农业产业结构优化以及乡镇企业的发展(郭丛斌,2009)。除此之外,城镇化的加速、农村户籍制度的逐渐松动,以及有中国城乡二元结构的进一步打破,城乡收入的差距,比较利益的驱使等,都促使了中国农村成员的社会流动。因此,在中国农村地区,社会流动主要是上升流动。这种流动在一定程度上,也反映着中国社会变迁的过程。

关于"农民"的定义,一直是人类学与社会学争论的焦点(Migdal,1996)。Geertz(1962)在总结关于对"农民"研究的基础上,提出界定农民的三个标准:经济标准、政治标准和文化标准。不同学科、不同视角,对"农民"一词的定义或理解必然存在着某些分歧和差异,但是通过农民对农村劳动力的认识和理解则更为深刻。在韦伯等人看来,社会结构不过是个名称,并非一种社会事实,是推测性的抽象(约翰逊,1988),可是在中国却是一个实体,长期以来一直有"城里人"和"农村人"的严格区别,在社会经济的方方面面都有所体现。改革开放30多年来中国社会分层结构发生深刻变化(李强,2008)。关于中国农村社会分层结构一直存在着"丁字型"和"金字塔型"的争论,李强将中国社会不断扩大的贫富差距视为"丁字型"结构的直接反映,林坚、马彦丽(2006)则认为是"金字塔型"结构。只要存在城乡差别,农村社会分层就会十分复杂,而且在城乡分割体制的影响下,这种分层结构更多表现出刚性特征。在对中国农村社会分层结构研究方面的大量文献,也主要将农村的社会阶层结构概括为"金字塔"结构。对农村劳动力的阶层分化及特征进行研究,将有利于对农村社会阶层结构的科学认知和有效整合(朱宏军、郭玉亮,2005)。目前,学术界一致认为农民包括农业劳动者和"农民工"(王一涛,2007)。

农村劳动力非农产业就业在学术界一般以"农民工"冠名,并对其进行界定和解释。农民工特指具有农村户口身份却在城镇务工的农业劳动者,是传统户籍制度下的一种特殊身份标志,客观地产生于中国工业化进程加快和传统户籍制度严重冲突格局(郑功成,2002)。在中国,一直存在两个社会分层体系:城市社会分层体系和农村社会分层体系。于是,在农村劳动力流向城市的过程中,独立运转的两个体系相互之间并不交融,虽然有巨大的农民工群体流动于城市和农村之间,但是,由于与户籍相关的一系列限制,多数农民工最终还是回到农村去,而不是融入城市社会中来(李强,2005)。从已有关于"农民"研究和数据统计的不同论述中可以总结为以下几种含义：农民代表一种职业；农民与一种特殊的文化模式联系在一起，反映一种文化心理、观念和意识；农民代表居住生活在特定地理环境中的人群；农民代表着社会中的一个阶级或阶层。因此，对"农民"概念的理解，需要超越传统的思维范式，借助特定的经济地位和社会权利进行全面把握。理解农民及其思维方式和价值观念，需要从这一特殊阶层的实际处境加以思考；如何区别从农村到城里来择业的另一特殊"农民"群体，则需要考察中国特有的户籍制度的安排（陆益龙，2000）。作为中国社会中的第三种身份——"农民工"的被建构和被广泛认同，影响乡城迁移者的权利意识和利益表达行动。

中国农村有着特殊的"家庭"结构，这种家庭的特殊关系归属于"家族"，而最终以姓氏隔开；而在家庭内部的"分家"是这一家族结构形成的基础，其显著特征是建立在以男性为主体的血统之上。中国传统文化以家庭伦理为中心，注重家庭及家族延续，而家庭财产是完成这一使命的物质基础。随着农村现代化的进程，农村原有的乡土社会中存在的差序格局出现了理性化的趋势。由于地缘文化差异呈现出区域特征：北方农村和南方农村的家族在组织形态、活动方式和外显特征等方面都有明显差别（杨善华、刘小京，2000）。中国传统社会强调"家庭主义"，由于存在家庭主义性质，在中国城乡"二元"结构的社会中各自拥有独特的经济、政治和文化结构。

乡村社会关系研究是"农村"研究的重点之一。"从基层上看去，中国社会是乡土性的"（费孝通，1984）。认清中国乡村社会的关系结构及性质，对研究农村内部的组织与运行、推动农村发展具有深刻意义。袁小平、吕益贤（2008）从社会网络理论的核心概念出发,依据时间维度比较了 1949 年以前、1949—1978 年和 1978 年以后三阶段农村关系的性质及特点,反映中国乡村社会关系的变迁。中国农村社会关系取向在长期发展中形成并带有"圈子主义精神"的"熟人信任","我们大家是熟人,打个招呼就是了,还用得着多说么?"(费孝通,1984)。赵泉民、李怡(2007)认为这种以亲缘和拟亲缘关系为基础的"特殊信任"是中国农民走向合作的行动逻辑,促使个体农民在面临市场挑战时合作行为发生及合作经济组织建立、发展,但同时也内在规定合作对象及范围的"规模界限",最终制约合作经济组织向更大规模、更大地域空间的拓展。

(三)教育与农村家庭社会流动关系研究述评

在农村社会,教育作为一种重要的后致性资本,越来越受到人们的重视。王一涛指出:在个人的成长因素中,先赋性因素(如阶层出身、家庭背景)和后致性因素(个人能力、进取心、教育水平)是影响人们社会地位的两大主要因素。不同形态的社会中,这两大因素对人们社会地位的影响有所不同。先赋性因素是影响传统社会中人们社会地位的主要因素,而在现代社会,后致性因素逐渐取代先赋性因素而成为人们社会地位的主要决定因素。在各种后致性因素中,教育之所以受到人们的高度重视是基于如下两个原因。首先,教育在人们社会地位的决定中扮演了十分重要的角色;其次,教育的因素更容易被人们控制,个人能力等因素在人群中是一种随机性的偶然分布,毫无疑问,那些能够为人们所控制和改变的因素更应该引起我们的关注[1]。郭丛斌认为:先赋性因素往往

---

① 王一涛:《农村教育与农民的社会流动——基于英县的个案分析》,社会科学文献出版社 2008 年版,第 10 页。

以传统的农业社会为基础,后致性因素则更多地以市场化和工业化主导的社会为基础。改革开放以后,中国正逐步实现从传统的农业社会向市场化和工业化社会的转型,在此转型过程中,后致性因素对子女职业地位获得的影响可能会比先赋性因素的影响更大①。

研究者一致认为教育是农村成员改变其身份和地位甚至命运的重要手段。农村成员社会流动的主要手段有:考学、参军、考公务员、经商、学习技术和婚姻(许长平、曹翠翠,2010),这些因素都与教育密切相关。教育身份成为农村社会成员流动的符码(陈良,2010),人们因不同的教育身份而处在不同的社会阶层,也因为教育身份的改变而产生社会流动,教育文凭是个人职业流动的筹码。而对文化资本较为薄弱的农村成员来说,教育身份地位获致效用成为个人社会流动的重要力量。对于农村成员来说,正规学校的教育经历所获得的含金量较高的教育身份是实现个人有效社会流动的重要途径。因此,村民的受教育程度决定着他们的社会职业地位,而职业地位则代表着相应的社会阶层地位(赵建华,2011)。

一直以来,教育是社会底层成员子女改变身份的主要途径。但是,相对于城市孩子而言,近年来农村家庭子女通过教育来改变身份的历程变得越来越困难。落后的农村教育使得村民们只能达到较低的教育水平,这在一定程度上限制了他们向上流动。目前,高考制度是一种主要的社会选拔和社会流动的手段,但对农村成员而言,他们的教育程度还主要集中在初等教育水平,他们不可能

---

① 郭丛斌:《教育与代际流动》,北京大学出版社 2009 年版,第 5 页。

全部获得接受高中教育的机会,限制了村民的社会上升流动,进而限制了农村社会结构的分化(赵建华,2010)。农村生源在高校所占的比例日益减少,尤其在重点高校;农民子女大多集中在非重点、层次较低的省属普通高等院校。谢维和等1998年对全国37所高校一年级和四年级近7万名学生的调查①、杨东平对7所不同类型和层次高校的调查都表明,国家重点高校农村生源的学生数量在减少②。谢作栩等通过对陕西、福建、浙江、上海等地共11所高校的2000多名学生家庭状况调查,指出部属重点高校的入学机会明显偏向于那些拥有较多组织、经济和文化资源的社会上层子女③。而社会中下层子女只能获得那些具有地域性和职业性特征的公立高职院校的入学机会。这表明中国中上阶层越来越趋向于为子女寻求更优质的高等教育,以拉开与因扩招而大量涌入高校的下层子弟间的距离;下层家庭囿于经济等因素只能选择农林地质类或者较低层次的高校④。高校专业的选择与人的社会职业的流动去向和行业进入具有很大的相关性,优势阶层的子女和低阶层子女的专业选择呈现出不同的趋向。随着高校的扩招,专业的阶层分化逐渐进入学者的研究视野。有学者对武汉大学1995年的新生情况进行调查,结果显示,在该校就业热门专业中,农民、

---

①　曾满超:《教育政策的经济分析》,人民教育出版社2000年版,第257—274页。

②　杨东平:《高等教育入学机会:扩大之中的阶层差距》,《清华大学教育研究》2006年第1期。

③　谢作栩、罗奇萍:《闽、湘、川3省社会阶层高等教育机会差异的初步调查》,《教育与经济》2004年第3期。

④　钟宇平、陆根书:《高等教育成本回收对公平的影响》,《北京大学教育评论》2003年第2期。

工人子女等社会较低层位家庭的学生比例低于其在总体中的比例，他们大多集中在基础学科中。党政、企事业单位干部和专业技术人员子女更多进入计算机科学、国际贸易、国际金融等专业①。余小波对某电力学院 2000 级学生的问卷调查也发现，热门专业中的干部子女明显多于工农子女，而农民子女愈是选择热门专业，就愈是要付出更高的实际录取分②。陆根书等人的调查显示，家庭收入水平越低，学生越倾向于选择师范、农林地矿工程和农学等专业③。而家庭收入水平越高，学生则越倾向于选择工程、外语、新闻、艺术、经管、法律以及医学专业④。其他一些研究也表明，学生在不同学科专业的分布上，越来越具有阶层属性，优势阶层的子女更多地选择热门和艺术类专业⑤。而低阶层子女更多选择冷门专业和基础性专业⑥。学者对这一现象主要从以下几方面提出解释。一是从理性决策角度考虑，不同阶层家庭选择专业时具有不同的风险考量，因为冷门专业相对学费少，风险小，录取机会大，而复读一年再参加高考对下层家庭来说不仅是一笔不小的经济损失，也是一种机会损失；高收入阶层子女由于拥有较多入学机会，

① 刘宏元：《努力为青年人创造平等的受教育机会——武汉大学 1995 级新生状况调查》，《青年研究》1996 年第 4 期。

② 余小波：《当前我国社会分层与高等教育机会探析：对某所高校 2000 级学生的实证研究》，《现代大学教育》2002 年第 2 期。

③ 钟宇平、陆根书：《高等教育成本回收对公平的影响》，《北京大学教育评论》2003 年第 2 期。

④ 赵海利：《高等教育公共政策》，上海财经大学出版社 2003 年版，第 9 页。

⑤ 王伟宜、顾自安：《各阶层子女对高校科类选择的偏好与入学机会差异——基于偏好模型的解释》，《教育与经济》2005 年第 2 期。

⑥ 谢作栩、王伟宜：《社会阶层子女高等教育入学机会差异研究——从科类、专业角度谈起》，《大学教育科学》2005 年第 4 期。

其在选择科类和专业时更多地考虑该专业的个人预期收益。二是不同阶层之间的信息不平等,下层家庭由于与外界接触面狭窄,缺乏社会关系,不能获得有关专业及其发展前景的有效信息。三是文化资本的效用,有些专业如艺术类需要从童年开始长时间的辅导和培训,只有拥有充分经济资源和文化资本的家庭才能承担和运作,而非下层子女所能想望①。

学者研究发现,农村学生进入地方性院校的可能性远远大于进入重点院校的可能性(曹满超,2000)。谢维和、李雪莲对 37 所高校的学生进行了城乡对比研究。他们发现,农村学生占所调查学生总数的比例为 35.6%,但是,国家重点院校的学生中来自农村的比例只有 26.8%,而地方性院校的学生中来自农村的比例高达 48.7%。杨东平(2006)比较了北大、清华和北师大这三所学校近几年的招生情况,发现北大、清华和北师大这三所中国顶级高校的农村生源也呈现逐步下降的趋势。《南方周末》的一篇报道说:"北大农村学生所占比例从三成落至一成。清华 2010 级农村生源仅占 17%"(翁洹,2011),再一次证明了农村学生入名校难的事实。大多数农村学生难进大学,而进入大学的农村学生主要进入了地方性院校。近年来,地方性院校的大学毕业生就业十分困难,农村家庭辛辛苦苦供子女读完大学却难以就业,即使就业,其就业后的收入非常低,农村孩子通过教育来实现社会流动越来越难。

高校毕业生的就业难问题也成为近年来教育与农村社会成员流动的研究焦点。大多数学者认为就业难已经成为影响农村成员

---

① 潘彭丹、余期江:《浅析当前阶层分化对高等教育机会获得的影响》,《江西科技师范学院学报》2004 年第 2 期。

社会流动的障碍。家庭背景在社会流动中作用也越来越显著。在中国高校毕业生就业中，家庭背景越好，就业率和起薪点就越高①。教育似乎成了一种排斥农村子弟向上流动的手段，在整个社会转型过程中受益的依然是政治精英和上层人士。共青团中央学校部、北京大学公共政策研究所联合发布的"2006 年中国大学生就业状况调查报告"显示，当年有近三成的本科应届毕业生未找到工作，其中 42% 的学生认为通过家庭和个人社会关系、托熟人是最有效的求职途径。有学者指出，造成这种情况主要是两方面的原因：一是中国筛选干部的标准发生了变化，干部成为再分配体制中教育程度相对较高的群体；二是政治精英熟悉再分配体制运作规律及其漏洞，并拥有广泛的社会关系，从而确保其能在市场竞争中获胜②。而处于社会较低层位的农村家庭无法为子女的就业创造更多的社会关系机会。李路路指出："无论在改革前，还是改革后，虽然中国城市社会的阶层结构关系存在一定流动性，但相对于流动性来说，阶层的继承性或复制能力远强于他们的流动性"③。钱民辉从教育与社会地位获得的角度出发，认为高校扩招给更多的人提供了向上流动的机会，这也是大学生就业预期普遍偏高的原因之一；但中上阶层为了维护自己的优势地位，必然动用各类经济、社会资本把历尽千辛万苦踏入高等教育门槛的下层大学生从优厚职位上排斥出去，即所谓社会流动潜规则（获得高收

----

① 文东茅：《家庭背景对我国高等教育机会及毕业生就业的影响》，《北京大学教育评论》2005 年第 3 期。

② 李培林等：《中国社会分层》，社会科学文献出版社 2004 年版，第 246—247 页。

③ 李路路：《制度转型与分层结构的变迁——阶层相对关系模式的"双重在生产"》，《中国社会科学》2002 年第 6 期。

入、高地位的社会位置并不完全取决于所受的教育程度——文化资本、个体先赋特征更为重要)的作用已经高于显规则(好的教育获得好的职位)①。王一涛认为:解决这一问题的途径在于通过公共政策的努力,防止农村孩子因为贫困而被拒绝在教育的门外。要促进城乡教育均衡发展,加强农村师资队伍建设,切实提高农村学生的"考试竞争力"。高考改革也要以增加农村学生进入重点高校的机会为重要的目标(王一涛,2012)。

第三节 理论方法与个案设计

> "教育理论的质量在很大程度上取决于教育理论家所能意识到的认识论标准以及他们如何遵从这些标准。"
>
> ——[德]沃尔夫冈·布列钦卡

"知识是行为的依据。"②研究教育问题,理论知识决定了研究者的立场和视角。"教育的复杂,在于教育对象即人的复杂,更在于人的生命成长与发展过程的复杂。"③教育作为一种复杂性的社会实践活动,关涉人的生命成长,其对理论的依赖程度超过任何社会科学。任何教育实践离不开教育理论知识的指导,教育实践必

---

① 钱民辉:《教育社会学:现代性的思考与建构》,北京大学出版社 2005 年版,第 118、143 页。

② 刘旭东:《教师实践性知识的反思与重建》,《教育科学研究》2008 年第 10 期。

③ 李政涛:《教育人类学引论》,上海教育出版社 2009 年版,第 3 页。

然要寻求坚实的科学理论作为基础,并基于一定的理论基础和理论视角去思考问题。爱因斯坦认为:只有理论,那只有关于自然规律的知识,才能使我们从感觉印象推论出基本现象。

一、理论基础与研究方法

本书以文化再生产理论、期望理论、生活世界理论、功能主义理论、人力资本理论作为研究的理论基础。这些理论为我们思考问题和解决问题提供了合理的角度,使得本书研究的开展建立在科学的基础之上。

(一)文化再生产理论

法国哲学家皮埃尔·布尔迪厄(Pierre Bourdieu,1930—2002)最早提出了"文化再生产理论",该理论被广泛应用于教育学领域,为我们思考教育问题提供了良好的理论基础。文化再生产理论的核心概念主要有:

1. 文化资本(Cultural Capital)

布尔迪厄最早在研究教育问题时采用了文化资本这一概念。布尔迪厄认为:"资本"有四种基本形态——经济资本、文化资本、社会资本和符号资本,而文化资本在人的发展中起着巨大的作用。所谓文化资本,指借助于不同的教育行动传递的文化物品,主要包括学校教育、家庭教育和制度化教育等。文化资本以具体形态、客观形态和体制形态而存在。具体形态指以精神和身体的持久"性情"而存在,即以文化、教育和修养等方式处于我们的身体之中的资本;客观形态指以文化商品的形式而存在的资本,如图片、词典、书籍、工具以及机器等,客观化的文化资本具有传递性,是理论的物化形式;体制形态的文化资本是客观化的学术资格的文化资本,具有合法性和官方强制保护性,通过合法的途径得以传播和转换。布尔迪厄认为:文化是统治阶级将自己的既得利益得以合法化的手段,统治阶级将经济造成的阶级差异转移为文化的差异缘由,旨在消解阶级矛盾。

布尔迪厄的文化资本概念,能够解释不同社会家庭出身者在学业方面的差异:经济的差异造成了不同阶级或利益集团在文化资本占有中的不平等,从而造成不同阶级出身的学生在学术文化中的成就也是不平等的。学校因而也不是中立的机构,而是在复制统治阶级文化资本,有利于统治阶级子女的学业成就,文化资本的传承成为阶级再生产的重要环节,文化资本比经济资本具有更强的生命力,一个人积累的文化资本越多,就会越容易得到更多新的文化资本,社会结构的不平等的权力关系实质上是对文化资本的占有。

2. 惯习(Habitus)

惯习即人的社会习性,是"深刻地存在于性情倾向的系统中、作为一种技艺(Art)存在的生成性(即使不说是创造性的)能力,是完完全全从实践操持(Practical Mastery)的意义上来讲的,尤其是把它看作某种创造性艺术。"[1]惯习是人的先天遗传因素与后天社会化的境遇中习得的一种能力和结构化的需要,是思考问题、感知方式和行为实践以及欣赏的系统,即"一种结构形塑机制"。

布尔迪厄的"惯习"概念能够解释个体与社会的关系问题。"社会行动者既不是由外部起因决定的物质的粒子,也不是执行

---

① [法]皮埃尔·布尔迪厄、[美]华康德:《实践与反思——反思社会学导引》,李猛、李康译,中央编译出版社1998年版,第35页。

一种完全理性的内部行动计划的、只受内部原因导引的单子。社会行动者是历史的产物,是整个社会场的历史的产物,是特别的次场内某条通道中积累的体验的历史的产物。"①惯习是行动者对各种未知情境的生成策略和应对机制,是一种外在的结构内化为个体能力的系统方式,具有不规整性,"惯习是含混与模糊的同义词,作为一种生成性的自发性,它在与变动不居的各种情境的即时遭遇中得以确定自身,并遵循一种实践逻辑,尽管这种逻辑多少有些含混不清,但它却勾勒出了与世界的日常关联。"②

个体的遗传因素和先天条件是个体生命发展的基本因素,但不是全部。人在与环境或社会的相互适应过程中互助作用,构建了适宜自身发展的外在条件。教育是人发展的重要因素,人通过教育得以提升自己,获得发展的后致性资本,积淀并生成新的发展因素。人在与社会的相互作用中既是主体,又是客体,是统一于社会实践中的历史与现实的结合。

3. 场域(Fields)

布尔迪厄理论中的场域是一种客观关系。布尔迪厄认为:场域是主体的人与社会结构相互作用的结果。由于处于不同的社会位置,行动者在场域中占据了不同的位置,形成空间和关系网络。这种客观关系可以是一种运作空间,也可以是一种竞争空间。空间为场域的效果的发挥提供了可能,场域的占据者为了自身的利益,利用自己占据的空间并使用各种策略来保证其位置。任何一

---

① [法]布尔迪厄:《文化资本和社会炼金术》,包亚明译,上海人民出版社1997年版,第78页。
② [法]皮埃尔·布尔迪厄、[美]华康德:《实践与反思——反思社会学导引》,李猛、李康译,中央编译出版社1998年版,第19—24页。

种场域都包含一套前提预设,深陷其中的人不仅是一种身体的投入,更是一种信念的介入,是各种社会秩序被系统利用后在身体上的性情倾向。世界就是一个个的场域构成的网络关系,是具有自身逻辑和自主性与必要性的客观关系空间。

场域为各种社会资本提供了竞争和转换的场所。场域理论能够解释社会资本的竞争机制和社会位序的形成机制。竞争者在社会空间中通过位置的争夺,促进社会的发展,反过来,任何一个场域的存在都是个人或者集体利用各种资本进行竞争而存在。

4. 符号权力(Symbolic Violence)

符号权力也称符号暴力,是以学校教育为中介的社会文化资本再生产过程。布尔迪厄认为:统治阶级与社会弱势群体之间有着控制与支配关系,即存在着权力的运作形式,这就是象征权力,其实质是一种暴力,因此,象征权力被称之为符号暴力。教育从本质上而言也是一种符号权力,"所有的教育行动客观上都是一种符号暴力,教育行动具有双重专断性,它是由一种专断权力所强加的一种文化专断。"[1]

用布尔迪厄的符号权力概念能够解释统治阶级的文化资本如何通过教育系统复制其特权,并把社会的不公平现象归因于文化资本的不均而使其合法化。学校是统治阶级的工具,其所传递的主流文化是倾向于统治阶级的主流文化,包括语言模式也是统治阶级的惯用语,从而形成统治阶级的子女经过学校文化的习得取得社会场域的优势地位,这是一种隐性的甚至是一种"沉默的暴

---

[1]　[法] P.布尔迪厄、J.C.帕斯隆:《再生产——一种教育系统理论的要点》,邢克超译,商务印书馆 2002 年版,第 13 页。

力",是一种幕后的推手。

文化再生产理论的启示意义。教育具有阶级性,学校是阶级统治的产物和体制化的工具,统治阶级的权力在学校无处不在,渗透于学校系统的各个环节中。学校文化往往是统治阶级文化的反映和体现,学校隐蔽地复制着统治阶级的文化而完成文化的再生产,并使这种再生产合法化。因此,布尔迪厄认为:文化的障碍已经成为教育不公平的主要因素,甚至是一种比经济的障碍更难以逾越的障碍之一。由于家庭出身的不同,每一个人都会拥有不同的文化资本,但现代学校往往以一种齐一化的方式对待来自不同文化背景的学生,抹杀了文化的不同所造成的资本的差异,使得社会的不平等现象合法化并使之得以传承。

学校是知识传授的场域,也是权力生成的场域。学校通过对个体的社会化,赋予其特定的文化符号,其本质是对统治阶级文化的传递过程。出身于统治阶级家庭的孩子由于先天的文化地位的获得,在教育中占据着优势位置,获得了更多的文化资本,从而在社会场域中处于更有利的地位,易于成功。这是阶级关系复制的再生产作用,使得社会等级因为文化的再分配而合法化,比经济资本的再生产更具隐蔽性和合法性。

文化再生产的本质并不仅仅是文化资本的再生产和教育场域的自我再生产,而是阶级关系的再生产和社会不平等现象以及特权基层的再生产,这种再生产的结果是整个社会关系和社会结构的再复制,以此来检视教育制度的本质,"教育本身就是一种符号暴力",是教育的社会结构和民众的心态结构的互动关联。文化再生产理论从布尔迪厄到后来的韦伯、柯林斯以及伯恩斯坦等学者的发展,"身份集团"、"身份文化"、"语言编码理论"等相关理论不断出现,开创了透视社会"再生产理论"的视角和基础。

(二)期望理论

期望反映了人的需要与目标之间的诉求,"人们为了某种需要,会努力用行动去实现目标,当目标还没有实现的时候,这种需要就变成了一种期望。"①

美国心理学家、行为科学家维克托·弗罗姆于 1964 年出版《工作与激励》一书,提出了期望理论。该理论认为:要一个人花费精力(即有动力)去做某事,他必须相信:努力就能取得良好的业绩,良好的业绩会导向某种渴望的报偿,这样的报偿能够满足某种需要,满足该种需要的愿望很强烈,值得为之努力,即当人们预期能够完成某种行为,而且该行为能为自己带来既定的结果,这种结果又对自己具有吸引力时,人们才会采取该行为。他提出了著名的期望公式:动机强度=效价×期望概率($F = V × E$)。其中,V 代表效价,表示目标对于满足个人需要的价值,取值范围在 -1.0 与 $+1.0$ 之间;E 表示行动于实现需要之间的概率,即行为目标实现的可能性的大小,取值范围在 0 到 $+1.0$ 之间。期望的力量是一种人们为了满足需要、实现目标时所产生的力量,力量的大小取决于效价和期望值,并与之成正比例关系;如果其中一个因素为零,则期望力量就为零。

期望理论揭示了人的需要与目标实现之间要处理好三重关系:努力、绩效与奖励。人的需要是人奋斗的动力,目标是人努力的方向,当人的目标合理,经过努力得以实现时,人就会有信心并有工作的积极性;反之,太高的目标一旦不能实现,就会使人的积

---

① 蔡映辉:《中国大学生期望研究》,福建教育出版社 2011 年版,第 12 页。

极性受挫,出现消极情绪反应。因此,当人取得一定的绩效之后就要予以一定的奖励,无论是物质奖励还是精神奖励都会对人的再努力予以肯定和鼓励,使人的积极性得以持续,激发出继续奋斗的动力。

期望理论应用于管理学之后,其学术价值进一步显现出来。在管理过程中,领导者需要对员工的动机与需要有明确的了解,根据员工的个体差异,确定合理的奖励报偿,使之发挥激励作用,产生效能。期望理论认为:在管理中要激励员工的积极性,调动他们的能动作用,就要在管理中设置效价最大的激励报偿措施,并加大行为与目标之间的效价差,以充分调动人们的积极性和主动性,取得管理的最佳效益。目前,期望理论被应用于各个领域,用来解释职业满意度、工作绩效、员工积极性的调动、主动性的发挥和主体的参与等。

期望理论的启示意义。弗罗姆的期望理论与亚当斯的公平理论、洛克的目标设置理论、巴伦的 VIE 理论以及波特和劳勤的绩效—满足理论统称为过程型激励理论,主要研究需要和动机在管理中的价值,研究如何根据需要和动机来进行有效管理,研究的重心聚集于激励的机制与过程。期望理论表明,物质报偿甚或精神鼓励是人们努力的动力源泉,在行动中具有较高的效价。期望理论用量化的权变因素分析,解释了期望的激励功能和人们在各种可能性之间的抉择,追求最大的效用成为积极性的动机,目标效价越高,期望值越大,激励发挥的作用也越大。其启示意义在于:

第一,制定合理的目标。期望中的目标并不是越大越高越好,而是要处于一个合理的范畴,处于科学的设置的目标能够避免过大、过高和过远,避免遥不可及的实现预期,切实性的目标才能充分调动积极性和发挥激励作用,目标的方向感集中,动力机制合理发挥。

第二,激发动力实现目标。期望的产生是个体对于自身目标的树立和需要的确定,努力的过程是一个将目标变为现实的过程,即个体在行动之前就已经建立了有关现在的行为与将来的绩效与报偿之间的联系。人们采取行动的意愿往往取决于行为结果的期望程度,期望程度的高低以及动力的大小完全取决于人们是否相信努力与结果之间的关联性,绩效高,得到的奖励多,并满足了自己的目标评价。

第三,期望重在激励的过程。期望理论将激励力量看作一种认知结果,当人的心理产生实现目标的愿望时,动力才会产生;而目标是个体动力的根源,不同的个体会有不同的目标,同样的目标对个体的价值可能是不同的。环境在个体的目标制定的过程中具有不同的制约作用。

(三)生活世界理论

生活世界理论是西方现象学哲学和新马克思主义生命哲学的核心概念。经过从 20 世纪初至今的理论探讨和实践发展,生活世界理论已成为人文社会科学和自然科学的主流理论。

追本溯源,生活世界理论一直是哲学家的论域。古代哲学试图解决宇宙万物的统一基础、根据和本质,对世界本体的追寻就是在寻找存在的"世界基底",巴门尼德把"超验的存在"看作世界的本体,是万物最普遍、最一般的共相;亚里士多德把实践哲学看作对人们全部生活现实的思考;柏拉图把"理念"看作事物存在的依据和本质,他们都在努力寻找世界的未果"基底"。到了近代,笛卡尔的哲学把"我思"看作"我在"的前提和目标,世界的本体成为脱离人的本质而存在着的实体——上帝才是绝对意义上的世界的本体存在;康德理论中对理性和实践理性的区分,"物自体"依然是不可认识的先验现象,世界的图式依然是一个不可完全把握的未知。

　　生活世界理论是胡塞尔现象学的核心。"胡塞尔试图从生活世界出发来探讨科学危机的根源。"①胡塞尔认为:"生活世界是一个始终在先被给予的、始终在先存在着的有效世界,但这种有效不是出于某个意图、某个课题,不是根据某个普遍的目的。每个目的都以生活世界为前提,就连那种企图在科学真实性中认识生活世界的普遍目的也以生活世界为前提。"②胡塞尔(1994)基于对现代人类社会所面临的危机的深重忧虑,提出"生活世界"的概念来诠释科学世界的危机,试图对人类的科学世界对基底世界的遗忘所产生的后果予以澄清。他认为:生活世界是一种原初的和直观的经验世界,是其他一切世界生成的起点和源头,是我们的实际生活所得以构成的全部。我们身处其中,直接经验与体验,身同感受,"在胡塞尔看来,生活世界是一个前科学的、在先被给予的世界,是一个直观的奠基性世界。"③

　　"前科学性"指直观和原初的、直接经验性的世界,也即尚未被科学所定义和概念的世界,是一种基底世界,是科学世界形成的奠基性的源泉,也是知识世界和理论世界得以形成的基础和前提。生活世界因其"前科学性"的意义而对人类的一切活动特

---

　　①　刘旭东:《对教育与生活关系的思考》,《教育研究》2007 年第 8 期。
　　②　[德]胡塞尔:《欧洲科学危机与先验现象学》,见倪良康:《现象学及其效应——胡塞尔与当代德国哲学》,生活·读书·新知三联书店 1994 年版,第 461 页。
　　③　宁虹、钟亚妮:《现象学教育学探析》,《教育研究》2002 年第 8 期。

别是对哲学、科学和理论以及知识等产生了原初性的规定。胡塞尔指出,在现代生活中,由于实证科学和自然科学形成的强势地位主导了生活的霸权话语,导致"我们"疏离了生活世界的"前科学性",即科学世界的原初基础,造成了对人生意义的遗忘,导致人性的危机以及科学世界的危机。"在先被给予的世界"是"一个包括人们的一切实际生活(包括科学的思想生活)的世界,是在我们具体的生活世界中不断作为实际的东西给予我们的世界,是一切已知的和未知的东西的世界,是被经验着的并能被经验到的世界。"①海德格尔认为的生活世界即为"在世之中"。他认为,存在总是存在者之存在,只有通过存在者,才能形成特殊存在的"此在",此在即为"生存",生存就是存在者的在世展开,从而"在世之中"成为"此在"的日常生活。哈贝马斯把胡塞尔的生活世界延展为"交往理性",认为生活世界是"交往行动者'一直已经'在其中运动的领域",是人们在交往中达成互相理解所必需的共同的背景知识(胡塞尔,1994)。生活世界是交往展开的背景和平台,也是交往的内容得以体现的境遇。离开生活世界,交往活动无以进行。

教育是人类社会生活的必需,教育与生活具有同构性,而不是社会体制化的产物。刘旭东认为:"生活世界是不同主体展开活动、相互交往的背景和产物。"②"生活世界是教育的生活方式;生活世界是教育的思维方式;生活世界是教育问题意识的来源。"

①　李文阁:《回归现实生活世界》,中国社会科学出版社2002年版,第95—100页。
②　刘旭东:《预设与建构——教育价值观演进的思考》,《教育理论与实践》2007年第11期。

"作为精神活动的教育无论如何不能离开生活而存在。"①教育不能脱离生活而孤立存在,生活世界是教育的奠基性源泉。教育要以生活世界为依归,创造丰富多彩的生活。

"生活世界"理论的启示意义。"生活世界"是胡塞尔现象学理论的核心。关注生活世界,就是寻找人类生活的价值源泉。同时,生活世界理论揭示了教育的工具化取向的根源,"以生活世界为教育的价值目标,澄清教育理念,批判工具理性对教育的束缚;以生活世界为教育的价值源头,还教育以充满智慧挑战的本性;以生活世界为教育的思维方式,加强教育与生活的关联,在实践中实现教育的建构性。"(刘旭东,2007)

(四)功能主义理论

功能主义理论最早起源于 19 世纪英国社会学家斯宾塞的社会学理论,之后涂尔干对斯宾塞的理论进一步重新分析和完善,形成了功能主义理论。20 世纪中叶,美国社会理论学家帕森斯在此基础上又提出结构功能主义,综合了传统功能主义的理论成果,使功能主义理论具有了现代性的特征,功能主义的理论视野面向现代社会的发展问题。

斯宾塞认为:社会是一个生物有机体,由各个"器官"组成。当一个社会正常发展时,各个器官对社会的发展和维持起着正向作用。涂尔干认为:社会的各个组成部分在一套集体意识(Conscience Collective,又称共享意识)的作用下整合在一起。涂尔干的理论思维在于"寻找一个社会事实的功能,始终应该看它与某

---

① 刘旭东:《"现代性"教育学的批判与反思》,《西北师大学报(社会科学版)》2007 年第 4 期。

种社会目标的关系。"①（钱民辉,2004）帕森斯在继承功能主义传统理论的基础上,提出了新的理论框架——结构功能主义。他指出:教育的社会功能主要在于使人"社会化"和"选择"。学校教育是人社会化的主要方式。一个社会系统总是包含着对一个特有的文化价值系统的传承和内化,对价值进行重构并有效地实施于实践,这就是社会系统与文化对人的社会化。这是一个分配与整合的过程,即个体的选择是个体社会化过程中必然的过程。帕森斯对社会系统进行研究后,提出了"AGIL 的交换模式",其模式图形为:A（适应）→G（达到目标）→I（整合）→L（维持）。帕森斯之后,特纳与哈伯对其观点进行了进一步的发展,提出了教育"选择论"的观点,他们认为教育制度的本质是一种选择制度,各个社会的教育都进行着选择,只不过选择的时间、方式和选择的主体不同而已。

功能主义理论的启示意义。帕森斯以建构主义的方式思考社会的发展,认为一个社会系统的存续与发展需要一定类型的结构发挥功能性作用。社会结构的变迁方向是由文化内涵即社会的共同规范体系所决定的。功能主义探寻社会事实和社会目标之间的功能,把教育看作专门化的进行社会角色训练的有效途径,以培养个体能够适应社会生活和道德需要的人格。教育对社会而言具有整合功能,培养人的道德素养,达成社会良知和社会共识;同时,教育也进行着社会分化和社会分工,尤其学校教育是一种理想的社会分配工具。它通过获得报偿习惯的分数这个标准进行人事分

---

① 钱民辉:《教育社会学——现代性的思考与建构》,北京大学出版社 2004年版,第 65 页。

配,因为分数是以文化价值的方式表现出的价值符码和符号性的奖赏,成为人们获得社会财富和地位的工具,并且分数的分配是一种有效的合法化的分配方式,以此为标准对能力、地位、财富和名誉进行评价并予以公正地划分,取得社会的认可①。

（五）人力资本理论

西方经济学家亚当·斯密、萨伊以及 A.马歇尔等,很早就提出过人力资本的思想。20 世纪 60 年代,美国著名经济学家舒尔茨(T W Schultz)在其代表作《论人力资本投资》一书中系统地提出了人力资本理论。他于 1960 年美国经济学年会上发表了题为《论人力资本投资》的演说,全面、系统和深刻地论述了人力资本理论,开创了人力资本研究的新领域,并荣获了 1979 年诺贝尔经济学奖。舒尔茨的人力资本理论认为:第一,人力资本存在于人的身上,表现为知识、技能、体力和价值的总和。一个国家的人力资本可以通过劳动者的数量、质量以及劳动时间来度量;第二,人力资本投资是经济增长的主要源泉。舒尔茨认为:人力投资的增长无疑已经明显地提高了投入经济增长过程中的工作质量,这些质量上的改进也已成为经济增长的一个重要的源泉;第三,人力资本由投资形成。投资包括学校教育费用、在职人员培训费用、营养及医疗保健费用、择业过程中所发生的人事成本和迁徙费用;第四,人力资本投资能够获取最佳的投资效益。人力投资是为了获得收益;第五,人力资本投资的消费部分的实质是耐用性的,甚至比物质的耐用性消费品更加经久耐用。

---

① ［澳］马尔科姆·沃特斯:《现代社会学理论》,杨善华、李康等译,华夏出版社 2000 年版,第 77 页。

人力资本理论的核心是通过教育投资提高人口质量,促进经济的增长,教育投资是人力资本投资的主要部分。舒尔茨对1929—1957年美国教育投资与经济增长的关系作了定量研究后认为:各级教育投资的平均收益率为17%;教育投资增长的收益占劳动收入增长的比重为70%;教育投资增长的收益占国民收入增长的比重为33%。因此,人力资本投资的回报率最高,这种投资的经济效益远大于物质投资的经济效益。教育是提高人力资本最基本的手段之一。教育投资应以市场供求关系为依据,以人力价格的浮动为衡量符号。舒尔茨人力资本理论颠覆了传统的经济学普遍强调的物力资本的决定作用,他认为机器、设备、厂房、资金等物力资本的存量规模尤其是积累快慢并不是促进或限制经济增长的主要因素,经济增长的决定性作用主要取决于人力资本。人力资本存量越大,越可能导致人均产出或劳动率的提高,人力资本本身具有收益递增的重要特征,人力资本会导致其他物力资本生产效率的改善。人力资本理论突破了传统理论中的资本只是物质资本的束缚,将资本划分为人力资本和物质资本。这样就可以从全新的视角来研究经济理论和实践。按照这种观点,人类在经济活动过程中,一方面不间断地把大量的资源投入生产,制造各种适合市场需求的商品;另一方面以各种形式来发展和提高人的智力、体力与道德素质等,以期形成更高的生产能力。舒尔茨之后,又有加里·S.贝克尔、爱德华·丹尼森、罗默、卢卡斯等人在继续深入研究人力资本理论,使人力资本理论成为现代教育发展的重要支撑理论。

人力资本理论的启示意义。人力资本理论改变了传统理论中的资本只是物质资本的单一认识,将资本划分为人力资本和物质资本,赋予经济理论研究以全新的视角并指导实践发展。该理论认为物质资本指现有物质产品上的资本,包括厂房、机器、土地、设备、原材料、货币和其他有价证券等;而人力资本则是体现在人身上的资本,即对生产者进行职业培训、教育、提高技能等支出,以及其在接受教育的机会成本等价值在生产者身上的内蕴和体现,它包含了蕴含于人身上的各种知识、生产技能、劳动与管理技能和健康素质的总和。按照这种观点,人类在经济活动过程中,一方面不间断地把大量的资源投入生产,制造各种适合市场需求的商品;另一方面以各种形式来发展和提高人的素质,包括智力、体力与道德素质等,以期形成更高的生产能力。人力资本理论把人的生产能力的形成机制与物质资本等同,主张将人力看作一种人自身的资本,即生产知识与技能资本,提高人力资本即是提高生产效益的重要方式。

二、个案地区概述

在目前的人文社会科学研究中,质性研究是颇受学者青睐的研究方法之一。刘旭东指出:"教育现象丰富多彩,复杂多变,任何对它的解说都只是在一定范围、程度和条件下起作用,都只是看待教育问题的一种视角、一条途径。教育认识的复杂性和相对性决定了研究教育问题不是看手里有什么方法,也不能先预设某个立场再选择方法,而是要看对象的性质如何,并据此选择方法形成理论,路径是从对象到方法。"①秉持"从对象到方法"的学术研究思维,质性研究无疑是一种具有适切性的方法论。在有关村民教育期望的研究中,研究者多采用量化的研究,质性研究成果较少。

① 刘旭东:《教育理论学术旨趣的实践转向》,《安徽师范大学学报(人文社会科学版)》2010年第7期。

因此,本书首先考虑使用质性研究方法,以白描的手法和叙事研究体例,并结合当事人的口述史,对发生在村庄中的"教育故事"进行研究。结合该特点,本书选择文献研究法、田野调查法、口述史研究法及个案研究法等具体的研究方法。

在人文社会科学研究中,个案研究(Case Study)的方法属于一种"实地研究",即在某一范围内的系统研究。研究者往往"深入到研究对象的生活背景中,以观察和非结构访谈的方式收集资料,并通过对这些资料的定性分析,对被研究的对象进行解释性的理解。"①个案研究是一种典型的质性研究,研究者通过观察、自由访谈和全方位参与,深入研究对象的"情景"中,描述与反思研究对象的具体理解。同时,实地研究中资料的收集主要有访谈和观察两种方式。

本书选择的田野调查地点位于甘肃省 Z 县乌龙乡的一个村庄——刘村。选择刘村作为本次研究的个案实地,首先考虑的是本人的文化背景和生活背景。刘村作为我的故乡,从出生到上大学之前一直生活在那里———一个"熟人世界"。同时,该地位于西部农村地区,是一个典型的小村庄,其样本意义具有一定的代表性。为了对研究个案的背景有一个详细的了解,首先对该地区作一较为详尽的介绍。

(一)Z 县概况

Z 县位于甘肃省中东部地区,是一个典型的西部农业县,地处甘肃省和宁夏回族自治区的交界处,属于国家重点扶贫的著名的

① 丁柏铨、胡治华:《人文社会科学基础》,首都师范大学出版社 2004 年版,第 96 页。

六盘山片区。东与华亭县紧邻,西与静宁县接壤,南部紧靠秦安县和张川县,北部与宁夏回族自治区的隆德县、泾源县相接,自古以来交通位置重要,是一个咽喉要道和兵家必争之地。Z县在行政区划上隶属于平凉市管辖。全县人口约43万,共有13个乡,5个镇,293个村,1个街道办事处和3个社区居委会,1521个社。属于黄土高原陇东山区,是国家级贫困县,是全省18个干旱贫困县之一,也是43个国家级重点扶贫开发县之一。

　　Z县的自然状况属于典型的黄土高原丘陵沟壑地区,全县基岩山地和丘陵沟壑占国土面积的93%,喜马拉雅在新地质构造的过程中,隆起东部的六盘山脉,地势东高西低,六盘山威武雄踞,其余脉分支纵横相交,连贯成山。全县总面积1553.14平方千米,耕地面积91.65万亩,农业人均占有耕地2.2亩,东西长约56.37千米,南北宽约46.60千米,海拔在1405—2857米之间。气候属于大陆性季风气候,属贫水区,这里常年干旱,降雨量稀少,平均年降雨量约565毫米,全年无霜期142天。地貌以黄土高原和丘陵、山地为主,属于黄土高原丘陵沟壑区,由于远离干线和要道,交通不便,全县至今尚未通铁路,大山和封闭的交通使这里的发展远远落后于其他县。这里土地贫瘠,农民收入很低,自古以来靠"天"吃饭。Z县地处黄河支流渭水流域,很早就有人类繁衍生息。据史料记载,在旧石器时代,就是伏羲和女娲的活动领地之一。大约在公元前279年,周朝设立中国最早的郡县级统治区域——陇西郡,Z县即隶属陇西郡管辖。公元13世纪,元朝设立"路"为行政管辖,以吐蕃部族命名,沿袭至今。新中国成立后,1950年由平凉专区划归天水专区,1955年复归平凉专区管辖,1958年和静宁县合并,1961年又恢复Z县建制至今。2002年平凉专区改为市,Z

县属于平凉市管辖。

Z县自古民风淳朴,广大农民吃苦耐劳,以不懈的奋斗精神改变着自然造成的贫困和落后。新中国成立以来,在党的领导下,穷则思变,战天斗地,发扬"实事求是、崇尚科学、自强不息、艰苦奋斗"的精神,历经艰辛,改造土地,大兴农田基本建设,于1998年建成了中国第一个"梯田化模范县",基本解决了农民的温饱问题。改革开放以来,全县经济、文化、教育等各项事业发展迅速,城乡面貌发生了巨大变化,农民收入倍增,改变了生存的艰苦和自然的不公。近年来获得了全国水土保持工作先进集体、全国文化模范县、全国经济林建设示范县、全国生态建设示范县、全国科技进步先进县、全国农村中医工作先进县和全省社会治安模范县等荣誉称号。

Z县的经济状况较为落后,属于国家级贫困县。经济状况由于自然地理条件的限制,资源匮乏,经济发展的后劲不足①,农业是Z县的主导产业②。

---

① 据Z县统计局2013年发布的最新资料显示,2011年,地区生产总值首次突破20亿元大关,达到21.3亿元。按可比价格计算,同比增长14.0%,增幅比上年提高2.4个百分点。其中,第一产业增加值8.08亿元,增长6.8%;第二产业增加值4.91亿元,增长28.6%;第三产业增加值8.31亿元,增长12.8%。三次产业构成为37.95：23.02：39.19,按常住人口平均,人均GDP达到5564元,比上年增加1220元,按国家公布的2011年平均汇率计算,突破800美元,达到883美元。全社会固定资产投资完成28.3亿元,增长32.5%;社会消费品零售总额达到10.08亿元,增长18.6%;大口径财政收入完成7512万元,增长22.2%,其中地方财政收入完成4969万元,增长21.2%。

② 据统计,2011年全县实现农业增加值70818万元,按可比价格计算,同比增长6.8%;粮食总产量完成15.17万吨,同比增长6.8%;粮食平均亩产183公斤,增长6.4%;农业人均产粮368公斤,增长6.4%。在粮食总产量中,夏粮6.37万吨,增长1.3%;秋粮8.80万吨,增长11.2%。油料产量7533吨,增产5.6%;蔬菜产量16.10万吨,同比增长7.0%。当年完成造林面积2.74万亩,水果总产量10.49万吨,增

Z 县是一个文化教育大县,重视教育是 Z 县的传统。据 Z 县统计局 2013 年 3 月公布的最新数字,截至 2011 年,全县共有各级各类学校 293 所,其中高级中学 8 所,普通完全中学 2 所。随着学生的减少,学校撤并现象严重,仅 2011 年撤并小学 20 所;全县教职工 5302 人,专任教师 4988 人,在校学生 88167 人;校舍面积 43.40 万平方米,课桌凳 5.3 万双人套,图书 141.38 万册,计算机 5621 台。各中小学基本建起物理、化学、生物实验室和各种功能器材室。以 2013 年为例,幼儿入园(班)率 62%,高考上线率 93.4%。其中重点本科上线 371 人,上线率 6.5%;一般本科上线 1038 人,上线率 18.2%。

(二)刘村概况

刘村属于乌龙乡①较大的一个行政村,全村共有 420 户居民,

长 20.5%;年末大家畜存栏 12.67 万头,同比增长 2.4%;生猪年末存栏 11.4 万口,增长 1.8%;当年出栏 12.8 万口,增长 1.6%。全年肉类总产量 1.17 万吨,同比增长 1.5%。Z 县海拔高,光照充足,昼夜温差大,大部分土地处于干旱半干旱的山区,特别适宜苹果种植,所产苹果个大、果甜,含糖量高,口感好,很受全国人民的喜欢,"平凉金果"成为国家注册商标和名优产品。近年来注册的"紫荆红"苹果成为全县的主导产业,每公斤的价格上涨接近 8 元,亩产接近 2 万元。

① 乌龙乡位于 Z 县北部山区,距离县城 27 千米。全乡共有人口 31208 人,总土地面积 110.5 平方千米。共有 24 个村民委员会,116 个社,6648 户村民。全乡共有耕地 82284 亩,人均 2.6 亩。全乡人均收入低,年人均 1552 元。乌龙乡是一个纯农业乡,"靠天吃饭"是这里的基本状况,"贫困"是一个伴随人们生存的关键词。贫瘠的土地和稀少的降雨量无法给这里的农民以丰厚的经济收入,封闭的传统观念使这里的人不愿从事商业,安于土地,苦中求生,祖祖辈辈在这里繁衍生息,也在这里承受着贫困的命运。在新的历史时期,在全国进行新农村建设的大潮中,乌龙乡大力推进新农村建设,促进全乡发展。截至 2012 年,全乡累计投入资金 93.66 万元,积极调整种植结构和产业结构,掀起了经济发展观念变革和产业转型的高潮。乡南部各村庄新建 5000 亩苹果基地,户均 6.1 亩。大力发展养牛产业,全乡发展养牛户 80 户,结合整村推进养牛项目,种植优质牧草 400 亩、粮饲兼用玉米 20 亩、优质品种洋芋(庄薯 3 号)1000 亩,并对现有 600 亩梨园进行规范管理。

1920 口人。全村有土地 3840 亩,人均 2 亩左右。共有 6 个社,由
5 个自然村构成,分别是罗家社(分为一社和二社),以罗姓人氏为
主;刘家社(三社)、刘家小庄社(四社)、刘家咀社(五社)、刘家阴
坡社(六社),以刘姓人氏为主。

刘村是一个典型的黄土高原山区村庄。站在山梁上放眼望
去,四周是连绵的群山环绕,起伏的大山犹如巨兽奔涌,高高地耸
立在村庄的周围。刘村位于群山的包围中,居民家庭散落在从山
底到山腰的阶梯状分布中。陡峭的山梁下是一块块的梯田,平整
的梯田地里种着绿油油的庄稼,与陡峭的山脉形成了鲜明的对比。

梯田是 Z 县的特色,Z 县是全国第一个"梯田化模范县",被
水利部命名为"梯田之乡"。刘村也是著名的梯田之村。梯田的
背后是这里的人们战天斗地,改善生存环境的见证,饱含着父辈们
的心酸和艰辛!因为山形的原因,这里的土地原先也是与山一样
的陡峭,几乎无法耕种,下雨后,陡坡地水土流失严重,土地贫瘠,
几为不毛之地。为了易于耕种,人们奋起劳作,平田整地,改善土
地的状况。早在 1970 年人民公社时期,这里的人们就开始了水土
改良。村民们利用冬闲时间,昼夜奋战,平整土地,改善因为陡峭
的山势形成的土地状况,把陡峭的土地改造为平整的易于耕种
的平地。当时的条件艰苦,没有挖掘机,更没有大型的机械化工
具,平田整地基本靠的是人们手抬肩扛,仅有几辆架子车就是奢
侈的劳动工具,主要靠铁锨、镢头和竹筐,人们硬是凭着坚强的
毅力和斗志,把陡峭的山坡地改造为平地。平地能够存水,利于
涵养水源,保持水土。在干旱山区,靠天吃饭,天下雨就有收成,
天不下雨就等于土地绝收,而平地的蓄水条件好,土地相对肥
沃,能够提高土地的产量和收成,使村民告别了饥荒的状况,改

善了生活面貌。目前,这里的人们还在努力奋斗,正在由梯田大县向产业大县转变,创建陇东黄土高原的生态文化名县和梯田产业强县。

沿着公路向下走约两千米,就是刘村。村庄公路两旁除了绿绿的杏子树和沙棘果树,就是纵横交错的沟壑。黄土高原的土质松软,久远的黄土地貌在风沙的搬移下形成了山丘,山丘在水的冲击下又形成沟壑,形态突兀倨傲,仿佛在诉说着历史的变迁和贫穷的恶劣,穷山恶水像一条毒蛇吞噬者人们的富裕梦想,生活在这里人们感受着自然的压力,如梦相随! 这里是一个属于国家级贫困县的乡村。但也是这里,因为远离都市的繁华和喧嚣,显得宁静而深远。夏天的景色宜人,郁郁葱葱的植被茂密地生长着,青翠的山峁上泛着绿光,几乎要溢出绿油了。冬天的白雪覆盖着茫茫大山,给人以无穷遐想。近年来,在国家严格的环境保护政策的引导下,这里的乱砍滥伐少了,野外放牧少了,环境生态保护得很好。

(三)个案地区选择的思考

刘村很小,小得在中国的版图上几乎找不到它,它是中国最偏远的地方之一,地处西北地区甘肃省Z县的乡下。虽然它不是夏多布里昂描写的那个迷人的故乡贡堡,也不是梭罗的故乡瓦尔登湖,更不是音乐家王洛宾梦境中的那个充满着诗意般的爱情之地的"遥远的地方",但这里的一切对我而言是那样的亲切,那样的熟悉,它母亲般的胸怀哺育了生息于其中的山民。

按照学术规范和写作惯例,将它命名为刘村。之所以选择自己的出生地作为田野调查地点,主要考虑到我在这里成长的文化背景和生活经历。在中国人类学成功的村庄研究中,不少学者把田野地点选在自己的家乡或者自己曾经生活过的地方,就是考虑在熟人社区的便利性、情景性、反思性以及语言的沟通性等都具有陌生环境无法比拟的优势。当然,熟人调查也有缺陷,如文化的趋同心理与刻板印象等,都会对观察和判断产生影响。这些要尽力克服,力争冷静思考,中立判断。

时至今日,外面的世界发生了巨大的变化,但这里依然保持着它多年特有的安详和静谧,生活的节奏还是那样缓慢,人与人之间还是那种亲情和阖,出门时家里的大门总还是虚掩着,绝不用担心偷盗或其他。顽劣的小孩子即使一整天不归家,你也不用担心他们的安全和饥饿,他们随便进入任何一家就有饭吃,广袤的田野就是他们最好的游乐场,天黑时,他们自然就会尽兴而归。淳朴的村民日出而作,日落而息,仿佛外面的巨变与自己无关。这一切,我极为熟悉!每每读到关于农村教育题材的文章,我的心中就有一股热流在奔涌:我想去调研,思考农村教育的问题。

"故乡的沦陷"、"乡村精神家园的荒芜",几近成为时代的悲歌。经济的快速发展、城镇化的持续推进,存在于人们脑海中的乡土气息在慢慢地淡化甚至消退。中国几千年历史根脉的持存,将是一个严峻的时代问题。印度的甘地说:"就物质生活而言,我的村庄就是世界;就精神生活而言,世界就是我的村庄。"年轻一代向往城市生活,却遗忘了乡村生活的原初性。遗忘了村庄往往意味着遗忘了精神家园的根。我曾经在这里的大山上劳作,和父辈们一起为了生活而劳动,田间的沃土中曾经洒下我的汗水,我切身体会了土中刨食的艰辛。因此,回到故乡,去考察、去记录和反思发生在村庄中的教育故事,既是夙愿,也是我对乡土之情的一种回馈,尽管我知道自己不能改变什么。我想把养育自己的村庄作为一面管窥国家制度变革、时代兴衰与人生际遇沉浮的镜子,进而思考村庄的发展路径。

(四)调查思路

村庄的乡民对教育怀有神圣般的期望。封闭的山村,大山的阻隔,人们坚信教育是改变命运的重要途径。因此,多少年来,这里的人们持守着一个铁律般的信条:"再穷不能穷教育,再苦不能苦孩子"。只要孩子想读书,家里一定会鼎力支持。

然而,村民家庭的教育期望是一个相对抽象的概念。要想对刘村 420 多户人家、1920 名村民进行调查,就要对家庭的教育期望这个笼统且宽泛的问题进行可操作化的处理。因此,调查思路的凝聚和问题的集中就成为本书的关键。根据本书的核心研究主旨——教育制度变革对村民家庭教育期望产生的影响,将调查研究的思路聚焦在两个方面:第一,新时期农村村民对教育抱持的期望;第二,教育制度的变革对这种期望的影响程度。

众所周知,期望是一个与客观外在因素相伴而生的主观愿景,要判定它就要依赖细致的访谈和观察来分析。进入 21 世纪以来,随着中国教育的发展和教育制度的变革,尤其在"两免一补"、"三免两补"的利好政策的引导下,义务教育阶段的教育费用和教育成本在表面上来看是下降了,但在学校撤并与学生择校的过程中,村民家庭的教育的隐性负担却增加了,并且增加额远远超出政策和制度的变革所带来的利好;另一方面,非义务教育阶段的教育支出随着物价的上涨而在大幅度的上升,高中阶段高昂的学费、择校费、学杂费、租房费、交通费,甚至生活费等教育成本的增加和上涨很快,村民的教育负担沉重;高中毕业生考上大学,大学阶段的各种费用使村民家庭的教育负担更重。据保守计算,大学四年,村民家庭为之支付的教育费用约为十万元，"因教返贫"现象在农村屡见不鲜。随着就业政策的调整和改革，大学生统包分配的制度一去不返，"双向选择"的就业制度和"凡进必考"的用人机制使农村大学生的就业率大为下降，就不了业的农村大学生家庭因此蒙上了沉重的精神压力和经济负担。

以上因素的变化对村民教育期望的影响是什么？他们投入教育的期望程度是怎么样的？当教育这种农村唯一的流动手段不能为农民的命运改变提供期望时，农民还会相信它甚至愿意为它提供投入吗？要想对这些问题的探究达到预期的研究目的，就必须在大量的参与式访谈和观察的基础上完成，并对现场的访谈进行整理和分析，尤其要对受访者的心里想法和现场情感进行细致入微的感受和移情，从中寻思他们的真实期望和现实主义诉求。

基于以上思考，把进入研究实地的时间分为两个阶段进行。第一个阶段从2013年6月中旬开始，到2013年10月结束；第二个阶段从2013年10月到12月结束。其中，以第一个阶段为主，第二个阶段是在整理第一个阶段资料的基础上的补充调查，查缺补漏。因为从6月中旬到10月底这个时期是农村的麦收、秋收和播种阶段，大部分外出打工的村民返回家乡帮忙夏收，各个层次的学生也利用暑假回家帮忙，便于访谈和调查。同时，我也可以利用假期时间，安心做访谈和调查。

第一，首次访谈摸底。从本书的主旨而言，村民的教育期望是核心。而教育期望是家庭成员共有的情感体验和心理期待。既包括家长（父亲、母亲、爷爷、奶奶）的认知情态，也包括子女（学生）的主观认知。家长的认识可能是建立在主观愿望和客观现实相结合的基础上的,这种情态只有将其效应传递到子女身上,子女通过自己的行动来实现。因此,对教育期望的考察,家长和子女都在其范围之内。因此,将调查的对象和调查的范围具体化为以下几个部分的村民及其家庭:选取一部分小学生及其家长,了解小学择校的难度及其教育支出,分析其动机和愿望;选择一部分初中生及其家长,了解初中生的教育成本与教育期望;选取部分高中学生及其家长,了解非义务阶段高中学生的教育期望和教育负担;选取部分在校大学生及其家长,了解大学阶段的教育支出及其愿望;调查部分已经毕业但未就业的学生及其家长,了解其心理变化和压力状态;选择部分辍学的学生及其家长,了解辍学的原因及其期望变化情况;部分未做特别限定的随机村民。

本书的研究重点放在小学生的家长对子女的期望行动、大学毕业但仍未就业的那部分家长和毕业生以及辍学的学生和家长身上,思考他们之间的相关性以及影响程度。因为这是教育的"两端"——进口和出路,即在"出路"不看好的情况下,对教育的"进口"的影响和变化是什么?大学毕业生不能就业,教育对改变农村人的命运的效用在降低,村民对教育还有热情吗?教育的投入和支出单就货币性计算而言已属于高消费,村民的负担在增加,但得不到"预期"回报的教育还能赢得村民的信赖吗?教育自身的吸引力发生了什么变化?现实的例子对村民的教育行动产生了怎样的影响?

在村支书的帮助下,我对全村目前在读的学生和辍学的学生(包括义务教育阶段的小学和初中学生、非义务教育阶段的高中和大学学生)以及近三年来大学毕业仍未就业的学生数据做了详细统计。截至 2013 年 6 月,全村共有小学生 128 名,初中生 46 名,高中在读学生 22 名,大学在读学生(包括大专和高职)39 名,近三年毕业的大学生共 21 名,已就业 12 名,未就业 9 名,各个层次的辍学学生 54 名。根据本书的需要,对已经就业的大学毕业生只做随机抽样访谈,不列在重点范围之内。在确定了研究范围之后,从 6 月底开始,对上述学生及其家长进行调查和访谈。

表 1-1 是调查样本的构成情况。

表 1-1 调查样本构成

类 别	户 数
小学在校学生+家长	31
初中在校学生+家长	25
高中在校学生+家长	17
大学在校学生+家长	21
大学毕业待业学生+家长	4
大学毕业就业学生+家长	4
辍学学生(各个层次)+家长	11
合 计	113

考虑到村民的文化程度和知识层次,访谈主要以无结构访谈为主,所做的调查问卷表基本上发挥不了多大的用场。他们这个年龄阶段的家长大部分文化程度不高,初中以上文化程度的家长很少,即使上过小学或者初中的家长,用他们的话说:"知识早就还给老师了!"因此,采用无结构访谈的方法比较适切。一方面,我是农村走出来的,对农村的情况比较了解,总有和他们聊不完的"话题",访谈中围绕需要了解的情况主导话语权;另

一方面,我与这个年龄段的家长大部分相识,并在村子有较高的"知名度",很容易拉近和村民之间的距离,进而获得真实的信息。

首次对村民的访谈主要是走访摸底,以"串门子"的方式对村民家庭进行初步的摸底和调查。由于是初次"进家入户",访谈主要以看望和问候为主,以求建立初步的信任关系。有些家庭以前回家时去过,有些家庭已经有好多年没有接触过了,但他们都能真实地表达自己的看法和想法,毫不掩饰。据此,我也及时调整思路、改进方法。

第二,聚焦对象。从对在读学生和家长进行初次摸底的基础上,初步聚焦了下一步拟进行深度访谈的具有代表性的对象。这一阶段是从7月中旬开始,到10月初结束。随着时间的推移,加之在村中驻留时间的增加,我对村子的情况越来越了解,对每个家庭的状况、父母的文化程度、教育态度、子女的学习情况等都有了了解,并将其确定为进一步访谈对象的重要依据。

在调查中还发现了一个比较奇特的现象——教育的"遗传性"。一个家族的祖上如果曾经有过读书人,其后代子孙往往会有不同的读书人辈出。这种情况可能是直代的,也可能是隔代的。农村人往往会说"××家的祖坟脉气比较旺",文脉很发达。这种教育的遗传现象较多。以罗家村为例,罗文是一位黄埔军校六期的毕业生,官至国民党的将军。这个家族在他的重孙辈这一代共有8人,考取大学者5人,其中1人在2008年以645分的高分考取国防科技大学,2013年毕业后分配至济南军区司令部,成为刘村恢复高考后高考成绩最好的1名大学生。另外,有1人大学毕业(甘肃政法学院)后考取了公务员,2人在读,1人待就业,3人上中小学,且学习成绩都很不错。这个家族成为名副其实的教育世家。刘家村以"乔子尚"为教育世家的代表。这个家族以人才辈出著称,其祖上就考取过一名"举人",一名"秀才"。新中国成立后的刘村小学首任校长也是这个家族的人——刘万业老师(我的祖父),后来到附近的魏家小学当校长,终身献身教育事业,荣获全国优秀教师称号,在Z县属于教育名人。刘万业共有6个子女、11个孙辈子女及外孙子女。在子女中有医生1人,大学教师1人,医务工作者1人;孙辈中有大学教授1人,公务员2人,事业单位工作者1人,博士1人,硕士1人,本科毕业生3人。这个家族属于这个村子中的教育世家。

通过对家长和子女访谈的不断深入发现,其中起关键性作用的因素是不同家庭对教育所持的教育期望、教育态度及教育行动。家族的祖上读书氛围所形成的文化价值观念,能起到关键性的促进作用,对子女的影响是持续不断的。"耕读传家"、"尊崇教育"、"文化之家"等成为教育发展的动力。

第三,深度访谈。经过一个月的走访和摸底,在调查摸底的基础上,确定对在校学生从义务教育和非义务教育两个层面进行调查,也对部分从2011年至2013年辍学的学生进行调查。共对113户村民家庭进行了走访和调查,其中小学生及家长31户,初中生及家长25户,高中生及家长17户,大学在读学生及家长21户,大学毕业待业学生及家长4户,大学毕业就业学生及家长4户,各个层次辍学的学生及家长11户。所调研走访的学生家庭占总样本数的比例如表1-2所示。

表1-2　调查样本构成比例

类　　　　别	总户数	调查户	占比（%）	备　　　注
小学在校学生+家长	128	31	24.2	2013年7月在校
初中在校学生+家长	46	25	54.3	2013年7月在校
高中在校学生+家长	22	17	77.2	2013年7月在校
大学在校学生+家长	39	21	53.8	2013年7月在校
大学毕业待业学生+家长	9	4	44.4	2011年7月—2013年7月
大学毕业就业学生+家长	12	4	33.3	2011年7月—2013年7月
辍学学生（各个层次）+家长	54	11	20.3	2011年7月—2013年7月
合　　　　计	310	113	36.4	

从表1-2中可以看出,调查走访的重点是小学生、高中生、在读的大学生、辍学的学生以及大学毕业未就业的学生,所占比例亦高;对初中生以及已经就业的学生来讲,所占比例相对要低。考虑到现阶段教育制度变革影响最大的学生群体为小学生、高中生、大学生、辍学的学生以及大学毕业未就业者,因此,以这部分学生为主要调查群体。

在调研过程中,有些大学生利用假期外出打工了,就以父母的访谈为主;有些待业在家的大学毕业生也外出打工了,或者有些因羞于见陌生人,拒绝接受访谈。经过耐心做工作,有些勉强能配合接受访谈,有些则干脆避而不见,只好放弃。大部分高中学生只放了十多天的麦收假,便开始了补课。尽管教育主管部门三令五申不让补课,但高中学生家长一再要求学校补课。这也是这个地方的文化特色——家长比任何人都重视孩子的教育。对于补课的这一部分学生,只好到学校去找他们,利用中午或者晚饭时间,在他们的宿舍或者住宿租住地进行访谈。而小学生和初中生基本在家里完成了访谈和调查,家长也很配合。大学毕业已经就业的那部分学生则很容易接受访谈,访谈的效果也比较好。

第二章 中国教育制度变革的
历史回溯

> "制度是现代教育的支架,人们的教育行为与教育
> 活动都依赖于一定的教育制度,受一定教育制度的制约
> 和规定。"
>
> ——冯建军

从马克思辩证唯物主义的哲学观出发,思考教育变革的矛盾运动,我们不难发现,教育的"稳定是相对的,变革是永恒的",变革性是教育的根本特性。

教育的变革往往以教育制度的变革为先导,"每一次的教育改革,教育制度都是首当其冲的对象。"①教育制度是教育变革和发展的先导性力量,是教育发展的保障。教育的变革总是从制度开始,进而引起教育系统的变革。教育制度是社会的上层建筑的重要组成部分,在不断地适应教育状况的发展变化和教育实践的变革,总是与政治制度、经济制度、文化变迁相适应,根据国家意志进行不断的调整、修改与废止,教育制度往往是国家

---

① 王官诚、李江源:《论教育制度的稳定性与变革》,《教育理论与实践》2009年第 8 期。

意志的体现。一方面,教育制度具有稳定性,由国家制定并用法律的规范性保证执行,"教育制度是经过法定程序固定下来的国家意志,一经制定,就应保持相对稳定,不能随意修改或废止。"(王官诚、李江源,2009)教育制度是教育行为的规范性表达,其作用在于调节教育关系、规范教育行为、指导教育活动。另一方面,教育制度必然随着社会制度的变革而变化,随着人们的教育信念、教育需要而变革,变革的过程是一个教育不断完善自己,不断调适社会发展的过程。尼斯比特认为,"社会的相互作用不仅存在于社会的变革之中,而且存在于社会的稳定性和持续性之中。这就是为什么如果我们想回答变革中的因果问题,我们就必须首先处理社会持续性的本质,然后,当我们转向是什么造成了所观察到的结构、特性或观念的变化这种问题时,再处理各种变量,而不是常量。"①吴德刚认为,"教育体制是一个国家在一定政治、经济制度和科技发展水平基础上建立起来的办学形式、层次结构、组织管理和相对稳定的教育模式。就产生和发展而言,教育体制要受到社会政治、经济、科技、民族、历史传统等诸多因素的制约,它是社会发展到一定阶段的产物,又随着社会各种条件的变化而发展。"②制度变革是社会转型的重要之意,社会转型必然伴随制度变革,教育制度的变革与社会的转型必然结果。刘旭东认为:"制度,是要求成员共同遵守的、按一定程序办事的规定,反映的是在社会生活中,社会成员所必须遵守的

---

① [美]詹姆斯·麦格雷戈·伯恩斯:《领导论》,常健等译,中国人民大学出版社 2006 年版,第 404 页。

② 吴德刚:《中国教育改革发展研究》,教育科学出版社 2011 年版,第 23 页。

行为规范,是非标准与伦理道德。它作为社会生活所必需的规范力量,对社会生活和人的行为产生重大影响。"①康永久把教育社会分成三个层面:物质层面、制度层面和思想层面。② 教育制度层面是教育的物质层面和教育的思想层面的中介和目标,是二者相互作用的产物——教育形态的发展变化,其实质就是教育制度的发展变化。

第一节　中国教育制度变革综述

纵观中国教育的发展历史,"变革"是一个核心词汇。从古代教育到近代教育再到现代教育,其发展的历史是一个变革的历史。中国现代教育的变革始于 20 世纪初的"废科举、立新学",从 1901年 8 月的清末新政颁布《兴学诏书》肇始,中国教育就开启了废除科举制度、实行新学制,进行艰难变革的历程。杨东平认为,中国现代教育以 20 世纪初"废科举、立新学"为起点,正好大约一百年,并被 1949 年新中国的成立鲜明地一分为二;20 世纪上半叶,现代教育制度得以建立和基本定型;20 世纪下半叶,伴随意识形态和社会政治的激烈变动,教育制度一再重建,教育政策不断调整③。准确地对中国教育的发展与变革进行了界定。

根据研究的需要,本书综述以 1949 年新中国成立为界,主

---

　　① 刘旭东:《论教学制度创新与学校文化重建》,《教育理论与实践》2004 年第 9 期。

　　② 康永久:《制度教育的生成与变革——新制度教育学论纲》,教育科学出版社 2003 年版,第 3 页。

　　③ 杨东平:《中国教育制度和教育政策的变迁》,《学术中华·高等教育》2009 年第 10 期。

要述评 1949 年新中国成立以后的中国教育制度的变革。

一、计划经济体制下的中国教育制度变革

1949 年 12 月,中华人民共和国召开了第一次全国教育工作会议,明确提出了新中国教育的构成:"以老解放区教育经验为基础,吸收旧教育有用经验,借助苏联经验,建设新民主主义教育。"①这就确立了新民主主义的教育方针。后来,随着社会主义教育的改造和重建得以完成,社会主义教育逐步代替了新民主主义教育,在苏联教育模式的影响下和苏联教育专家的帮助下,新中国的教育成为苏联教育的"翻版"。"从教育理论到学制、学校教育、教学过程、教材、方法等各方面对'苏联经验'系统地全盘移植"(杨东平,2009)。

从 1953 年开始,直到 1978 年,这 25 年时间中国实行了计划经济。计划经济实行统一计划和分级管理相结合、直接计划和间接计划相结合、国家部门计划和地方计划相结合的管理体制,国家经济运行和社会事业发展形成行业和地方两大体系并存的格局——条块分离。在计划经济模式的影响下,教育的布局和结构也形成了与计划经济体制相适应的格局,教育计划与国民经济计划密切适应,最大的特点是政府"包揽"一切——从办学体制、管理体制、投资体制、招生规模、教学内容、培养目标以及就业制度,全部由国家包干。计划经济下的教育制度具有明显的时代特点,曾经发挥过积极的历史作用,但这种"包得过多、统得过死"的教

---

① 参见中华人民共和国教育部办公厅:《教育文献法令汇编(1949—1952年)》,1958 年印行,第 14 页。

育制度使教育的发展缺乏活力生机,影响办学水平和教学质量的提高。

计划经济体制下的高等教育体制是在国家统一计划安排下,中央政府各个部委办学和地方政府办学相结合的格局,分别投资,分别管理。教育部管理35所高校,部委管理300多所高校,各级地方政府700多所,办学体制和经费划拨各行其是,造成了相互交叉又自成体系的制度格局。1953年政务院制定了《关于修订高等学校领导关系的决定》,明确指出:高等教育部对高等学校的教学工作实行集中统一领导。高等教育部颁发的有关全国高等学校的人事制度、财务制度、建设计划、财务计划、教学大纲、教学计划、生产实习规程以及其他重要法规、指示或命令,全国高等学校均应统一执行。全国高等学校各类专业实行统编教材、统一教学计划和统一教学大纲。自1952年起,全国逐步建立起了高校统一招生考试制度,并对高等学校毕业生实行统一分配工作制度。

计划体制下的学校教育内容和培养模式也是在全国统一安排下,按照既定的模式执行,各学校的自主性很小,从专业设置到教材的选用都是国家计划制定,计划执行,基础教育的发展不能反映时代发展变化的需要,高等学校的专业设置滞后于经济社会的发展,培养的人才不能很好地适应社会建设的需要。

与计划体制同时实行的是党对教育工作的领导强化。1958年9月,《中共中央国务院关于教育工作的指示》指出:"党的教育工作方针,是教育为无产阶级的政治服务,教育与生产劳动相结合。为了实现这个方针,教育工作必须由党来领导"。强调:要突出党对教育的领导权,"党的教育工作方针同资产阶级教育工作方针之间的斗争,按其性质来说,是社会主义道路和资本主义道路两条道路之间的斗争。"把教育为无产阶级服务确定为教育的宗旨,强化教育的政治意识,政治凌驾于教育和学术之上,学校逐步成为阶级斗争的主阵地,导致"文化大革命"开始后的全面停学闹革命,全国教育处于瘫痪中。《指示》明确规定,"中央人民政府各部门所属的学校,在政治上应当受到当地党委的领导。在一切高等学校中,应当实行党委领导下的校务委员会负责制;一长制容易脱离党委领导,所以是不妥当的"。把党领导教育制度化,把解放之初实行的高校校(院)长负责制改为党委领导下的校长负责制。1961 年 9 月,中共中央颁布的《教育部直属高等学校暂行工作条例(草案)》规定:"学校中的领导权力集中在校党委会,实行党委领导下的以校长为首的校务委员会负责制。"在党委领导下的高等学校进一步加强思想政治工作,以政治工作制度保证高校思想建设,高等教育部和教育部以及部分高校随之成立了政治处,"文化大革命"开始后,政治处改为政工组。1968 年之后,全国各级学校建立了军宣队、工宣队,由军人、工人和贫下中农管理学校。小学取消少先队,建立红小兵;中学由红卫兵组织取代共青团,学校政治挂帅。政治标准僭越业务标准和工作业绩,成为"血统论"和"阶级路线"的价值前设。20 世纪 70 年代高校实行推荐免试入学制度,也主要以政治表现为标准推荐学员,结果使教育丧失了公平和公正,导致社会的新一轮不公正。

二、改革开放以来的中国教育变革

1978 年,党的十一届三中全会以来,中国的经济社会发生了重大变革,党中央确定了"解放思想、实事求是"的思想路线,全党、全国的工作重心发生了重大转移,以改革开放和经济建设为中心,开创了建设有中国特色的社会主义的历史新时期。教育作为中国教育改革和发展的重要组成部分,也迎来了新的历史性的机遇和发展的最佳机遇期。1983 年,邓小平的"教育要面向现代化、面向世界、面向未来",为新时期中国教育的发展指明了方向,提出了教育为社会主义现代化建设服务的号召,在经历改革、调整、发展、创新的阶段之后,教育迎来了快速发展时期。

(一)调整阶段

1978—1984 年,在党的十一届三中全会精神的指导下,教育战线开始了全面整顿和调整,全面恢复教育的各项事业,拨乱反正,清除"左"的思想路线对教育带来的影响,教育部于 1980 年召开了全国教育工作会议,总结经验,端正思想,指明中国教育发展的正确方向,对以后中国教育事业的发展奠定了基础。

恢复全国高考是中国教育制度中的一件大事。1978 年 12 月,国务院批准了国家招生制度。全国 169 所普通高校恢复了高考招生,建立了学位制度,恢复了研究生的招考制度。组织编写了全国统一的大中小学教材,调整并修订颁布了教学计划和教学大纲。1980 年 12 月,中共中央、国务院颁布了《关于普及小学教育若干问题的决定》,把普及义务教育的初级阶段作为教育中的重要决定;1983 年 5 月,中共中央、国务院又颁布了《关于加强和改革农村学校教育若干问题的通知》,确立了农村教育在农村经济社会发展和农村现代化建设中的地位和作用。

(二)改革阶段

1985—1992 年,中国教育体制开始了全面的改革,教育制度的转型促进了教育事业的迅速和健康发展。

1985 年 5 月,《中共中央关于教育体制改革的决定》颁布,开启了中国教育实质性变革的前奏,中国教育从计划体制向市场经济转型。其中指出,中国教育改革应遵循的方针是:"教育必须为社会主义现代化建设服务,教育必须同生产劳动相结合,培养德、智、体全面发展的建设者和接班人";教育体制改革的根本目的是:"提高民族素质,多出人才,出好人才";教育体制改革的具体措施是:"实施九年制义务教育,实行基础教育由地方负责,分级管理;大力发展职业技术教育;改革大学招生和毕业生分配制度,扩大高校办学自主权;加强党和政府对教育工作的领导,成立国家教育委员会"。1985 年颁布的《中共中央关于教育体制改革的决定》是中国在新的历史时期颁布实施的重要的教育制度变革的规定,具有里程碑式的意义。对中国经济社会的发展、教育事业的快速发展,以及促进中国改革开放起到了重要的作用。《决定》是在邓小平"教育要面向现代化、面向世界、面向未来"的精神指引下,开启了中国教育制度变革的新的历程,使中国社会告别"文化大革命"的影响,进行全面改革开放的重要组成部分,是中国社会制度变革和体制转型的重要体现,中国教育开始走上了蓬勃发展的道路。

1986 年 4 月,第六届全国人民代表大会第四次会议通过了《中华人民共和国义务教育法》,并于当年 7 月 1 日颁布实施。《义务教育法》以法律的形式确定了中国义务教育制度,标志着中国义务教育走上了法制化的发展道路。《义务教育法》规定了"基础教育实行地方负责、分级管理"的原则,把义务教育发展的权力和责任交给地方政府,除义务教育发展的大政方针和宏观规划由中央制定外,具体的制度、政策、计划、管理、检查等都由地方政府管理实施。义务教育制度的变革有力地调动了各级地方政府办学的积极性和主动性,极大了改善了中小学的办学条件,促进了九年制义务教育的快速发展,为中国尽快全面完成"普九"打下了良好的基础。

在基础教育方面,1985年颁布的《中共中央关于教育体制改革的决定》规定基础教育"由地方负责、分级管理的原则",对基础教育的管理体制做出了明确的规定;1986年实行的《义务教育法》对中国义务教育的性质、入学年龄和修业年限做出了明确规定,适龄儿童和少年无条件接受义务教育,家长和监护人要确保其受教育的权利。全体儿童和少年就近免试入学,小学直接升入初中,初中、高中实行毕业会考制度。义务教育对学校管理体制进行了改革,实行"校长负责制、教师聘任制和岗位责任制",在全国基本实行"六三"义务教育学制。1986年以来,中国在全国范围内选择若干地区进行了教育综合改革试点,试点的主要内容是课程设置和教学改革。其中中国农村进行教育综合改革的试点县达到600多个,农村教育综合改革取得了明显成效,有力地促进了农村教育的快速发展,为农村经济社会建设培养了大批人才。为了有效实施贯彻落实义务教育,中国加大了课程的改革。1989年制定了《九年制义务教育小学、初中课程计划》、1990年颁布实施了《现行普通高中教学计划的调整意见》等。《义务教育法》进一步下放了基础教育的管理权限,规定农村义务教育的责任以县、乡(镇)政府为主,农村基础教育的经费主要由县、乡两级政府负责筹措,基础教育下交地方管理。

高等教育按照《中共中央关于教育体制改革的决定》精神,进行了一系列改革。以改革高等教育办学体制为契机,加强了思想政治教育工作,调整了专业结构,改善了层次结构,增设学科,加大文科教育的比重,扩大高校的办学自主权。1986 年,国务院发布了《高等教育管理职责暂行规定》,对全国不同隶属关系的高校进行了管理权限和职责划分,1990 年又颁布实施了《普通高等学校评估暂行规定》,对高校加强宏观管理。1989 年,中共中央规定高校内部的管理体制为党委领导下的校长负责制,在人事、财务、教学、科研等方面赋予高校一定的办学自主权。1988 年 5 月,国务院办公厅转发了原国家教委《关于推动联合办学和校级协作若干问题的意见》,进一步理顺办学体制,加强各高校之间以及跨部门、地区和行业之间的联合办学。高等学校在招生制度方面改变了过去统一录取的办法,改由学校自主录取,招生办监督,实行国家的指令性计划和调节性计划相结合的办法,并试招保送生。大学生的毕业分配制度也做了相应改革,减少指令性分配计划,增加指导性用人计划,实行由用人单位和培养高校的招聘制度和考核择优录用的原则,由用人市场调节高校的专业设置和培养规格,促进高校狠抓教学质量,培养高素质人才。1998 年,教育部颁布了新修订的《普通高校本科专业目录》及教学计划,进一步改革人才培养模式,以适应就业市场对人才质量的要求,促进了高等教育的较快发展。在管理体制方面,1998 年中国颁布《中华人民共和国高等教育法》,规定"国家举办的高等学校实行中国共产党高等学校阶层委员会领导下的校长负责制",进一步理顺了高校的管理体制和管理机制。

1991 年 10 月,国务院作出了大力发展职业技术教育的决定,全力推动职业教育的发展,改变职业教育的薄弱状况。在中等教育中逐步实行基础教育和职业教育的并存格局,改善基础教育单一存在的结构模式。1988 年 4 月发布了《关于农业中等专业学校招收农村不包分配班的若干规定》,对农村的农业中等职业学校实行特殊的招生和分配办法,鼓励农业职业学校面向农村培养农业职业技术人才。教学内容方面强调实用性,注重与生成实践相结合。1987 年,国务院转发了《关于改革和发展成人教育的决定》,要求发展成人教育,开展成人的岗位培训和脱产学习相结合,促进成人教育的发展。

1986 年 9 月,原国家教委设立了督导司,加强对中国教育工作的督导检查,地方政府也建立了省、地、县三级教育督导机构。1991 年,国家教委颁布了《教育督导暂行规定》,加强教育的督导检查,促进教育发展。

(三)发展阶段

1992—1998 年,党的十四大召开之后,中国经济社会进入快速发展时期,逐步建立了社会主义市场经济体制。这个阶段的教育业进入了一个充满高效和活力的发展时期。

中共中央、国务院加强了教育事业的领导,各级各类教育取得了巨大成就。1993 年 2 月颁布了《中国教育改革和发展纲要》,对建设有中国特色的社会主义教育事业指明了方向,成为指导中国教育发展的纲领性文件。《中国教育改革和发展纲要》指出,"改变政府包揽办学的格局,逐步建立以政府办学为主体、社会各界共同办学的体制。在现阶段,基础教育应以地方政府办学为主;高等教育要逐步形成以中央、省(自治区、直辖市)两级政府办学为主、社会各界参与办学的新格局;职业技术教育和成人教育主要依靠行业、企业、事业单位办学和社会各方面联合办学",明确指出 20 世纪 90 年代乃至 21 世纪初教育工作的主要任务是"两基"、"两全"、"两重"("两基"指基本普及九年制义务教育、基本扫除青壮年文盲;"两全"指全面贯彻党的教育方针、全面提高教育质量;"两重"指建设一百所左右的重点大学和一批重点学科),建立具有中国特色的社会主义教育体系,大力发展基础教育,积极发展职业技术教育、成人教育和高等教育,提高劳动者的素质。

《中国教育改革和发展纲要》是在新的历史时期教育制度适应经济体制、政治体制、文化体制和科技体制改革的体现,使教育的发展更加适应市场经济发展的需要,使教育改革迈向综合深入改革,初步建立了与社会主义市场经济体制相适应的教育体制格局。明确提出了要改善教育投资体制,多方筹措教育经费,提高教师员工的待遇,提高教师的社会地位,努力建立一支具有政治合格、业务精良、结构合理的教师队伍,加速中国社会主义教育现代化的发展进程。

1995 年 5 月 6 日,中共中央、国务院颁发了《关于加速科学技术进步的决定》,提出"科教兴国"战略方针,这是党在新的历史时期作出的重大决策,使中国教育的战略地位有了质的提升。1996年,中国"九五"计划中,又进一步把实施"科教兴国"战略确定为中国社会发展的重要方针,知识经济的价值进一步凸显。1997年,党的十五大又要求培养数以亿计高素质的劳动者和数以千万计的专门人才。以适应社会主义现代化建设的要求。1998 年 3 月,国务院专门成立科教领导小组,把实施科教兴国作为政府的最大任务,国务院总理任组长,全面实施科教兴国战略,促进了教育事业的快速发展。

三、21 世纪以来的中国教育变革

面对 21 世纪初知识经济带来的机遇与挑战,中国采取了一系

列政策措施,落实教育优先发展战略地位,教育事业取得了巨大发展。1999年年初,国务院批转了教育部《面向21世纪教育振兴行动计划》,出台一系列重大举措促进教育事业的发展,1999年6月,中共中央、国务院召开了第三次全国教育工作会议,把"全面推进素质教育、提高民族创新能力"作为21世纪教育发展的战略重点,同时出台关于高校管理体制改革、高校扩招等改革的重大举措。有力推动教育事业的健康发展。1998年8月29日,中国颁布了《高等教育法》,提出了发展高等教育事业,实施科教兴国战略的方针,明确指出了"高等教育必须贯彻国家的教育方针,为社会主义现代化建设服务,与生成劳动相结合,使受教育者成为德、智、体、美等方面全面发展的社会主义事业建设者和接班人"的方针。2000年,中国如期实现了基本普及九年制义务教育、基本扫除青壮年文盲的宏伟目标,"普九"的人口覆盖率达到85%,青壮年文盲率下降到5%以下。2006年4月29日,中国颁布了新修订的《义务教育法》,提出保证实施义务教育,保障适龄儿童和青少年接受义务教育,提高全民素质。

在新的历史时期,中国根据经济社会发展新的阶段性特征和国际国内形势的深刻变化,提出了全面建成小康社会、加快推进社会主义现代化、实现中华民族伟大复兴的战略构想,启动实施人才强国战略,使中国教育的办学体制、管理体制、投入体制和教育机制改革取得了巨大的成就,使教育教学改革和学校教育制度创新以及课程教材建设等方面都取得了新的进展。2007年,党的十七大报告中明确提出了"优先发展教育事业,建设人力资源强国"的奋斗目标,要求更新教育观念,加大教育改革创新,优化教育结构,深化教学内容和教学方式、考试招生制度以及质量评价制度等改革,坚持教育的公益性质,加大教育投入力度,减轻中小学生课业负担,提高学生综合素质,这对深化教育改革和加强教育创新具有重大的指导意义。

2010 年 7 月,根据党的十七大的战略部署,党中央和国务院召开第四次全国教育工作会议,颁布了《国家中长期教育改革和发展规划纲要(2010—2020 年)》,同时,国务院成立国家教育体制改革领导小组和国家教育咨询委员会,研究部署和统筹协调实施教育改革,并对重大教育改革问题进行调研、论证和评估,使中国教育事业取得了新的巨大的成效。

2013 年年初,教育部印发了《关于 2013 年深化教育领域综合改革的意见》,明确指出:改革开放以来,中国教育之所以取得举世瞩目的成就,最重要的经验是改革,最大的红利是改革。《意见》要求,要推进"深水区"的教育改革,必须统筹兼顾,加强部门协调和上下联动,建立健全强有力的推进机制。一是加强统筹协调。着重强调要坚持教育体制改革领导小组这一领导体制,加强部门工作协调配合,发挥国家教育咨询委员会作用,提高决策的科学化、民主化水平。二是加大激励引导。着重强调加大对改革试点的政策支持力度,发挥改革试点的示范引领作用,实行试点动态调整,保护和激发基层改革积极性。把改革试点成效作为资源配置的重要依据。三是强化检查监督。着重强调对国家教育体制改革试点项目进行中期评估,建立改革目标责任制,确保改革可衡量、可检查。四是营造良好氛围。全面深入宣传教育改革,及时发布改革信息,主动通报改革进展,建立媒体深度参与宣传报道教育改革的机制,最大限度凝聚改革共识,争取各方理解支持。

具体而言,自 21 世纪以来,中国教育的变革与发展出现了如下特征。

第一,全面推进素质教育。实行素质教育是中国教育事业发展的深刻变革,是教育创新的重要内容,也是教育培养模式的重大进步。1999 年,中国颁布了《中共中央国务院关于深化教育改革全面推进素质教育的决定》,把"素质教育"作为教育国家教育政策的主要导向,在全国全面推进素质教育,以消解应试教育的流弊。全面推进素质教育,"核心是提高学生思想道德水准,培养学生的创新精神和实践能力,解决在新的时代条件下培养什么样的人和如何培养人的问题。全面推进素质教育的关键在于改革课程、教材和考试评价制度。"(陈至立,2002)国家制定实施《基础教育课程改革纲要(试行)》,使基础教育教材"繁、难、偏、重"的问题得到了解决。小学毕业生就近免试入学,初高中分离办学。

第二,基础教育均衡发展。教育部在 2002 年规定,将均衡发展作为中国基础教育发展的重要方针,统筹城乡教育,均衡义务教育,重视学前教育。确立了"政府主导、社会参与、公办民办并举"的学前教育发展策略,实施学前教育三年行动计划,办园体制逐步建立。2006 年,新修订的《义务教育法》又从法律上明确了"县级人民政府为主管理"的体制,并指出"国务院和县级以上地方人民政府应当合理配置教育资源,促进义务教育均衡发展"。2011 年 1月 10 日和 17 日,教育部分别在天津市和南京市召开学前教育工作座谈会,交流各地贯彻落实《国务院关于当前发展学前教育的若干意见》和全国学前教育电视电话会议精神,加快发展学前教育,编制学前教育三年行动计划的有关进展情况。基础教育课程、教学内容方法等改革以实施素质教育为主题,改变单纯灌输式教育模式,鼓励创新思维、提高实践能力,促进普通高中办学体制多样化和推进培养模式多样化方面。

第三,高等教育大众化。中国高等教育从 1999 年开始了全面扩招。"高校扩招是党中央、国务院全面分析了当时国际国内经济社会发展的新形势后作出的重大决策,对拉动需求、保持国民经济的快速增长发挥了积极的作用,为缓解升学压力、推进素质教育创造了有利的条件,也为 21 世纪加快中国现代化建设,储备了大批专门人才。同时,扩招顺应了广大人民群众对加快高等教育发展的强烈愿望和需求。"(陈至立,2002)高校扩招后,高考录取率大幅提高。在高等教育领域,以完善治理结构、加强章程建设、扩大社会合作、推进专业评价为重点的现代大学制度建设迈开新的步伐,以提高质量为核心的人才培养模式改革、考试招生制度改革和质量评价制度创新,在不同类型高校收到新成效。

第四,教育质量较快提高。全面提高教育质量成为知识经济时代教育发展的要求。1994 年,原国家教委制定了"高等教育面向 21 世纪教学内容和课程体系改革计划",组织编写了数百本"面向 21 世纪课程教材"。从 1995 年开始,对全国 180 所高校进行了本科教学合格评估。高等学校还大力推行学分制、主辅修制,普遍加强了人文素质教育,建立了 32 个人文素质教育基地。2001年开始,教育部提出了教授要上讲台、大力提倡使用新教材、引进国外原版先进教材等一系列措施,加强重点学科建设,促进学科专业结构的调整,有力地推动高校教育质量的提高。

随着政府职能转变和服务型政府建设的进程,政事分开、权责明确、统筹协调、规范有序的教育管理体制逐步建立,以政府投入为主、多渠道筹措教育经费的体制机制不断完善,落实财政性教育经费占国内生产总值 4% 目标的政策密集出台,国家资助政策体系覆盖所有教育阶段学生；政府主导、社会参与，办学主体多元、办学形式多样、充满生机活力的办学体制正在形成，显现出公办教育和民办教育共同发展的格局。

第五，创新管理体制和机制。21 世纪以来，中国教育管理体制和管理机制改革"呈现出从重点突破到全面深化的特征"（李伟涛，2008）。在教育管理体制上，2001 年国务院颁发的《关于基础教育改革与发展的决定》，提出"实行在国务院领导下，由地方政府负责、分级管理、以县为主的体制……县级人民政府对本地农村义务教育负有主要责任，要抓好中小学的规划、布局调整、建设和管理，统一发放教职工工资，负责中小学校长、教师的管理，指导学校教育教学工作。"这里提出了"地方负责、分级管理"，明确了以"县级人民政府为主"的管理体制，充分调动了地方政府办学的积极性；在管理机制上，逐步建立校长负责制。2001 年国务院颁发的《关于基础教育改革与发展的决定》提出了"改革中小学校长的选拔任用和管理制度，高级中学和完全中学校长一般由县级以上教育行政部门提名、考察或参与考察，按干部管理权限任用和聘任；其他中小学校长由县级教育行政部门选拔任用并归口管理。推行中小学校长聘任制，明确校长的任职资格，逐步建立校长公开招聘、竞争上岗的机制。实行校长任期制，可以连聘连任。积极推进校长职级制。"在 2004 年 2 月 10 日颁发的《2003—2007 年教育振兴行动计划》也提出"严格掌握校长任职条件，积极推行校长聘任制。""在普通中小学和中等职业技术学校，全面推行校长聘任制和校长负责制，建立公开选拔、竞争上岗、择优聘任的校长选拔任用机制，健全校长考核、培训、激励、监督、流动等相关制度。"

第二节　高校招生制度、收费制度、
就业制度的变革与影响

高校招生、收费和就业制度从"文化大革命"结束后得以恢复,直到今日,其中的变革对社会的影响巨大。这具体可分为以下几个阶段。

一、恢复与改革阶段

"文化大革命"结束之后,1977 年 10 月 12 日,国务院批准了教育部《关于 1977 年高等学校招收工作的意见》,决定恢复全国统一招生考试制度。1978 年,实行了全国统一命题、由省、市、自治区组织考试、评卷和录取的全国高校统一招生制度。高校招生制度的恢复,为中国经济社会的发展和国家建设培养了大批高级专门人才。但随着中国经济、政治、文化和科技事业的发展,高校招生制度的弊端逐渐显露,不能很好地适应社会发展的要求。于是,中共十一届三中全会以后,中国招生制度、收费制度和分配制度进行了第一次改革。这主要包括:

一是,改变单一地由国家计划招生的形式,实行国家计划招生、用人单位委托培养和自费入学相结合的形式;

二是,改革录取体制,实行由高校负责录取,招办监督的方式,保证公平的录取竞争机制;

三是,改革高考分类和科目设置,实行标准化考试;

四是,招收中学保送生,促进学生德智体美全面发展。

1985 年,中国颁布了《中共中央关于教育体制改革的决定》,

又一次明确提出了"改革大学招生制度和毕业生分配制度",1988年以后,招生制度主要实行国家计划和高校调节计划相结合的办法,即高校在完成国家招生任务后,可以根据实际情况扩大招生,招收委托培养和自费生,引入市场调节机制和大学生收费制度,调动高校的办学积极性,挖掘办学潜力,为社会培养高层次的建设人才,满足民众的教育需求。在毕业生分配制度改革方面,逐步改革由国家计划培养、计划使用和就业包分配的制度模式,改为国家任务招收的学生由国家计划安排就业,非国家任务招收的学生(即调节性计划招生)由学生在一定范围内自主选择就业。在随后的改革中,又逐步实行国家政策指导就业和双向选择、自主择业相结合的就业制度,国家计划包分配的制度被打破,形成了多元化的升学、收费和就业制度。

1993年2月,《中国教育改革和发展纲要》发布。《纲要》对招生制度方面的改革实行任务招生和计划调节相结合的制度,国家计划招生按照宏观调控的目标,保证国家在基础学科领域、重点建设领域、国防建设领域、文化教育和边远艰苦地区的建设人才,同时,扩大高校的自主招生需求和办学需要,逐步扩大委托培养生和自费生的比重。

在收费制度方面的改革,逐步实行高校收费制度,明确了高等教育为非义务教育的性质,学生原则上应缴费,改革由国家承担费用为由学生本人负担费用和国家承担费用相结合的制度,后来逐步过渡到高校学费由学生本人负担的收费制度。未来解决家庭困难学生的学费问题,国家设立奖学金和贷学金,对家庭有困难的学生和品学兼优的学生进行帮助。

在就业制度方面,改革高校毕业生包分配的就业制度,实行少数毕业生由国家安排就业,多数毕业生自主择业的就业制度。国家任务招收的毕业生原则上在一定范围内安排就业,逐步实行毕业生与用人单位的"供需见面"和"双向选择"的就业方式,委托培养和定向招生以及自费生完全由毕业生自主择业。《纲要》规定,就业制度要适应社会主义市场经济体制的建立和劳动人事制度的改革,毕业生要在国家就业方针和就业制度的指导下,发挥人才劳务市场的调节作用,以自主择业为主,国家保证师范、边远和艰苦地区的人才需求,实行安排就业。

二、"并轨"改革阶段

中国高校"并轨"招生改革始于 1994 年,是招生、收费和就业制度改革的重要举措。这项改革所带来的影响面和辐射度较广,其主要改革内容为:各高校在招生录取时,以全国统一组织的高考分数作为高校招生录取新生的成绩,只划定最低控制分数线,不再按照不同的录取学生性质划线,取消委托培养、定向招生和自费生,部分高校可以试点自主招生,按照地区和系统,单独或者联合组织入学考试。在收费制度方面,并轨后实行统一收费标准,不再有国家任务计划招生和高校调节性计划招生的区分,也不再区分公费生和自费生,所有录取的大学生执行统一的国家收费标准。

1998 年,中国招生制度进一步改革,按照"有利于高校选拔人才,有利于中学实施素质教育,有利于扩大高校办学自主权"的原则,进行了较大幅度的改革。其主要内容为:

第一,明确高考选拔的甄别功能,注重高中教育内容与大学的衔接。在高考的考试内容方面主要考查学生对知识的综合运用能力和解决问题的能力,以利于中学教育培养学生的创新能力和推行素质教育为核心。

第二,考试科目实行"3+X"模式。语文、数学、外语 3 门主要课程文理科学生都考查,"X"主要由各高校根据自己的需要进行考查,体现高校办学自主权,各高校根据自己的办学性质、层次、专业特点来进行选择,进行综合测试。

第三,改革高考录取形式。以计算机网上录取为主,更加公平公正。

三、21 世纪以来高等教育变革

高中教育由免费教育转变为收费教育,非义务阶段的收费以市场化为导向,加之择校费、赞助费等不同名称的收费使高中教育竞争硝烟弥漫,高中教育的主要矛盾转变为家庭对优质教育资源的追求和社会优质教育资源的稀缺,出现了名校效应和一般学校生源不足的鲜明对比。农村高中班级的学生寥寥无几,县城的高中生源爆满,教室学生人数远远超过国家规定的班额数,即使几乎无法"落座",在县城的名校高中就是站着也愿意,更毋庸缴费等问题。

高校扩招迎来了 21 世纪教育发展的主旋律。从 1999 年到 2002 年,中国教育迎来了大扩招。高校"扩招"实现了高等教育的大众化发展方向,政策的顶层设计也有着减轻高考压力的价值取向,但事与愿违,高考的压力不但没有减弱,反而使上"好大学"成为更大的竞争压力,素质教育迟迟不能实现,这种"不能实现"不仅仅是学校的的原因,更主要的是来自家庭、社会以及同行学校的压力。假如一所学校完全按照素质教育的要求进行课程教学,大部分家长出于"名校"竞争的心理,反对素质教育。因此,高考制度亟待变革。

综上所述,并轨招生是中国 20 世纪 90 年代的重大变革,非义务教育阶段的高中和大学开始了收费制度,标志着新中国从成立初期开始实施的免费上大学的助学金资助制度的终结。1983 年,高校按照国务院的改革精神,变"助学金"为"奖学金",鼓励和资助品学兼优的学生完成大学教育。1989 年,国务院批准了《关于高等学校毕业分配制度的报告》,指出"学生上学除特殊规定外,一般都要交纳学杂费"。1994 年的"并轨"制度和 1997 年的全面实行缴费制度改革,高校的收费标准节节攀升,据有关数据显示,并轨后的 1998 年,高校的收费标准在北京地区约 1000 元左右,2000 年迅速飙升为重点院校 5000 元,一般高校 4200 元,理工科重点院校 5500 元,一般院校 4600 元;文科、外语和医学重点院校 6000 元,一般院校 5000 元。2012 年随着学分制的全面实行,各高校按照学分收费,学费的实际支出都有不同程度的上涨。同时,各高校开始收取住宿费、水电费等杂费,加之学生的生活费用和其他费用支出,一个大学生一年的费用相当于一个城市职工一年的收入甚至更多,农村的大学生因为学费问题辍学者众多,大部分农村家庭通过借款、贷款等方式勉强支撑一个大学生完成学业时,家庭因之返贫。

第三节　农村教育的变革与发展

1986 年,《中华人民共和国义务教育法》颁布实施,开启了中国农村义务教育变革与发展的历程。按照《义务教育法》的规定,基础教育的管理权限下交地方,实行"县、乡、村分级办学,县、乡两级管理"的制度,全国农村地区基本为"县办高中、乡办初中、村办小学"(杨东平,2003)的管理体制,农村义务教育的主要承担者为乡、村两级,以乡为主。20世纪90年代中国提出了要在2000年基本实现义务教育的"两基"目标,农村开展了大规模的普及九年制义务教育的行动,但是,由于农村义务教育的主要承担者乡级人民政府的经济实力和经济基础决定了"普九"教育的艰难,为了完成这项世纪性的任务,各种教育附加费、税费、学杂费和集资费大量出现,加大了农村教育的家庭负担,辍学和流失生现象层出不穷;同时,乡级政府负担的教师职工的工资拖欠也成为一个严重的问题,广大农村教师的待遇成为农村教师流失的制度性问题,"自1992年起,全国出现了大面积拖欠农村中小学教师工资的严重情况,是新中国成立以来从未有过的。1994年实行分税制后,乡镇财力更加薄弱,拖欠教师工资问题日趋严重。"①

　　2001年5月,中国发布了《国务院关于基础教育改革与发展的决定》,对义务教育的管理体制做出了重大变革。指出:义务教育要"实行在国务院的领导下,由地方政府负责、分级管理、以县为主的体制",农村义务教育的管理权限和承担主体由乡级政府变为县级政府,农村教师的工资发放和待遇进一步提高,农村义务教育的基础建设进一步得到保障。但是,农村义务教育的"县级负担"模式对义务教育的建设经费投入仍然有限。2002年,中国实行农村税费改革,义务教育实行"一费制"模式,义务教育的"负担"才逐步减轻。2005年,中国开始实行全面的免费义务教

---

① 杨东平:《中国教育制度和教育政策的变迁》,《学术中华·高等教育》2009年第10期。

育,并逐步实行"两免一补"、"两免两补"政策,农村教育迎来了大发展的良好局面。

2005 年 2 月 2 日,国务院转发了财政部、教育部《关于尽快国家扶贫开发工作重点县"两免一补"实施步伐有关工作的意见》,对农村义务教育阶段贫困家庭学生实行"两免一补"(免书本费、免杂费,补助寄宿生生活费)政策。中央财政从 2005 年春季起调高了补助标准,小学每生每人每学期 35 元,初中生 70 元,特教生 35 元。该项政策的实施,对于促进农村税费改革,减轻农村家庭教育负担,促进农村地区脱贫致富有着重要的意义,也对加快农村义务教育事业的发展、巩固义务教育"以县为主"的管理体制具有重要意义。

2007 年 7 月 12 日,教育部和财政部又发布了《关于进一步做好农村义务教育经费保障机制改革有关工作的通知》,《通知》要求各地各部门要严格按照教育部、国务院纠风办、监察部、国家发展改革委、财政部五部门《关于在农村义务教育经费保障机制改革中坚决制止学校乱收费的通知》(教财〔2006〕6 号)要求,进一步规范农村义务教育阶段学校收费行为。农村中小学校除按"一费制"标准收取教科书费(不含按规定享受免费教科书的学生)、作业本费和寄宿生住宿费外,严禁再向学生收取其他任何费用。"两免一补"政策之后,中国农村教育出现了"两免两补"、甚至"三免两补"的良好局面,农村教育的保障机制形成了。

2011 年 11 月,国家启动实施农村义务教育学校营养改善计划试点工作。根据教育部颁布的《农村义务教育学生营养改善计划实施细则》,中央财政每年投入 160 亿元,为中西部贫困地区的中小学生提供每生每天 3 元的营养膳食补助。此项计划涉及 22

个省 699 个县的 2600 万农村学生,同时,中央财政安排 300 亿元,用于地区食堂建设和大宗设备采购,每年安排 15 亿元,为开展营养餐情况较好的地方给予奖补,积极改善农村地区学校的学生营养状况。

第三章　村民家庭及其"生活世界"

> "我永远是农民的儿子。"
>
> ——沈从文

第一节　家　庭

　　家庭是初级社会群体,承担着从事生产、分配、消费、生育、抚养、赡养、教育等社会功能,因此,社会学理论认为:家庭是以婚姻和血缘关系为纽带的生活组织和社会群体,是人类生活中最基本、最重要的一种生活形式。这种群体形式是与婚后居住模式密切相关的,是以婚姻和血缘关系为纽带的社会生活组织形式。家庭是社会的细胞,是人成长的摇篮。东西方社会对家庭的理解各不相同,西方社会"家庭"概念较为宽泛,"家庭"与"家族"是同一个词,意义和意指不分开。美国社会学家默克多认为:"家庭是一个社会团体,其中包括两个或多个彼此结婚之不同性别的成人,并且包括已婚双亲之亲生的或收养的一个或多个孩子"(默克多,1971)。加里·贝克尔的新古典经济学认为:家庭是一个人类自身的生产单位,父母生育子女并对子女进行教育投入,往往是基于一种"产品"加工的经济行为和对未来的期望行为的结果。而在中国、日本等亚洲国家把家庭看作"同居亲属的生活共同体"。中国社会"家庭"与"家族"是分开的,词不相同,内涵亦不相同。丁连信认为:"家庭是由具有婚姻关系、血缘关系或领养关系的人们组成的长期共同生活的社会群体,是人类生活中最基本的、最重要的一种群体形式。"①可见,家庭具有生育功能、经济功能、教育功能、精神生活功能、抚养和赡养功能。因此,考察家庭通常是从家庭经济状况、家长个性特征、家庭结构、家庭关系、地域特征、社会舆论以及价值观念等方面进行分析。家庭经济状况主要是指家庭的年收入;家长个性特征主要指家长的文化水平、性别、年龄以及对教育的态度;家庭结构主要指居住状况、家庭的层级和代际关系;地域特征主要是指地区间的经济发展差异以及当地经济社会状况影响下的农业发展水平、就业机会以及观念特征;社会舆论指村庄舆论导向和舆论影响,以及人们的观念特征形成的对教育的舆论氛围;价值观念主要指家长的教育态度、教育认识所指导下的行为理念,如男女区别观念和平等观念、出人头地观念以及功利主义观念,也包括世俗性的物质主义观念。费孝通先生认为,农村家庭一般是"扩大化了的家庭"②,农村家庭往往具有自身的地域特殊性。

根据社会学理论关于家庭的分类方式,本书将家庭分为以下几类:核心家庭、主干家庭、联合家庭、离散家庭、单身家庭以及重组家庭,并根据这一分类标准对刘村的家庭进行考察,以形成对家庭教育期望的认知基础。核心家庭是指由一对夫妻与其未婚子女组成的家庭;主干家庭是父母与一个已婚子女组成的家庭;联合家

① 丁连信:《学前儿童家庭教育》,科学出版社2009年版,第2页。
② 费孝通:《江村经济》,江苏人民出版社1986年版,第21页。

庭是由父母与两对以上的已婚子女组成的家庭,也包括几代同堂的家庭;离散家庭又称之为单亲家庭或缺损家庭,是指夫妻双方因离婚或丧偶等原因,仅有一方与未婚子女生活而组成的家庭;单身家庭是一个人的家庭,夫妻双方因一方丧失,子女成家或出嫁后自己独过,农村称之为五保户家庭。本书也根据社会学理论的考察视角,从家庭经济状况、家长个性特征、家庭结构、家庭关系、地域特征、社会舆论以及价值观念等方面,对刘村村民的家庭生活进行考察,从中管窥村民教育期望的家庭基础。

根据刘村村委会的统计数据,刘村共有 420 户家庭,1920 口人。其中核心家庭共有 121 户,约占村庄家庭总数的 1/4。核心家庭占据的数量较多,与村庄中人们的传统生活观念有关。这里的人们习惯于年轻夫妻结婚后与父母共同居住,以方便赡养和照顾老人。如果是弟兄两人,各自结婚后就会分家居住,但总要由一方与老人同住,方便赡养老人,另一方如果不和老人居住,一般要搬出老院子,新置院落居住,形成核心家庭和联合家庭,核心家庭也会因为丈夫(或妻子)外出打工,形成短时间的不完整的核心家庭,一般年底回家团聚时家庭就会复原。例如,刘海的三口之家就是一个典型的核心家庭。刘海从结婚后和父母一起生活了一年,就分开单独过了。那个时候他还没有生孩子,但父母考虑到他和哥哥嫂嫂一起住怕闹矛盾,有了隔阂就会影响以后的团结,父母亲便把兄弟两分家各自生活。他和新婚的妻子住新院子,新修的院子条件也很好,第二年他们的孩子出生了,父母给他们帮忙带孩子,他们也乐得单独过。这是一家典型的核心家庭,三口之家其乐融融,他们说再不想生孩子了,认为一个儿子只要能教育好,将来有出息就足够了。核心家庭主要由父母和孩子两代人构成,如果能修建起属于自己的院落,就算是好过的家庭。

刘村的主干家庭共有 232 户,约占村庄家庭总数的 1/2。这个群体家庭居多,主要是由于村民考虑老人的养老问题而形成的。弟兄一个人者,成家后就和老人一起生活,不分家,以便赡养照顾老人;弟兄两个以上者,分家时总要由弟兄中的一位和老人一起生活,谁和老人一起生活,一般取决于老人意愿。由于大部分年龄在 50 岁以下的村民长期在外打工谋生,老人在村里留守,兼顾照看孙子、孙女上学。儿女们在夏收(收麦季节)期间回家帮忙夏收并看望老人,但大部分在年底才能回家,过完春节后又外出打工。打工的主要地方在周围的大城市,近年来以银川居多。银川的工价很好,挣钱容易,技术工人(砌砖工、泥瓦工、抹灰工、钢筋工、架子工等)一天的工价可以达到 300 元以上,小工(没有技术的普工)一天的工价也在 150—200 元之间,并且工资可以当月结清,从来不拖欠,他们很乐意去银川务工。也有在兰州、上海等地方打工的,但工资条件不如银川;还有一部分村民在北京成立了搬家公司,自任经理,以搞运输、搬家兼拉货为主,收入尚可。打工收入高的少数村民在县城买了房子,把孩子转入县城上学,由妻子或者老人照顾孩子,村里的土地有抛荒的,也有老人抽时间回村种地的。例如刘福的家庭就是一个典型的主干家庭。刘福今年 56 岁,妻子于华 53 岁,夫妻育有两子一女,孩子皆长大成家。女儿出嫁,儿子结婚。大儿子已经生了一个孩子,还想再生一个;小儿子去年才结婚的,还没有生孩子。两个儿子外出打工,他们老两口在家里照顾孙子和外孙女,耕种一小块地,基本能够满足一家人的生活花销。

另一种主干家庭是子女在外地工作,父母农忙时在村里以种地、伺候苹果树为主,而到农闲时,则分别到子女家居住,共享天伦之乐,给子女顺带一些家乡自产的土特产品和农副产品,这属于村里的成功家庭,很受大家的羡慕。罗庭是刘村小学的教师,儿子是平凉师范学校的中专毕业生,毕业后在县委当秘书,后来到乡上当书记,升任平凉市某局副局长后就基本上很少回家了。女儿陇东学院毕业后在县一中当老师,也属于县城居民。老罗退休后就一直和儿子一起生活,原先在家里和老伴种一点地,但他们后来干脆放弃种地,跟着儿子去平凉生活,偶尔回来看看老家的院子。听说他现在又在张罗着要把老院子卖掉,放着也是空着,时间长了怕椽子和檩子被虫子吃掉,房子坍塌了就没有人要了。这一家人属于主干家庭中的典型。

村里也有少数较为完整的主干家庭,一家人几乎都在农村,以务农为生,没有家庭成员外出打工,全家人在一起共享天伦之乐。这种主干家庭在村里只有为数不多的五六户。这样的家庭收入往往有限,农村的农产品的价格不高,日子过得很紧巴,而农村的消费却不低,如果没有来钱的门路,一年的农药、种子和化肥都要花钱,再加之学生的教育支出很高,家里的经济状况就很窘困。

刘村的联合家庭共有 42 户。这种三世同堂、四世同堂的家庭不太多,五世同堂的家庭就更少。刘村的村民一家如果有两个或者三个儿子,长大成家后能一直和睦过下去的只有为数很少的几户。弟兄之间一旦有了自己的妻小,也便有了私心,吵吵闹闹也就影响团结,于是便分家独过。父母随任何一方生活,联合家庭便拆分为主干家庭和核心家庭。

刘村的离散家庭共有 12 户,因父母一方丧偶或者离婚之后,家庭便成了单亲。如果是女离散家庭,女方往往选择改嫁去外地重新组合家庭生活,或者招亲上门,留在村里生活,形成重组家庭。而男离散家庭则很难再次成家，农村男女比例严重失调，男多女少，离婚后的男人在农村很难再续弦，于是由男方将子女养大，男方随子女生活或者单独过。例如，刘库的家庭就是一个离散家庭。刘库的婚姻属于很不顺的亲事。由于刘库老实巴交，媳妇一娶进门两人就不太和谐。女方长相俊俏，娶时就不太情愿来，一年后生了孩子，因为和婆婆（刘库的母亲）的关系难以相处，于是分家单过，小两口自己吃苦耐劳为自己修了新院子。原以为好日子就可以在自己的手里开拓出来，谁料想女方生下第二个孩子后就失踪了。很小的孩子在家找妈妈，很可怜。刘库到处找人，就是不见踪影。几年后才知道，媳妇早跑到新疆重新组建了家庭。刘库没有文化，不知道如何维权，结婚后好几年也没有拿结婚证，现在想起诉人家重婚罪也不能成立，只有打掉牙齿往肚子里咽。他自己现在独自一人抚养着两个幼小的孩子，既当爹，又当娘，很不是滋味。

刘村单身家庭共6户，通常是一些单身的老人，多为吃低保的五保户。一种是终身未婚者，老了之后一个人由村委会提供一些基本的生活费用；有劳动能力者，还能种一些自己需要的农产品，勉强可以满足生活需要。另外一种是丧偶后只有女儿，女儿长大后远嫁他乡，自己独自生活着。由于女儿不在身边，年岁大者生活也便成了问题，由女儿定期不定期地送一些菜蔬、衣物等生活用品，顺便和老人说说话。但也有些女儿一年很少来看望老人，老人的生活也很困难，只有靠村里的邻居管一管。

刘村的重组家庭只有7户。重组家庭分为两种类型：丧偶后女方招赘入门，重新组建家庭；或者离异后，男方又重新组建家庭，女方往往由娘家人做主，远嫁他乡重新组建家庭。

第二节 家庭功能的社会学分析

按照社会学的家庭功能分析,本书把家庭的基本功能界定为经济功能、生育功能、教育功能、精神生活功能以及抚养和赡养功能五个方面,并从以上五个方面对刘村的村民家庭功能进行分析。

在刘村,家庭经济的主要来源依靠打工收入。每年过完春节后,大部分青壮年劳动力外出打工,老人和孩子留守在村里。留在村里的老人和孩子,老人种地,兼顾照看孙子,干一些力所能及的农活,并种植苹果树。对那些基本丧失劳动力的老人,则主要以休闲养老为主。但农村的老人即使年岁很大了,还是闲不住,要干一些农活。干了一辈子活的老人,身体总是硬朗。刘村的大多数家庭以外出务工获取货币收益,生活用品以自产为主,他们种植蔬菜、小麦、胡麻、玉米和土豆等农作物为基本的生活资料。近年来在农业产业转型发展中,以种植苹果树为主要经济作物,户均6亩左右,较大幅度减少了农作物的种植。苹果树以红富士苹果为主,是Z县近年来产业转型的主要抓手。在川区种植苹果起步早的村庄已经让老百姓真正得到了实惠,脱贫致富成为佳话。这几年的苹果价格一路上涨,每公斤均价达到8元,被农民称之为"金蛋蛋"。这里土地以黄土为主,较为适宜苹果树种植,尤其气候温润,日照强烈,早晚温差大,所产红富士苹果个大、饱满、味甜、色泽鲜艳,平均每亩经济产值接近两万元。

刘村由于苹果树的种植起步较晚,2011年才由乡政府统一规划种植,还没有获取经济收入。苹果树的生长期较长,到2014年才能挂果,才能取得经济收入。以前有些家庭把小麦、土豆、玉米等农作物作为经济作物大量种植,收成后仅留一小部分作为家庭消费,大部分粜出去换回货币收入,但由于这里的粮食价格一直不太高(小麦 0.9 元左右,土豆 0.7 元左右,包谷米 1.0 元左右),农民的收入有限,所以家庭的主要劳动力多数外出打工,打工收入是一家主要的经济来源。有一定技术、能吃苦耐劳的人家总能过上相对较好的日子,近几年新修了院子和房屋,有些家庭也新修了二层、三层小楼。

刘村是一个典型的农业村,偏僻的地理位置和相对封闭的传统生活方式对现代生育观念具有持久的抗衡力——男丁传宗接代,女儿外嫁他乡。基于对男丁传宗接代的惯习,这里的计划生育超生现象严重,政府管理难度很大,多数家庭有两个以上的孩子(至少要有一个男孩子),男孩子的家庭地位远远高于女孩子。甚至有个别家庭有五个孩子(前四个为女孩子,最后一个为男孩子),等到什么时候生了男孩子,女主人才做绝育手术。例如,村民刘许宏共有五个孩子,前面生的四个孩子都是姑娘。为了生育第五个儿子,遭到了乡政府的严重处罚。在怀第五个孩子时,他们夫妻偷偷跑到石嘴山。在那里,刘许宏一边打工,一边照顾怀孕的妻子,直到生下儿子。孩子长到一岁时,他们回到老家,虽然遭到了罚款处理,但刘许宏很乐意地去交了罚款(计划生育超生子女社会抚养费)。他说,生了一个儿子,交多少罚款也值得,钱以后再挣,儿子是家庭的"指望"。

计划生育政策的规定(目前的"二孩"政策尚未在此完全落地)在这里非常明确:如果第一胎生男孩子,要等五年以后才能生第二胎;如果第一胎生女孩子,还可以再生一胎。第二胎无论是女孩子还是男孩子,都不能生第三胎。在刘村,村民对政策的规定都很清楚,但他们依然认为孩子是家庭的希望,多子多福,生得越多越好,人丁兴旺才是大家族。所以,如果第一胎生了男孩子,大部分村民还会再生第二个孩子甚至第三个孩子。他们认为只有一个孩子,势单力薄,人丁不旺,自己将来的养老送终有困难,孩子在成长中也缺乏照应。如果第一胎生了女孩子,那肯定还会继续生下去,即使生几个也不停止,直到生下一个男孩子为止,这样造成了大部分家庭至少有两个以上的孩子,有些家庭甚至三个、四个以至五个孩子。孩子数量多,家庭的经济压力和教育负担自然就大,但他们依然认为值得。农村的孩子皮实,吃穿简单一些也无妨,只要健康成长就行。现在年龄在 30 多岁的村民认为生育一男一女两个孩子是最佳搭配,也是最完美的家庭结构,但他们的父辈则认为多子多福,尤其"重男轻女"。

重男轻女观念的本质,实际上是对养老问题的担忧。"养儿防老"是一种生存不确定心理的表现,他们认为只有"养儿"才能养老。农村的生活条件艰苦,居家不便,年老体弱的老人在丧失了劳动力以后必须要有人照顾,否则,吃饭喝水都是困难。只有养儿,才能防老,女儿外嫁(万一没有生下儿子,也可以招婿入赘,但招赘是不得已的做法),结婚后的女儿是无暇也无责照顾娘家的,基本不能养老,所以女童在这里的辍学率一直偏高,一旦家庭经济状况不好,或者男孩子考上大学,家庭经济负担加重时,首先辍学的是女孩子,他们认为反正女孩子是别人家的人,花那么多的钱去读书,不划算。

随着社会的进步和观念的更新,农村年轻一代逐渐形成了新的生育观念——只生一个孩子,不管男女。但这种观念往往遭到父辈们的抵制,导致家庭矛盾激化。二十多岁的年轻夫妻往往生一个孩子以后就不打算生育了,如果第一个孩子是女孩子,顶多生了两个孩子以后不管男女,他们就不打算再生孩子了。他们认为现在的社会男女平等,孩子的教育投资费用高昂,孩子越多,负担越重,趁现在年轻外出打工,把已生育的孩子教育成为有出息的人,将来有本事,能过上好日子也是很不错的选择。但这种观点往往受到父母辈的极力反对,"逼生"成为一种常见现象。父母往往采用劝说、威逼甚至绝食等方式逼子女就范,给他们生下满意的孙子。

除了养儿防老观念作祟之外,还有一种观念是"续香火"。村民们坚信只有男孩子才是续香火的人。到祖庙烧香、到祖坟祭扫等,都是男人的事情,女人几乎不能参与。女孩子在 10 岁以前还可以参与,大一些就不能再去了。这种延续香火的观念造成了对男孩子的格外器重和超生现象的屡禁不止。如果一对夫妻只有女儿而没有生下男孩子,他们在村子里的地位往往不高,话语权微弱,甚至在一些重要的村务活动如祭祀、婚庆等活动中不受欢迎。这给他们的生活蒙上了阴影。所以,在刘村,即使再穷也要生男丁。"越穷越生、越生越穷"是生育观念的真实写照。传统观念和村庄舆论环境所形成的惯习,只有在缓慢的变革中才能更新。

超生现象严重,与村干部的管理观念也有一定关系。这个村的超生现象比较严重,一方面,村干部对村民的超生现象睁一只眼闭一只眼,乡里乡亲的,抬头不见低头见,因为生孩子的事情把人得罪了,那是要记恨几辈子的。如果把计划生育政策执行得太刚硬,不让生男孩子,会被人戳脊梁骨。另一方面,县乡计划生育检查组一来,村民便已经知道信息了,举家锁上大门,"逃"到外地去躲避计划生育,几年以后回老家来时,孩子已经生得心满意足了。

超生是要罚款的。国家规定计划生育超生社会抚养费为 5000 元/人,但村民不心疼钱,尽管他们不富裕,但对计划生育的罚款很慷慨。用他们的话说,花钱买个将来——值得。

尽管家家户户都有不同程度的超生现象,但近年来孩子的出生率还是在下降,孩子较大幅度地减少成为一个普遍现象。根据村委会的统计数字,2012 年净出生人口 98 人,其中男孩子 61 人,女孩子 37 人,与同期 30 年前的 1982 年相比,出生率下降了 36%。

孩子的减少导致村小学的入学率锐减,加之村里的孩子上小学逐渐分化,在村小学读书的学生越来越少。有一部分学生转学到县城上学,也有一部分去乡中心小学上学,只有少部分孩子在村小学上学。村民孩子上学分化的原因主要在于村民对村小学的教学质量有看法,他们对孩子的教育越来越重视了,而村小学的教学"不行"(村民语),年轻的新生代外出打工,见世面后对自身的知识和文化不足感到无望,便对子女的教育问题格外重视,宁愿多花钱也要让自己的孩子享受到优质的教育资源,于是转学现象便不断发生,此问题在后文做详细探讨。

家庭是社会的细胞,是以婚姻和血缘关系为基础组成的基本社群。家庭也是父母对子女实施教育的最早场域,对子女进行教育是家庭和父母的天职。家庭教育对人生的发展具有奠基性作用。父母是人生的第一任老师,父母在儿童社会化的过程中扮演着重要的教化角色。父母的世界观、人生观和价值观对子女的人格产生久远的影响,潜移默化中形成儿童的个性特征。在现代社会,尽管孩子的文化知识的教育主要是在学校完成的,但家庭具有不可或缺的补充作用,家校配合才能完成对子女的完整教育历程。

刘村家庭的教育功能以传统生活教育和伦理道德教育为主。

由于村民的文化层次相对较低,孩子的文化知识的教育主要是由学校完成的。但"父母是人生的启蒙老师",与孩子长期相处的父母,在日常生活的点点滴滴中,给孩子无处不在的言传身教,渗透着传统礼俗、社会习俗、乡村道德、处事道理、做人常识、宗教意识和生活经验等伦理性、道德性以及生活性的教育,对孩子的道德伦理观和世界观奠定了初步的但却是影响其一生发展的认知图式。家庭是人生交往的初级群体,家庭成员在长期的交往中产生了非正式的影响。这种建立在血缘关系上的天然亲情,使得父母对子女的影响成效是持久而又穿透性的,奠定了孩子初步的社会关系认知和是非判断标准。刘村的大部分家庭处于一种传统氛围浓厚的原子式的生活情景中,现代社会的变革对村民的影响是渐变性的,村民的家庭生活中依然能清晰地看到传统教化的力量,尊长爱幼、父严子孝、孝悌为先,父母之言依然具有相当的威严感。

刘村的家庭教育方式是自然化和自由化的。孩子一出生,就身处田园土野的自然环境之中,孩子从小亲近自然,与自然界建立了深厚的情感,从小习得了乡村自然生态环境中的生活经验和生活方式,在父母的言传身教中认识了田野中的动植物,在耳濡目染中懂得了五谷庄稼、花草虫鱼、蛙叫鸟鸣以及飞禽走兽。孩子从小就懂得了与自然相处,在大自然的怀抱中肆意奔跑,对自然界有了较为清晰的体认,他们不怕脏、不怕累、不怕泥土,在溪水中玩耍,在森林里捉虫,在山野中嬉戏,封闭的大山环境中没有汽车和火车等安全问题,孩子们在大自然的怀抱中尽情地吮吸着清新的空气,在四季更迭中感知大地的恩威。孩子从蹒跚学步起,家长就大胆放手,任其在院子里散跑,跌倒了自己爬起来,拍拍身上的土继续自己的活动,尽管缺少像城里的父母那样对子女的娇惯和呵护,但孩子从小就懂得了"跌倒了,爬起来"的人生道理和坚定信念。身上的衣服弄脏了也没有人及时换洗,农村的繁忙和生活的匆匆使得孩子总显得有些邋遢,但是他们是欢乐和健康的。稍大一些的孩子就要学着干一些家务活,往往是从"伺候"大人开始培养。大人们农忙时便"使唤"他们,安排他们做一些零活,诸如喂鸡、扫院子等,女孩子从小就要学会洗衣服和做饭,甚至要做针线活。孩子们有时候还要随着大人一起到地里干力所能及的农活,拔草、除虫,甚至施肥、收割等,家庭的教育是现实而生活化的,为孩子们的人生奠定了吃苦耐劳的良好品格。小孩子们在家里挨打是经常的事情,犯错后家长往往会惩罚,棍棒有时候是最好的教材,他们大多不会给孩子和风细雨地做思想工作,遇到孩子做了坏事或者顶撞大人,敢于挑战大人的威严,以下犯上,家长往往懒得给孩子们讲大道理,"敲打"一下,小家伙自然会长记性,下手狠的父母往往会将孩子打得哇哇大叫,但打过之后会像一阵风,哭过之后依然会和和睦睦,不愉快的事情随风飘散,没有后遗症,用村民的话说,打大的孩子"皮实",心理素质好,抗压能力强。村民家庭教化的逻辑是现实主义的,孩子从小就有了对世界的亲身"体验",生活赐予了他们无数的"现实经验"。村庄里的孩子们在童年生活中具有广阔的自由天地,在大自然的怀抱中任意探索,与自然的天然亲近感具有城市孩子无法比拟的便利条件,使孩子们从小就有了勇于探索自然的勇气,在性格的养成中形成了向往自由的气质,艰苦的生活条件和环境从小铸就了孩子们吃苦耐劳的品质。

村民们在生活中具有相对完整的生活习俗,成为村民的行事规则。如讲究风水、敬畏神灵、尊崇祖先,在特定的时期都有相对特殊的讲究,一般不得逾越或者冒犯。例如,家里有什么不安稳的事情,他们会去庙里烧香,祈求庇护,获得宗教心灵的安慰,孩子们从小也会跟着大人去,懂得宗教的初步意义;到了逢年过节或者大型活动要进行祭拜,男孩子可以参与,他们从小便有了宗教教育的机会,对人与自然和谐相处、天人合一的生活理念有了初步的体认和感受。

村民的生活内容是同质性的,决定了教育的大众趋同心理。村民的生活内容具有基本相似的同质性:劳动、打工、农业、生产等,构成了村庄家庭的主要内容。土中刨食的生活是艰辛的,而改变命运的方式是单一的,除了考学、当兵等为数不多的路径,他们基本上就要在黄土地里终其一生。随着近年来村民外出务工人员的增多,他们对城市生活的向往度在快速增长。而要进入城市生活,教育是为数不多的希望之一。因此,大部分家庭对教育改变命运的期望在增加。但现实中的就业艰辛对村民的期望之火不时泼洒冷雨,让他们无奈而伤神。

建立于血缘和亲情基础上的家庭为其成员提供了精神寄托、情感交流、休闲娱乐、思想沟通、经验传递以及道德教化等精神生活功能。家庭是人的精神归属地,家庭精神生活在激烈竞争的现代社会显得尤为重要,当人在工作、生活中遇到挫折和困难时,往往是家庭为其提供了帮助和慰藉。家庭成员在交往中共享家庭生活,精神的交流和融合是家庭生活的必然需要,家庭精神生活为人的发展提供了源泉和动力。刘村村民家庭生活是村民精神的养成地,村民在家庭中享受天伦之乐,儿孙满堂的家庭为村民单调的生活创造了乐趣和精神慰藉,激发村民对艰苦生活的奋斗期望和进取信念。尽管村民的文化知识层次较低,但家庭的精神培育和精神鼓舞、父母对子女的教化和感召,都是在精神交往中完成的。金生鈜认为："教化的主旨是以自然的方式在个人自由的基础上促使人的精神的成长、发展和自我形成,包含着精神的培育和精神的自我创造相结合的意蕴。"①村民的家庭精神生活成为村庄精神教化和道德规训的基础。

家庭承担着重要的抚养和赡养功能。生儿育女,养儿防老是这里村民的基本观念,也是保障村庄社会得以发展繁衍的重要活动。村民认为家庭必须抚养并教育好子女。年长一代的村民认为孩子越多越好,"多子多福"是基于在贫困生活中对于"人多力量大"的渴盼,因此,村里的家庭大多抚养了两个以上的孩子,甚至有些家庭有四个以至五个孩子都不算稀奇,但必须要生一个男孩子,男丁要为家庭续香火,艰苦的生活条件决定了男丁的珍贵,重体力活只有男孩子才能干成。年轻一代在现代生育政策的影响下,深知在社会转型期孩子生长成本和教育成本不菲,观念有了一定的改变,一般不愿意抚养多个孩子,生育一个至多两个孩子就停止生养,尤其"90后"年轻一代的家庭抚养观念和年长一代的差距较大,往往发生冲突甚至碰撞,但年长一代在孩子生育问题上不会让步,非要生一个男丁才肯满足。在调查中发现,村中只有为数不多的几户家庭是纯女户,但一般爷爷奶奶的精神面貌都不愉悦,这与村庄传统的生育观念和抚养观念有关。

赡养父母是孩子的义务。人都会走向衰老,老人自然需要儿女的照顾。刘村的传统养老观念较浓厚,这里的村民基本上是家庭养老,社会化的养老机构和福利机构还没有建立起来,老人失去劳动能力后就在家庭中生活,主要靠儿女赡养。随着社会转型和

---

① 参见金生鈜:《规训与教化》,教育科学出版社2004年版。

农村利益观念的变化,年轻子女对老人的不孝现象时有发生,个别儿媳妇对公公婆婆的不孝甚至虐待成为新时期农村养老中出现的典型问题之一,老人在子女的不孝中晚年生活不愉快,甚至极端的个别老人走向自行了断,结束了自己的生命,让村民对现在社会道德的沦丧产生失望感和悲凉感。尊老、敬老和养老是中华民族的传统美德,应该得到发扬和传承。

第三节　家　族

家族是以血统为纽带形成的社会关系,包括同一血统的几辈人。家族往往以辈分为划分标准。村落中的家族是以姓氏与姓氏之间的繁衍聚集,从而形成不同的家族。

刘村是一个相对齐一化的村落,主要由刘姓和罗姓两大家族构成,家族内又分成不同的家门。除此之外,还有一些外来异姓户,如王姓、邱姓、张姓、高姓和杨姓等人家,主要是通过招婿入赘形成的,所生孩子一般随父姓(有些也可以随母姓)。居住分布上以同姓家族为主,形成不同的社——每个社主要以同姓家族为主。罗家社(一社、二社)主要是以罗姓村民为主,刘家社(三社)、刘家小庄社(四社)、刘家咀社(五社)、刘家阴坡社(六社)主要是以刘姓村民为主,混居了少数罗姓及杂姓村民。刘姓与罗姓之间可以通婚,但同姓之间禁止通婚。整个村庄呈马蹄状散居在一个半圆形的山弯里,社与社之间相隔较远,刘家咀社的居住最为偏远,交通不便,刘家咀社的村民居住在对面另一个山腰上,去村部(位于罗家社)步行约需要近一个小时——下山、蹚溪、再上山才能到达。

　　六个社由于散居的缘故,每一个社以同姓氏为单位形成了家族。罗姓人组成了罗姓家族,祖上留存有《罗氏家谱》;刘姓人按社组成了刘姓家族,以《刘氏家谱》为本家族的发展演变根脉。族谱是一个家族的象征,可以追溯家族的繁衍史,是一个家族进行婚嫁、丧葬、祭祀时的供奉物,村民对其具有极其崇敬的心理。

　　刘村最早的家族史已无从考证。翻开族谱查看,其所记载的最早部分是从清朝末年(1810 年)开始,村民对自己的家族来源不太清楚,只是听老一辈讲,这个村最早的家族是在清朝末年从山西大槐树下逃荒迁徙而来的。

　　考据中国移民史,中国历史上共有四次大的移民。山西洪洞县大槐树移民算是中国历史上最后一次大规模的移民。据历史文献资料《山西大移民·家山何止大槐树》记载,山西洪洞大移民历时七百多年,先后历时从宋徽宗建中靖国元年(公元 1101 年)至清朝嘉庆二十五年(1820 年)。据侯武杰的《山西历代记事本末·大槐树移民》记载,移民多达 18 个省市、500 多个县、仅在陕甘宁的移民多达 51 个县(市),经过多次转徙,移民 800 多个姓氏,移民后裔超亿万人。明朝为了稳固北疆,加强了移民的力度,明朝洪武、永乐年间移民达到高潮。据明朝正史记载,明初大槐树的移民就有 18 次,人数近百万人之多。北方地区经过洪洞大槐树移民,无数移民开荒垦地,促进了生产发展,使明朝的粮食产量猛增。明朝政府也对移民实行鼓励政策,免费发放耕牛、种子、农具等,免除了三至五年的赋税,鼓励移民生产,促进了社会的发展。到了清代,以老百姓的自然迁徙为多。

　　综合上述文史资料记载,结合对刘村族谱的考察,其中的记载始于清末,可以推测这个村子的家族史起于清末的移民潮,不无道理,整个家族在 Z 县刘村的居住史约三百年。

在刘村,由家族、宗族及其传统的宗法制度构成了村庄的自发性组织,是村民的凝聚力核心。村庄中的宗法礼制是建立在血缘关系基础上的亲情关系,往往以尊崇祖先为纽带,形成向心力,以长幼尊卑为序,以辈分为等级,形成族内明确的关系序列和辈分等级,依据血缘关系区分尊卑亲疏,确定继承次序,规定权利和义务,形成宗族认同感,达到团结一致的目的,强化家族身份认同和血缘亲情的自觉意识,形成了家族成员之间共同的心理素质和文化伦理,增强凝聚力。

第四节　村民的"生活世界"

随着现代社会的发展,社会学理论提出了社会关系研究的新视角——从"生活世界"的视角去审视主体的思想与行为。"把研究的重心转向一种实践性的'本体论'关怀,更加关注在时空向度上得到有序安排的各种社会实践,即以生活世界为取向的研究视角。"(张兆曙,2004)这意味着生活世界成为理解和认识社会的意义之源,只有把各种需要解释的问题放在日常生活中进行理解,才能真正实现本体论的关怀,才能准确地解读问题背后的符码并找到有效的操作性政策框架。脱离了日常生活也就脱离了农民的真实存在方式。①

---

① 张兆曙:《农民日常生活视野中的城乡关系及其出路》,《福建论坛》2009年第12期。

　　什么是生活？约翰·杜威认为："'生活'包括习惯、制度、信仰、胜利和失败、休闲和工作。"①陶行知认为："有生命的东西，在一个环境中生生不已，就是生活。"②刘旭东认为："对有独特存在性的人而言，生活的内涵远远超出了生物学意义上的'生存'、'活着'。它不仅包括满足人的基本生理需要的物质活动，更包括有价值和意义的精神活动。"③人类世代繁衍，生生不息的存在本质就是生活，包含了人类所进行的各种活动。

　　从"生活世界"理论出发考察村民的家庭生活，进一步了解村民真实的生活方式，形成探讨村民教育期望的社会文化基础。胡塞尔的生活世界理论认为：生活世界是人类生活的原初状态，是奠基性的直观世界，是与"非课题性"和"自然态度"有关的有效世界。人生的任何目的和实践活动形式，都能在生活世界中找到归宿，因此，我们必须首先直面生活世界。哈贝马斯进一步指出：生活世界是一种"背景知识"，是以交往为基础的"直接性"的"总体化力量"，生活世界的意义在于"我生"、"我在"、"我在他人与自然中"。通过生活世界，我们看到了交往生命的意义世界和人生的统一世界。杨建华把日常生活作为旨在维持个体生存和再生产的各种活动和要素之总和，包括衣食住行、饮食男女等以个体的生命延续为宗旨的日常生活资料的获取与消费活动；包括婚丧嫁娶、礼尚往来等以日常语言为媒介、以血缘和天然感情为基础的交往

---

　　①　[美]约翰·杜威:《民主主义与教育》,王承绪译,人民教育出版社 1990年版,第 51 页。

　　②　陶行知:《生活教育文选》,四川教育出版社 1988 年版,第 93 页。

　　③　刘旭东:《教学生活批判与重建》,《华东师范大学学报(教育科学版)》2010 年第 3 期。

活动,以及伴随着各种日常活动的日常观念活动。刘旭东认为:"在质的意义上,教育是完整生活的有机组成部分,在其中(生活中)扮演着不可或缺的角色。"①因此,考察村民的生活世界是考察村民教育期望的先在基础。

走进刘村,我们感受到的依然是以农业文明为主导的传统生活方式和田园牧歌式的悠闲的生活世界。在自然经济条件下形成的传统观念、土地情感、自然分工、宗法制度以及伦理血缘关系等因素在村民生活中依然占主导地位,这些因素对村民的教育活动、社会流动以及阶层分化和观念变革具有相当的影响力。刘村是纯农业村,传统的农业种植方式占主导性的生产模式,现代化的进程依然在缓慢推进。农业种植是主要的生产方式。刘村四周被农田环绕着,民居与农田相间,全村共有土地 4224 亩,人均 2.2 亩,在 Z 县处于平均状态。传统的农业种植占主要比重,以种植蔬菜、小麦、胡麻、包谷、土豆、糜子、谷子等农作物为主,生活粮食以自产自收、自力更生为主,以自产粮食为荣,以买粮养家为耻。可能源于老百姓对土地的情结,"家里有粮,心里不慌"。解放初期,由于国家遭遇的自然灾害和全国性的粮食饥荒,使老一辈人对挨饿的体验格外深刻,形成了对粮食的格外爱惜,加之这里的土地以黄土层为主,土地贫瘠,粮食产量低,属于纯旱作农业区,无法灌溉,靠天吃饭,如遇雨水丰沛的年份,最好的亩产量可以达到 400—500 斤/亩左右,如遇干旱年份,则亩产量更低,约为 100—200 斤/亩,老百姓的日子过得紧巴。农业生产以传统种植方式为主,由于地处山坡沟壑交错地貌,山路狭窄,耕作方式以传统的畜力耕种为

---

① 刘旭东:《对教育与生活关系的思考》,《教育研究》2007 年第 8 期。

主。2010 年,在 Z 县组织的产业路建设中,田间道路被推平加宽,机械化的耕作方式(拖拉机、旋耕机)才得以广泛使用。

靠天吃饭是刘村村民的基本状态。旱作农业的产量低,农业收成完全仰仗"老天的恩赐",降雨量的多少与雨水合时节与否决定了粮食的产量。这里的降雨量年均 150 毫米左右,降雨稀少。近年来,由于国家政策性地封山育林,植被逐渐茂盛起来,小流域气候循环得到较大改善,降雨量逐渐增多,粮食产量略有增加。近年来在产业转型发展中,在县乡两级政府的大力推动下,退耕种果,以红富士苹果为主导产业进行种植转型,经济产业转型有了明显成效。但由于老百姓多年来形成的农业种植惯习,对新的产业有一定的排斥,处于转型中的矛盾交织与冲撞状态中。

刘村村民的生产观念相对落后。小农社会的影响力还占据主要力量,村民安于现状者居多。例如,在县、乡两级政府倡导的农业产业转型过程中,按照规划,每个村民家庭要拿出土地的三分之二种植苹果树。由乡政府统一安排进行人员培训,免费发放学习材料,之后无偿提供苗木,让老百姓种植(据说苹果树苗每株 40 元,由政府无偿提供)。每亩土地栽种四十棵树木苗子,并免费提供化肥、农药,成本很高,乡级政府在产业转型中花了很大的代价。但是,一部分村民依然眷恋以前的传统农业作物的种植,对果树种植持抵触甚至反对态度。近几年,凡是种植果树早的乡镇,苹果产量稳定,价格稳步增长,平均亩产两万元以上,果农家庭年收入接近十万,老百姓已经过上了好日子。但刘村的村民认识不到位,对果树种植持排斥态度,乡镇干部进家入户做思想工作,宣传产业转型的好处,但老百姓依然顾虑重重,阻力很大。有些村民甚至趁乡镇干部不注意时,将无偿发放的化肥、农药等偷偷地埋在土中,不给果苗施肥,更不浇水,有些人还把种植好的树木苗子拔起来,扔进沟渠中,等苗木干枯后他们再种植庄稼,这让乡镇干部哭笑不得。这就是中国的农民,对土地和粮食的眷恋之情胜过任何诱惑。

家庭的主要经济收入靠外出打工获得。除了务农维持口粮生计之外,近年来的果树尚未挂果,还没有经济效益,家庭经济收入主要靠年轻的家庭成员外出打工获得。打工的群体大约在 18 岁到 50 岁之间,50 岁以后一般就在家里种植果树和庄稼了。村民打工的主要去向是周围的大城市或者经济比较发达的县。近年来村民最喜欢去的是银川市和华亭县。去银川打工的村民主要从事建筑业,每月收入近万元,一年还可以兼顾请假回家帮忙搞夏收,一年至少有三至四万元的收入。对村民来讲,一个月的收益要比在家里种植一年庄稼的产值还高。银川市的好处是从来不拖欠工资,工资按月发放,年底结清,来年干活照样受欢迎,从来不受欺诈和排挤。也有少数村民去其他大城市如兰州、内蒙古、新疆等地方的,但因为路途遥远,工价不稳定,家里有个急事也回不来,他们大都不太愿意去。华亭县是陇东地区的"煤都",距离 Z 县很近,去那里的村民选择"下煤矿"挣钱,每个月有三四千元的稳定收入,也算不错。这里的村民很少有人到深圳、海南等沿海发达的大城市打工的。他们认为去那里路途太远,人生地不熟的有点后怕,加之语言也不通,不好打工;另外,考虑到生活上不习惯。北方人去南方,饮食起居的差异较大,村民常说的话是"那里的米饭吃不饱"。北方的村民平常以面食为主,吃米饭总是感觉吃不饱,加之那里夏天潮热难耐的温度、不通的语言和陌生的异域环境,与北方的生活差距较大,所以他们宁愿在北方的家门口挣点小钱,也不愿去南方的大城市挣大钱。我经常想,凭村民的吃苦耐劳精神,也许到了南方会挣更多的钱。

刘村民风淳朴,村民善良热情。村民注重传统道德修养和思想教化,讲究以德育人,祖上的遗风遗训依然浓重。刘村村民大多很"实诚",体现了做人做事的个性风格——做人的"真"和做事的"实"。大人教育孩子,做人要实诚,反对做事虚虚假假,做事就是做人,反之亦然。在种植庄稼上,讲究"实",不来虚的,"人误地一时,地误人一年",在孩子的教育问题上,更讲究"实","人误学一时,学误人一生",孩子在很小的时候就被教育要诚实做人,踏实做事。村民待人热情,待人诚恳、热情好客。自己久居城市,每到村民家中访谈调查,都会得到热情招呼,敬若上宾。因自己在高校工作,还被村民称之为"文化人"和"知识分子"(当之有愧),被认为是有"功名"的人,他们格外热情。即使在村巷子里碰面,他们也会很热情地打招呼,嘘寒问暖,诚恳地邀请到他们家里做客。村民的家里待人周到,进屋后端茶倒水、递烟,端上家里的好吃的东西(瓜子、水果等)尽数招呼客人,男主人会陪客人聊天,女主人就会忙着收拾做饭,用好吃的饭菜招待到家里做客的人,让客人充分体验这里民风的淳朴与温暖,与城市人与人之间的疏离形成鲜明的对比。在访谈中,凡是问到的问题,村民都会知无不言,言无不尽,讲到高兴的地方会发出爽朗的笑声,让人体会到村民的直爽与豪气:不掩饰、不做作,本分为人,老实处事,自然率直。这也许是得益于我的"熟人"身份,尽管有些村民和我没有接触过,但我的名字大都听说过,在访谈中祛除了戒备心理,让我的第一手资料具有真实性和可靠性。在与村民的交谈中,他们一再感慨世风日下,人情淡薄,可能源于村内的人情变故。以前的村民是"穷并乐着",每逢过年过节,村里唱秦腔、放电影、演录像。20 世纪八九十年代的那个时期,每逢过年演秦腔,全村男女老少倾家出动,参与村中的演出,晚上要玩到十一二点才回家。村里的公共场所中人员在打牌、下棋、孩子们快乐地玩游戏,盛况空前,人与人之间的交往很随便,也很频繁。但进入21世纪以来,随着电视机的普及和手机的广泛使用,人与人的交往、交流逐渐少了,村民以家庭为单位过着自己的小圈子生活,公共生活在退缩,即使同一个家族内的亲属和亲族,交往少了,人情关系自然淡薄。但是在遇到婚嫁丧葬等"大事情"上,村民依然会很重视人情往来,鼎力相助。在红白喜事上往往会"搭礼",礼金不薄,礼尚往来的传统习俗依然盛行。村民尤其重视每逢过年、吉祥喜事等的送礼和回礼,谁家里有了喜事,一般都会摆席设宴,以示庆贺。如结婚、考上大学(俗称"稳大学生")、当兵(稳兵)、买车(稳车)、乔迁新居(稳房子)。如遇白事(老人过世等)都要"过事",村民把情面看得很重。如"我家过事,你能来,就是对我家的最大的尊敬和'高看',以后一定要报答。至于礼金,可以随大溜,也可以多搭礼,因人而异,讲究着一套礼尚往来的人情交往机制:家家互助,互撑体面。村庄是熟人社会,熟人社会的交往带有一定的互助、长精神的成分,在一定的程度上能够缓解人手不足和资金困难的窘境——解急、救急。村民认为如果别人家里有困难我帮助了,下次"我"家里有困难时,便会得到他们的鼎力相助,农村人对互助的人情是很有"记性"的,常说人情是"换"来的,体现了村民务实的性格特征。

村民的休闲生活主要在"农闲时节"。冬天上冻后一直到次年春天开冻之前的这一段时光被称之为"农闲时节",农闲时节的村民大都安享一年中的难得的"休养生息"的美好时光。辛苦劳作一年,趁冬闲时间串串门,联络感情,互诉家事。外出打工的男人们一到上冻时节也会返回家乡,一家人难得聚到一起,享受着一年中久违的团圆时光,女人们总要变着花样给家里的男人和孩子们烧饭做菜,把家里收拾得整整齐齐,准备着孩子的衣服,收拾收拾家里的东东西西,为一家人的团聚制造温馨的环境。男人们则走东窜西,打听来年到哪里好挣钱,也会抽空收拾家里的房屋或者进行院落的维护修补,要不过完年一出门又会是一年不在家,下雨屋漏总是让人不放心。年轻人则聚到一起,以喝酒作为一种休闲方式。这里的人善饮酒,一个身体强壮的年轻人喝一斤酒一般不醉,他们认为待人最好的东西也是酒,酒后吐真言,不醉不交心。近年来流行玩纸牌。很多村民在农闲时喜欢以打牌的方式进行休闲娱乐,也会下赌注,但赌注很小,一般是一毛或者两毛钱,认为没有经济刺激玩起来没有意思。一天输赢一般在几十块钱左右,在村民可以承受的范围之内。但这样的玩法是很受父母、妻子或者村中长辈的反对的,他们视赌博为"仇寇",教育年轻人决不能沾赌。这里的村民"嗜烟"。男性村民几乎没有不吸烟的,吸烟成为他们生活中重要的一部分,也许是单调的农村生活,也许是劳作的苦累,他们把吸烟作为休憩的方式。农活忙累时吸根烟可以休息一会儿,心情烦闷时吸根烟可以排解一下,见面很热情地给你根烟抽,表示对人的尊敬,以拉近人与人之间的距离。他们的抽烟档次较低,两三元一盒的烟,就很不错了。由于近年来的烟草涨价厉害,抽不起香烟的村民干脆自己种植烟叶抽,他们用小纸片卷成喇叭状的小筒,吸起来很呛人也很难闻。"烟民"们坐到一个屋子里相互"礼让"吸烟,烟雾一会儿就会在屋子里缭绕。我在访谈中往往被他们的烟呛得直咳嗽,对我这个不吸烟的人来讲真是煎熬,他们很奇怪地问我:"你一个月挣那么多的工资,怎么连烟都不吸?

你不会享受嘛。"言下之意是我不会享受生活。我解释说,我的工资也不高,但主要是吸烟对身体有害,尽量不要吸烟或者少吸烟,他们只是憨厚地笑笑。

刘村很少有经商的村民。这与村民的老实本分有关。村民普遍认为:经商的人一定要能说会道,精于计算。尽管这里的村民都能吃苦,也很诚实守信,但缺乏商人的精明和计算,所以他们大都不擅长经商。另一个重要的原因是观念的问题。这里的人们大都认为经商不是"正道",对经商者不能给予舆论的支持,而是用一种否定的、甚至排斥的态度对待他们。改革开放初期,有一些有眼光的村民试探着做过一些贩卖的小生意,收入情况尚好,但村民大都嗤之以鼻,他们最后在村民的嘲笑中收场。所以目前这个村子的村民很少有人经商,对这个比较轻松的挣钱行业无人从事,不能不说是一种缺憾。只有一两户人家在做一些小本生意,情况一般,发不了大财,只能勉强维持生计。例如,村民刘发绪在庆阳卫校乡村医生班学了两年临床医学专业,毕业后在他当医生的父亲的帮助下在村里开了诊所,刚开张时情况很不错,病人络绎不绝,但三年后终因他不善言谈,不能与人很好地沟通交流、诊所欠账太多而倒闭。村民普遍反映:"他整天见人板着脸,病人去了买药问诊连个话语都不好好说,其实我们是照顾他的生意去的,而他那个生硬的面孔倒好像我们欠了他的钱似的",而刘发绪本人则说:"我这一辈子再不做生意了,那不是我们干的行当"。于是他考了驾照,投资买了一辆小货车给各个药店送药,他自己搬用药品,记账要账,活计辛苦,投资成本大、费用高,而挣钱少。

这里村民由于文化知识所限,基本不懂法律,维权意识淡薄。大部分村民没有上过学,对村民纠纷、侵权行为等不知道如何维护,他们认为忍让是最好的方式,坚持以和为贵,乡里乡情,抬头不见低头见,少惹是非是村民的普遍心态,对于邻里之间的矛盾、纠纷等最常见的解决办法是忍让。村民对于村干部也很有意见,对于他们的一些做法往往不满,但也是忍让,甚至忍气吞声,并没有哪个村民去跟上级反映情况或者去走访、上告等,他们往往认为:"反正得罪了人,将来是会被人戳脊梁骨的",以此作为心理调适的方式,影响了他们改变现状的积极性,甚至有些麻木不仁,对自己的话语权、参与权以至决策权都不太主动,即使像选举权这样公民的基本权利,也会找一个会写字的人代写而已,更谈不上对选举完之后的计票、监督等权利的实施,总感觉抹不开面子。面子问题可能仅仅是一个方面,但怕得罪人是更重要的心理原因。熟人社会的乡亲,得罪人是一件十分不好的事情,怕背上众人的谴责和被背后议论的罪名。"怕被人戳脊梁骨"是几百年的生活遗训,人们对之避之唯恐不及,这造成大家各扫门前雪的保守性格。另一方面,有些事情即使说出来,甚至"吵"了、"闹"了,依然不能解决问题,该存在的依然会存在,该出现的依然会出现,于是他们便习以为常,司空见惯,放弃了出头惹事的想法,倒不如实实在在地过自己的日子,他们认为只有把自己的事情干好了,日子过到人前头去了,才是正道,这种对维权意识的消极态度,往往转为对自己日子和生活的更加现实的行为上来。

在社会快速发展和转型的过程中,刘村村民的观念也在发生着缓慢的变化。现代社会的新观念在与传统思想观念的博弈中缓慢推进。首先得益于电视的普及。现在家家户户基本上普及了电视,没有电视的家庭很少,即使没有电视机,也可以到邻居家里去看电视,对于村民了解外面的世界、掌握世界前进的步伐和改变自

己的观念起到了重要作用。电视机对中国大事的传播,让村民及
时了解信息,对观念的改变起到不小的作用;其次是手机的使用。
刘村的村民家庭大约一半用上了手机或者座机,和外界的沟通交
流便捷了许多,信息的传播速度和致富的方式发生了重大改变。
拿手机的年轻人还可以上网,尤其在外地打工时可以随时与家人
保持联系,掌握家里的情况;再次,随着外出打工人员的日益增多,
他们在外务工时开阔了眼界,增长了见识,带来了新思想、新观念
的改变,对留守在村庄的村民的影响较大。如服饰打扮、发型样
式、处事方式、思维模式、观念态度等,越来越与外界接近。外界信
息的多元化方式给村民的生活带来了越来越多的影响,生活的态
度、方式等都在信息社会发生着渐次改变。

但遗憾的是网络还没有进入村庄。一是村庄离县城较远,宽
带接线成本太高,二是村庄中有文化懂计算机的是那些上过学的
年轻人,他们几乎都在外地打工,一年在村庄中居留的时间很短,
只有在过春节的时候回家探亲,平时基本在外地上班,家里接了网
络也没有人会用,通过网络了解信息的渠道还有待于进一步的
发展。

观念变革中教育观念是固持的。刘村文化底蕴深厚,崇尚读
书是村民生活中形成的固有观念,即使在浮躁的新生代身上也基
本上保留了下来。这里的人们依然喜欢读书,认为读书上学是
"王道"。在刘村历代先祖中不乏秀才、举人乃至武官。据不完全
统计,恢复高考后这个村庄考取"211"工程大学 3 人(其中国防科
技大学 1 人),一本 20 人,二本 30 人,大专 35 人,考取中专获取工
作者众多(20 世纪的中专生是安排就业的)。目前有县处级干部
3 人(正县级 1 人,副处级 2 人),科级与县局长级干部 5 人。通过

读书,考上大学,获取功名,有了稳定的工作,才能取得成就。近年来,外出打工的年轻人在城市的生活中更加感受到了教育、知识与社会地位的关系,他们对自己孩子的教育问题格外重视,后文详述。

勤劳朴实的村民也具有较强的竞争意识。村民把竞争叫"比",意为攀比之意,同时含有"压人"的意思,也含有"比拼"之意,是竞争意识的体现。刘村村民的"比",主要表现在以下几个方面。

第一,比房院修建。通过外出打工和勤劳致富,手头有了钱的村民大都盖起了新房子。农村的房子往往代表着家境的好坏,在一定程度上体现了家长的"本事",所以,修建房子和院子成为致富之后的首要大事,改变居住条件也是人们的共同追求。农村能过上好日子的家庭,主要靠家庭成员尤其是年轻成员的吃苦耐劳和女主人的精打细算。心理学研究表明,越是处于同一生活地域的临近人群,其比较心理越强。村子中谁家里新修建了新式院落或者二层小楼,就会在村民心中引起较大反响,犹如平静的湖面投入一块石头,引发阵阵涟漪,促进其强烈的竞争意识,那种由于"眼热"引发的比拼精神反映了年轻一代不服输的心理。在村中,如果谁家新修了新院子,盖起了新房子,并且装修上档次,这个家庭的村庄地位也会提升,人们对主人公的吃苦耐劳报以肯定的评价。

时下农村的婚姻难是困扰村民的难心事情之一。说一门亲事,女方家要来了解家庭状况,俗称看"家道",主要是看院落房舍的修建。农村结婚难,大龄男青年更难,而贫穷家庭的男青年难上加难。由于农村近年来的性别比例失调,男性比例远远高于女性,再加之女青年大多数到外地打工,择良而婚,远嫁他乡,造成条件较差的本地区农村"一女难求";另一方面,由于这里的条件不好,外出打工的男青年很难引进"他乡之女",导致农村大龄男青年过剩,剩男最后的结局是无法成家,沦为光棍,但女孩子一般不愁嫁。

在刘村,要想给自己的儿子说一门亲事,就要先央求媒人,在四处周边邻村"查访"寻找合适的"苗子",寻找那些年龄、属相合适的,长相端正的女孩子,老早就要定下来,俗称"定亲",否则,等长大了,到自己的儿子结婚的年龄再寻找,就来不及了。而要定亲,女方家自然要来看男方的家境,如果家境贫寒、院落破败,再加之男方家里的孩子不争气,一般"没戏",即使"有戏",勉强应诺,也会索要高额彩礼(目前的彩礼的均价为6万—8万元,最高的可以达到10万—12万元。再加之给女孩子的服装、嫁妆钱为2万元左右,最高彩礼可以达到15万元左右)。如果男方的家境好,女方家里比较满意,感觉有高攀心理时,不但各方面的条件会放宽松,彩礼也会很低(有些会低于均价),这种恶性循环的婚姻状况和彩礼状况,"逼迫"村民"向钱看齐",日益以家庭的经济状况来评价和判定一个家庭,因此,改善家庭的经济状况,修建漂亮的新居,是村民的物质追求。

第二,比孩子读书。孩子的"出息"与否,是村民的精神追求。农村家庭对孩子读书寄予了殷切期望,盼望孩子能有"出息",为家庭以及整个家族"增光"。

每年高考之后,考大学的情况就会成为村民们热议的话题,谁家的孩子考上"一本"了,谁家的孩子考了"二本",谁家的孩子考上了高职,谁家的孩子落榜了,等等。由于对高考的关注,即使那些不识字的村民,也能区分"一本"、"二本"甚至"高职"等大学的意蕴。在村民眼里,好大学就是"一本"以上的大学,上大学就要上至少是"二本"以上的大学,用村民的话说,现在的高职或者大专上了也白上,没有实际的用场。谁家的孩子能考上个好大学(重点本科),则孩子和家长便会赢得无限羡慕的眼神,他们在村中的地位会发生很大改变,甚至风光无限,说话的语气和分量也会不一样,从村庄中人们羡慕的眼神中收获着成功后的喜悦和对未来的憧憬。而那些落榜生的日子相对而言就显得"悲惨",一般躲在家里,不愿意见人,"无颜见江东父老"成为落榜生的真实心态,有些学生一考完试,感觉今年又上不了大学分数线了,于是干脆趁假期去外地打工,以躲避村民出于关心的询问。假期打工结束后,在下一学期开学时再复读(这里的复读现象很正常,那个时候参加高考,有一位女同学仅高三就复读了八年,最后考上了一家畜牧中专学校。好在那个时候国家包分配,中专毕业后被分配在乡政府工作,总算圆了工作梦,人称"八年抗战",被传为锲而不舍的教育佳话)。也有些感觉复读无望,便会选择打工,早日谋生,放弃了求学之路,也意味着教育之路的终结。高考落榜生的家长也会因为孩子的高考失利而情绪失落,对考大学的话题格外敏感,一般不愿提及,见了熟人也会脸色凝重,心事重重。村邻从他们的表情作出判断,加之对孩子的情况有所耳闻,也会尽量不触及那个敏感的话题,以免碰到伤疤,静等时间这剂良药对其心灵的医治。

除了比孩子考大学,其次就是比孩子能否考上县一中。Z 县一中是甘肃省示范性高中,每年的高考升学率为 80% 以上,重点上线率约为 45%,2008 年因考出了甘肃省理科状元陈振睿被清华大学录取而声名大噪。在村民眼中，县一中无异于教育的"天堂"，那里的师资水平、教学质量、管理模式是Z县任何一所高中都无法比拟的，考上县一中就意味着"半只脚踏进了大学的大门"（村民语）。村子里每年能考上县一中的学生也就1—2名，家里如果有学生考上了县一中，家里的生活结构也会发生变化，他们担心县一中的集体住宿条件会影响孩子的学习，家长宁愿花高价钱在外面租房子陪读，照顾孩子的饮食起居，将来如果能够考上好大学，孩子就找到"吃饭的门道了"。

近年来"比"孩子读书的期望明显低龄化（低年级化），有些家长从孩子上小学开始就在县城寻找关系，想方设法把孩子从村小学转到县城小学读书，有些也会想办法把孩子转到乡镇中心小学读书。转学的学生由于年龄小，生活无法自理，需要家长陪读，家长就干脆在读书地附近租房子居住，由一名家长（多为母亲）陪读，专门做饭、洗衣服，照顾孩子的饮食起居，家里的农活主要由老人打理，或者有些核心家庭干脆弃农陪读，孩子的爸爸在外面打工供养一家人的生活。这种"教育从娃娃抓起"的现象在刘村蔚然成风。

第三，比子女干事。村民常说，"不比吃，不比穿，就比子女人干散"。在地域性方言中，"干散"就是能干，有出息的意思。在村民的眼中，子女学习好，能考上大学，将来就有了名分和地位，混得再好一点，干个一官半职，那就真出息了。如果再能找个有工作的媳妇生个城里的孙子，成为真正的城里人，是村民心目中的最能干事、最有出息的子女。退而求其次，如果子女学习一般，没有考上大学，但能学门手艺（或技术），在外地打工能挣来钱，或者即使没有上过学，但人很灵活，有本事，如能承揽工程,承包生产线,能挣来大钱在县城买房子,住到县城生活,也会让村民刮目相看。因为县城的生活条件便利,在县城居住,可以为将来孩子在县城上学打下好的基础,他们就可以不再为租房发愁。同时,县城是政治、文化和经济中心,核心效应对村民的想象是无穷的。最后一种情况,就是子女能通过打工找个对象,解决农村婚姻难的大事,也算是有出息,父母也会因为解决了一件难事而省了心,感觉脸上有光彩。

"再穷不能穷教育,再苦不能苦孩子"是刘村村民的教育信念。"家长苦供、孩子苦读、学校苦抓、教师苦教"是村庄多年积淀的教育文化价值观。这种文化价值观是基于教育是改变人生和命运的现实主义的诉求。由于出身农村,村民改变命运的后致性资本先天匮乏,人们只有通过教育才能获取重塑其社会地位和人生价值的后致性资本。农村人缺乏良好的人脉关系和社会资源作为孩子发展的资本,只有通过读书,考上大学,才能在将来有出人头地的机会,才能发生人生命运的飞跃。高考是相对公平的选拔,学习的好坏是孩子自己努力的结果,能对孩子的社会流动产生决定性的影响,因此,孩子的学习是家庭头等大事。刘村大部分村民认为:父母在农村劳动,其人生和命运已经定格,已经不会有大的改观了,唯一能寄予期望的是孩子,只有抓住教育,才能让人生发生改变。

教育是社会发展的动力,承载着文化的传递和群体的教化,在促进社会进步的同时,实现个人的期望,反之,个人的发展又能促进社会的进步和发展。但时至今日,教育的功能在异化,当选拔和甄别与身份、地位等挂钩时,教育的功能就会被偏移。"通过教育获得某种社会身份并成为社会分类及评判依据已经想当然地被

'合理'与'合法'的外衣,同时也成为人们达成希望和社会筛选的依据。"①中国是一个农业大国,全国近九亿人口生活在农村,教育改变人生与命运的期望是村民的真实出发点,后文详述。

综合上述考察,刘村村民以一种"惯习性"的自在生活为主,传统的思维方式、生活体验、伦理观念、家族亲情以及血缘关系在乡村世界中以一种自发的示范和模仿在一代又一代地传承着。年轻一代即使接受了现代生活的洗礼,但在乡村社会的生活氛围中依然会自然而然地重复传统的生活方式,封闭性的生活惯习所形成的观念力量对外来的文化力量产生了一定的抗衡和阻力,村民固守着几百年来形成的生活惯制,生活的改变是渐进性的,日子在"日出而作,日落而息"的生活节奏中缓慢流淌着。因此,通过村民生活世界的考察,可以看出:

第一,小农经济的家庭经济模式依然没有打破。分散经营、小规模生产的自给自足仍然占据着主导地位,生产劳动与日常生活密切结合,物质产品以满足日常家庭消费为主,与社会化大生产尚有较大差距。生产和生活成为自在性的日常活动。

第二,传统观念中的宗法制度和辈分等级观念依然浓厚。宗法、家族在社会结构和社会秩序中占据相当的分量,人与人之间在交往活动和交往关系中渗透着浓厚的血缘情感,现代社会的交往法则依然难以成为主流。自在、封闭的生活环境在缓慢的变革中维护了一个依然保持着传统生活观念、生活惯习和生活方式的村民生活世界,是一个以非理性为主的自然色彩浓厚的生活世界。

---

① 冯跃:《教育的期待与实践——一个中国北方县城的人类学研究》,民族出版社 2009 年版,第 2 页。

　　第三，传统思想具有强大的裹挟力和自持力，在文化传承中形成了较强的渗透性。传统思想、生活习惯、思维方式以至生存技术等通过家庭成员和村民群体在代际之间传承，在与现代文明的撞击中形成较强的自持惯性，依然能够保持固有的观念、习惯、方式乃至行为模式，村民的生活世界处于一个缓慢的渐变过程中，村民在自在性的日常观念中重复着传统生活习惯，在封闭的环境中进行着自发性的生存，村民身上所表现出来的是素朴性的原初图式：宽厚待人、忠厚处事，但也具有较为浓厚的小农意识。

　　第四，教育成为必要性的社会活动。丹麦学者扬·盖尔（Jan Gehl）在《交往与空间》一书中将人们的社会活动划分为必要性活动、自发性活动和社会性活动三种类型。我们以此为视角来考察村民的交往行为，不难发现，村民对投资教育、供给子女上学如同生产劳动、集市购物以及赶街等必要性交往活动一样，具有自组织性，是与传统的思维习惯密切相关的缄默性甚至非日常性的活动，在相对封闭的环境中自发形成，没有太大的变化和选择。对子女上学等活动，在村民的意识中被看作一种必要性的社会活动①，是

————————

　　①　除了村民的必要性活动外，自发性交往活动是建立在村民随意性和自由性基础上的聊天闲谈、串门、打招呼、儿童伙伴的玩耍等等活动，往往在较为固定的场域如十字路口、丁字路口以及村中空地、球场、街巷、门口等地点发生，人们在那里驻足，在闲谈中逗留，相互交谈中传递信息，获得精神性慰藉。村民在纳凉、闲聊、打牌、下棋、游戏、拉家常等生活相关内容，同时也是传统文化得以传承与发扬的场域，往往以中老年人为主，主导着话语权与议事权。社会性活动是在公共正式场合举行的如祭祀、庆典、婚礼、丧礼、寿辰、宗教、节日等活动。正式的社会性活动对形成村民的传统思想和传统观念、习得传统文化知识具有十分重要的传承作用，年轻一代在社会性活动中濡化传承，习得社会性知识，传承农村社会文化，建构农村文化身份认同。在社会转型的过程中，随着现代观念的冲击，后现代思想在信息社会中不断传播，村民的社会性活动在逐渐减少。

在村民长期生活中衍生而成的功能性活动,无须外在的力量干预,而是一种思维定式:孩子必须接受教育。

另外,村民的生活世界以物质性的交往为主要特征,衣食住行、生产劳动、交易买卖等自给自足的活动无不以物质性的获得为主,是以生存性为主要目的的社会活动,往往以自身的需要及其满足为衡量标准建立起来的,物质性活动的实体形态表征为村民的生活和生存意识为基础的建构。在村民的生活世界中,精神性的活动相对缺乏。在自发性的活动中,村民之间的交往是以心理性的精神需求为出发点,人们在闲谈中获得精神的归属与慰藉,形成村民的观念意识,促进村庄传统的集体无意识的代际传承,强化宗族观念和血缘亲情的作用,强化认同与团结,形成友爱互助关系。

第四章　村民的教育期望与被误读的教育制度

> "虽然我的人留在县城,但我的灵魂却深深地扎根在故乡的土地上,牵不走,抹不掉。"
>
> ——宗满德

心理学研究表明,期望的产生源于人们对某一事物(或现象)的认知和了解,以及该事物对自身利益所产生的影响。因此,认知、观念和思维是期望产生的前提条件。

人是环境的产物,环境可以影响人,也可以造就人。地处西北地区国家级贫困县的 Z 县人民,面对艰苦的生活条件和生存环境,形成了坚韧不拔的个性,敢于向命运抗争,勇于向环境挑战。"自强不息"是长期生活中积聚下来并沉淀在人们心理深处的生存文化表征。基于环境的艰苦,改变自身命运成为自强不息的生存文化的主要内容,而要改变命运,可选择的途径并不多,自古以来,考学、行医、当兵等是为数不多的途径,其中通过接受教育改变命运就成为人们普遍选择的途径之一,演绎至今,重视教育并通过教育改变人生与命运的方式依然是这里人民的主要选择,因此,这里的人们普遍重视教育。Z 县人民千百年来形成了特有的教育价值观——重视教育、投资教育。Z 县人民以薄弱的经济基础支撑着巨大的教育投入，他们兴办了一流的学校，配备了良好的教育设施，从而也把家庭的期望和子女们命运的改善寄托于教育，重教之风对于地域性的家庭教育文化价值观具有重要影响。

第一节　村民的教育期望

来到刘村，依然能够感觉到这里厚重的文化氛围。这里的村民耕读传家，形成了深厚的儒家文化氛围和浓郁的耕读文化观念。村里民风淳朴、重德修礼，文风昌盛，崇文尚教，儒士辈出，读书唯上的文化信仰深入人心，成为兴文倡教的主流文化价值观。自然条件的艰苦并没有使村民轻待教育，相反，"穷则思变"的生存理念使这里的人们格外重视教育，他们认为教育是"变"的根本出路。人们把家庭的希望寄托在子女的读书和升学上，坚信唯有读书才能改变命运，唯有读书才能走出农门。在社会转型时期，人们对不可预知的社会进行未来的规划，是一种基本的生存技能。农村条件的艰苦和后致性资本的先天不足，人们更加盼望子女能够好好读书，考上大学，期望子女的发达能对整个家庭和家族带来改观，具有现实主义的诉求和对生存环境的命运博弈。

在田野调查中发现，村民对"教育期望"这样相对学术化的词汇并不是能有清晰地认识和表达，当问到他们对孩子的教育期望到底是什么时，他们的话语中大都较为简单和质朴："希望他们好好学习，将来有个出息"、"争取考上大学，将来有个稳定的工作，再不要像我这样一年到处奔波打工，太辛苦了"、"我辛苦挣钱就是为了孩子,希望他们将来能吃上公家饭"。对于这样的回答,可以认为:一是村民的文化层次决定了他们的回答是简约的;二是这个问题相对较为抽象,不是太好回答。

其实从村民的话语中仔细分析,我们依然能够管窥他们内心的想法,话语间透射出来的对孩子的教育问题的关心和重视,是把"现在的学习"与"将来的工作"、"吃上公家饭"紧密联系在一起的。农民是朴实的,他们不太会用豪言壮语表达高远的理想与目标,也不会用华丽的辞藻去修饰或者表达自己的内心世界。但他们对孩子的学习成绩很重视,因为他们的生活逻辑已经建构起了简单而直接的教育期望:学习成绩好,预示着孩子有可能考上理想的大学,而理想的大学就意味着将来有一份稳定的工作,有了稳定的工作就预示着人生和命运的改变。这是一条便捷的、稳妥的、被广大村民普遍认可的人生道路,是一种具有农民式的直接和有把握的命运改变之路。农民子弟通过考取大学,获得工作,取得良好的社会地位,成为村民教育期望的直接动力,因此,村民的教育期望与考上大学之间便建立了紧密的关联,因为考上大学的附加值诱人至深。

人类社会是一种结构性存在,在长期的社会分化中所形成的社会群体以及相互之间的关系是以镶嵌于社会结构之网上的地位与阶层来表征的,人的社会阶层流动是人类社会发展的动力。吉登斯认为:社会结构能够转化成供行动者在具体情境下使用的规划和资源,使行动者维持和再生产社会结构。而在社会结构中的人类存在结构总会产生社会差别。依据社会学的理论来划分,这种差别有自然差别和社会差别。自然差别是一种客观性差别,表现为年龄、性别、肤色、容貌等生理学或者遗传性的差别;而社会差别则是一种阶层性差别,诸如收入、职业、声望、地位、职务、职称等的差别。社会差别相比于自然差别而言,具有可改变性,如果说自然差别改变的可能性不大,而社会差别则可以通过后天的努力得以改变。村民将教育视为一种相对便捷的、可控性的社会性改变之路,是因为在现实的社会语境中,社会地位既是社会成员彼此识别、相互对待的主要标志,也是产生影响力的主要源泉和主要基础。人们的社会表现通常是由社会地位所决定的(刘生全,2008),而社会地位往往与职业地位紧密相关,在现代社会职业地位又取决于教育状况和受教育的程度(往往以文凭为标志)。

Z 县位于陇中地区,属于典型的黄土高原核心区域,位于黄河的一级支流渭河生态区。据考证,大约在旧石器时代,就有人类在这里活动生存,传说中的女娲氏、伏羲氏等曾经在这里居留[1]。这里属于典型的黄土高原丘陵沟壑地区,山大沟深,水土流失严重。松软的黄土层被有限的降雨终年冲刷成为沟壑纵横的地表,农民的耕作十分艰辛,"靠天吃饭"是其基本特征。县域境内层峦叠嶂,地势东高西低,六盘山的余脉分六支贯穿全县,形成基岩山地貌和丘陵沟壑状分布,占到全县总面积的 93.5%,土地贫瘠,农民的收入较低,生活较为贫困。

除了地域条件之外,这里另一个贫穷的主要原因是气候条

---

[1] 秦统一六国后,Z 县归属秦国的版图。公元前 279 年,Z 县隶属于我国历史上最早的郡级行政区域——陇西郡(今甘肃临洮县),后来一直为秦关中五郡(陇西、北地、九原、上郡、内史)之陇西郡管辖,是历史文明较为悠久的人类发祥地之一。

件——干旱①。农业生产"广种薄收,靠天吃饭"。在这片黄土地上,人们过着面朝黄土背朝天的土中刨食的农耕生活,现代化的耕作技术难以大规模地使用,辛苦劳作一年的粮食收入仅够维持基本的温饱。祖祖辈辈生活在这片土地上的人们,日出而作,日落而息,演绎着千年不变的生活模式——耕作,那种挥汗如雨的劳动场景,弯月般起伏的身躯,沉重的叹息,是村民为了生存的现实需要而劳作的常态,但他们绝不会好逸恶劳。作家雪漠笔下的《大漠祭》中描写的西部地区农民的原生态生活状态:贫穷、落后但不乏坚韧,是刘村村民的真实写照。贫瘠的黄土地不像平坦的黑土地那样有高额的耕作回报,也不像江南水乡的良田沃土中的鱼米盛产,这里的人们只能在土中刨食,收入聊以果腹。

黄土地上劳作的人们,他们的未来希望在哪里? 希望就在孩子的教育中。他们不愿让自己的下一代再重复自己的生活,希望孩子们能走出山沟,过上体面的生活,就只能寄托于教育。"教育改变命运"既是一种现实状况,也是一种无奈的祈求。Z县教育有"五苦精神":领导苦抓、家长苦供、社会苦帮、教师苦教、学生苦学。艰苦的自然生存环境,人们对教育改变身份的渴望所形成的尊师重教的优秀文化传统形成了村民朴实的教育文化价值观,"一等人忠臣孝子,两件事读书耕田"、"好将白雪杨春曲,引出忠臣孝子心"。这种贫穷的农村教育文化价值观以对状元、博士的产出为荣耀。"祖宗传惟书惟墨,子孙法惟耕惟读",人们攀比的并不是谁家的钱财摆设等物质性条件,也不是衣服光鲜和食之甘

---

① Z县属于大陆性季风气候,属贫水区,是典型的干旱半干旱地区,降雨量偏少,年平均降雨量为547.8毫米。

饴,而是谁家的孩子考上了大学,并且是"一本"或者"重本",谁家的孩子又考上了博士等等。家长供孩子读书,风雨兼程,以子女的读书成绩作为回报。子女在学校比较的也不是谁家的物质条件,而是谁的学习好坏,品学兼优的孩子总让村民羡慕不已,也会让父母的脸上充满光辉。人们在艰苦的生存条件中,把教育看作指向未来的希望明灯。

士、农、工、商是中国古代社会传统的阶层划分。士阶层位于社会分层的顶端,包括皇族、贵族及官绅,是御民阶层。农业社会的传统历史形成的庞大的农民阶层被称之为被御阶层,处于社会阶层的底端。由于对顶端阶层的向往和流动期望,农民阶层投资教育,发奋读书,改变自己的人生际遇,这是中国特有的社会阶层文化现象。而在新的历史时期,农民工阶层的出现,中国的社会阶层的身份问题出现了新的文化特征。农民工是新时代的一个特殊阶层,是游走于城市与农村之间的边缘人,也是一个介于农民与工人之间的特殊群体。他们脱离了农村,习得了城市文化,介入或者半介入城市的生活氛围,但他们依然是一个尴尬的阶层:从职业上来说,他们脱离了农村的农业生产,在城市从事着第二、第三产业,属于产业工人,但户籍制度的樊篱仍限制他们融入城市,留在农村的户口和保留的一定数量的土地仍不时提醒着他们的农民身份。他们无法完全在精神上享受到城市的文明成果,城市的社会保障制度、户籍制度、用工制度以及医疗制度等使他们始终处于一种游离于城市和农村的边缘状态。为了摆脱这一困境,他们渴望改变身份,融入城市。在调查中发现,刘村大部分年龄在 50 岁以下的村民基本每年都要外出打工,打工潮成为目前农民向城市人口流动的重要渠道。在这部分农民中,他们每年像"候鸟"一样来回

"迁徙",游走在两种文化之间:农村文化的封闭与城市文化的繁华形成了鲜明的对比,城乡二元结构的文化差异在心理上产生地对城市生活的向往使他们渴望改变自身身份和文化特征。在他们看来,由于制度的限制,要想成为城里人,改变身份的正途似乎只有一条:努力上学→考上大学→参加工作→成为城里人。这种制度性的设置在新的历史时期,其门槛不是在降低,而是在增加——就业的竞争愈益激烈,"成为城里人"的难度在增加,就业时的学历要求、文化准入制度等在不断加大,本科生都难以在城市谋得理想的工作,学历层次基本要求是研究生;另外,高昂的房价更让人"望房兴叹",他们改变身份的渴望在焦灼,渐趋无望,但是他们的盼望却在增加。他们明显地感觉到自己希望的渺茫,便把这种渴望转而寄托在自己子女的身上,期望孩子能考上大学,走出农门,改变身份,成为堂堂正正的城里人,而他们自己即使再苦再累也在所不辞。有了这种期望,往往会付诸行动。农民的率直和敢为是很可贵的。于是丈夫在外地打工,他们的妻子在县城租房子居住,把孩子从农村小学开始转到了县城上学读书,宁愿放弃被他们珍视的土地,也会陪着孩子在县城读书,这是他们寻求身份归属和追求城市文化认同的行动。在调查中发现,陪读现象成为时下农村教育的核心词汇,在后文中会进一步详细探讨。

新生代的农民工的观念发生了重大改观。中国社会科学院王春光(2008)指出:新时代的农民工与第一代农民工有很大的不同,尤其在观念上发生了巨大的变化。在新的历史时期,尤其21世纪前十年形成的农民工的特点更明显:他们大部分都有一定的文化水平,甚至有些还有一定的专业知识,大部分人至少是初中甚至高中毕业,没有太多的务农经历,对自己进城的期望较高,打工也不再是为了赚钱回村盖房子,而是为了在城市谋得更进一步的发展,"城市梦"清晰而明确,对城市文化的认同感远远高于对农村生活经历的记忆和情感认同,追求城市生活成为"城漂"族的身份状况。但是,他们在城市里又干着城里人不愿干的苦、脏、累、重的活计,却得不到和城里人一样的医疗、保险、工伤、养老等福利保障以及住房和各种补贴等城市的社会福利,工资和报酬也远比城里人低,心理上的落差比物质上的损失更大,导致他们对自己的身份认同与城里人有较大的差异。农村农民工在与城里人的交往中,通过自觉调适文化上、人格上的不平等,增加融入城市的心理适应感,逐步消减对农民身份的认同。许传新(2007)的研究表明,农民工在城市的打工收入越高,城市生活的适应状况越好,城市生活的满意程度越高,与市民的差距感越弱,越不认同农民身份,在城市生活的时间越长,对融入城市的渴望感也越强。因此,通过接受教育,考上大学,才能进入体制,成为体制内的人,农村人俗称为"吃上公家饭",这是农村家庭教育期望的现实动力。进入体制内,不仅意味着劳作方式、劳作模式的改变,更象征着社会地位、社会角色和社会身份的改变。

人具有追求政治体制的天性。亚里士多德说:"人天生是政治动物",公民在政治行动中,能够体验到自由的尊严并获得存在的意义,这是人性中的积极因素。农民对体制内的人的身份、地位、影响力的仰慕使他们对自己的子女能否读书、进而成为体制内的人和政治人充满着渴望。汉娜·阿伦特指出:在人的行为中,劳动、工作和行动这三个等级性行为,政治活动是最高的层次,成就了人得以自我验证的社会道德意义。万般皆下品、唯有读书高,"读书高"是读书的结果带来的巨大的命运改变和生活条件的不同,现实而不无道理①。

8月14日在刘家小庄调研,村民谈论最多的是当年的高考。高考放榜让村民的话题更加兴奋。但让人遗憾的是今年这个社的高考考生没有考出优秀的成绩,只考了一个"二本"和两个高职院校,多少有些遗憾。但村民们信心满满地说,明年就会有一个能考出好成绩的学生,说不定会考一个"重本"(指"211"或者"985"大学),他就是刘明老人的孙子刘亚宁,大家一致推荐我到他家里去看看,他的学习可是超级棒的。

见到亚宁时,他正在屋子的书桌旁认真地做题,显得有点腼腆,白白的脸上挂了一副近视眼镜,从镜片的纹路看,眼镜有点深度,感觉度数不小。亚宁略显单薄的身子一副文弱书生模样。亚宁的话语不多,我们之间的谈话几乎是一问一答式的。

我:你才上高三,眼睛就近视得厉害了。有多少度?

---

① 在长篇小说《女教师文娟的故事》里,作者马飞入木三分地描写了乡下人眼中的城里人及其生活,是农村人对城市人向往的真实写照。"在农民眼里,人分为两类:城里人和乡下人,乡下人也叫农民。固然农民认为自己也是人,可总觉得自己生活在地上,城里人生活在天堂,看城里人伸着脖子仰着脸。农民常这么想,要是能从农民熬上城里人,那可真是一步登天了。多少年来,哪个农民心甘情愿一辈子在土地上扒饭吃?哪个农民不想从黄土地上拔根出来,离开乡村进城里做一个上等人?'上等人'领国家发的工资,吃国家供应的粮食,不用种地不用养牲口,横草不拿竖草不沾,就知道享福;每天在城里舒舒服服地上班、下班,晚上出去轧马路,轧马路不需要花钱啊,从一个路灯走到另一个路灯;星期天逛市场,过开开心心的小日子。不知道有多少农民追求了一辈子,都实现不了自己的愿望,却不死心。自己这辈子不顶事了,就咬紧牙关,省吃俭用拼命地供子女上学,就想有朝一日子女出息有为——上小中专、考大学,自己辛苦一辈子就值了。光耀自己的家族是一回事,关键是毕业就能脱掉了农民,端公家的饭碗子,吃饭有工资,看病有公费医疗,老了有退休金,一辈子都让国家给包下来,子子孙孙都这样……"

亚宁:800度吧。

我:为什么近视这么厉害?

亚宁:经常熬夜做题。

我:学习紧张吗?

亚宁:很紧张,一中抓得很紧。我是确定参加全国物理竞赛的人选,所以格外忙。

我翻看了桌子散放的书籍,基本上全是竞赛的奥数、奥物等书籍。书上密密麻麻地写满了做过的痕迹,看得出来,这个孩子读书很用功。

我:你将来准备上什么专业?

亚宁:我想读航空航天大学,学航天工程,我很喜欢。

我:好呀,航天工程可是现在的热门专业。

这时候,亚宁的爷爷刚从地里干活回来。亚宁的爷爷个头不高,听他说他已经75岁了,但身体硬朗,精神矍铄,到现在还是家里的主要劳动力。

亚宁的爷爷是刘村小有名气的文化人,上过私塾,学过国学,写得一手好毛笔字,他从小练习毛笔字,打下了坚实的基础,这个村子每年过春节的春联基本上都是他写的。

我:您的孙子学习很好呀!

爷爷:还可以。他要好好学习呀,不好好学怎么办?考不上大学以后就得种地了。

我:那也不一定!考不上大学,可以学技术,照样可以生活得很好呀!我故意这样说。

爷爷:不对!在咱们农村,从小学一直读书直到高中毕业的人,如果考不上大学,回到农村劳动,根本不如那些没有读过书、没有上过学的人。

我:有了知识和文化,就可以学到技术,出外打工,当个技术工人,比那些普工更能挣钱,待遇更好。

我一直坚持着说,试图维护读书人的面子。

最后亚宁的爷爷也不得不改变了自己的观点,他说:"那也对,有文化终归是好事!"

我:家里经济怎么样?

爷爷:不太好!亚宁在县城一中读书,要住校。他还小,需要大人管护,生活自理能力不好,没有办法。他爸爸在县上租了一间房子,给亚宁做饭,专门照顾亚宁。一年光房租费就要3000多元。他爸爸抽空还要到外面兼着干一份工作,在县水泥厂找了一份开三马子拉货的活干着,挣点钱补贴家用。家里的土地主要靠我和亚宁的妈妈种,我年岁也大了,干不了重活了,亚宁的奶奶腰部有病,只能在屋里干些零活。亚宁还有个妹妹也上初中,在白良中学读书,住校,自己做饭,自己照顾自己,没有人管她,家里实在顾不过来。

我:亚宁的学习很好,将来能考个重点大学,那时候您就要享福了。

> 爷爷:我恐怕等不及享他的福了(指他觉得自己的
> 年岁大了)。但即使我享不上他的福,我也要把他供成
> 大学生。这孩子的脑子很灵活,但就是有点贪玩。他要
> 吃上公家饭了,我就甘心了。

> 我:亚宁假期帮您干活吗?

> 爷爷:我不让他干,他太小了,有时间就要看书学习,
> 劳动会挤占时间,耽误孩子的学习呢。

从和亚宁和他爷爷的谈话中,对村民教育期望的认识在逐步
清晰:

第一,村民格外重视孩子的学习,教育承载着他们殷切的期
望。亚宁才上高三,他的眼睛近视已经达到 800 度,学习成为比眼
睛更重要的事情。也许,不注意用眼卫生、紧张学习、疲劳看书等
等,都可能导致眼睛的近视。但亚宁的眼睛近视是后者,正如他所
说,是"经常熬夜做题造成的",是为了学习而对身体造成的"殇"。

第二,村民对孩子的教育期望很高,尤其盼望孩子能考入
"211"、"985"这样的重点大学。这种期望是以孩子的人生道路改
变为出发点的。正如亚宁爷爷所说:"考不上大学就得种地了"。
在潜意识中,回家种地成为一种无奈的选择。

第三,村民对大学的分级熟稔于心。他们对大学文凭的文化
符码和含金量甚是清晰,追求重点大学("211"、"985")成为村民
的考学目标。

第四,村民为了实现教育期望付出了辛苦的劳作。刘明老人
已经 75 岁高龄了,他在条件艰苦的农村劳作了大半生。但为了孙
子,耄耋之年的他依然"面朝黄土背朝天",正如亚宁爷爷所言:

"即使我享不上他的福,我也要把他供成大学生"。对聪慧的孙子
的期望是以自己的整日劳作为代价的,尽管他年事已高,但为了孙
子的前途,他还是一如既往地劳动,供孙子上学。75 岁的年龄对
城里人来说,可能已经是颐养天年、安享晚年的幸福时光了,而他
老人家的期望是孙子的前途和未来,即使不停劳作也无怨无悔。

　　把他们的期望进一步浓缩,我们可以发现其中的一个核心词
汇,就是亚宁的爷爷所说的那句话——"吃公家饭"。"吃公家饭"
是淳朴的村民渴望改变自己命运的理想诉求,他们对"干公家事"
和"吃公家饭"的人充满了羡慕和渴盼之情,期望自己的孩子也能
通过接受教育,成为公家人,吃上公家饭,锦绣华章,光宗耀祖。

　　因此,中国传统文化中"光宗耀祖"的门第观念是刘村教育期
望的舆论之源。

　　农村艰苦的自然条件使这里的老百姓大多数人相信命运,
"生死有命,富贵在天"、"小钱靠勤,大钱靠命"、"命中只有半阁
米,走遍天下都半升"。命是看不见的,但却是真真实实对人的发
展产生影响的神秘力量,是冥冥之中的一张看不见的覆盖之网,主
宰着人的发展,决定着人的命运。老一辈对于能够通过读书改变
命运的人报以很高的评价。他们坚信"学而优则仕"、"知识改变
命运",知识是唯一可以捉摸的"命",因此便有"万般皆下品,唯有
读书高"的家训,而读书要"苦中作乐"、"以苦为乐"、"吃得苦中
苦,方为人上人"。一个家族如果能考出一个大学生,就是"出"了
个人才,具有强烈的认同感和荣耀感。"一人得道,鸡犬升天",谁
家考出了大学生,就是命运之神降临了。家庭、父母在村庄地位就
会擢升,他们走在街上的腰杆格外挺直,人们见面之间的互相问候
和道贺就会使这个家庭萌生荣耀。如果这个学生毕业后能在工作

中"混"个一官半职,则他们的父母和家族就会因此增添异彩;再进一步,如果这个大学生能利用自己的职权为村中的父老乡亲办一点事,则会让村庄中的人为之向往不已,这个大学生就会成为村庄人教育自己孩子的"重要他人"。

另一方面,"学而优则仕"的思想成为长期以来传统教育中形成的非正式规则固化沉淀在人们观念中的产物。村民们往往把能出人头地称之为"混"得好。一个"混"字饱含着生活的艰辛和发展的不易。"××混得挺好的","混"个一官半职,"混出个人样来"等等是村民对人生的美好期盼。在《现代汉语词典》(商务印书馆1998 年版)中,对"混"字的解释有四个词条:1. 掺杂;2. 蒙混;3. 苟且地生活;4. 胡乱。显然,村民的语义是将词条 3 的"苟且地生活"贬义褒用了,一个"混"尽显心中的期望。村中的孩子一出生就背负起了家庭、家族的期望,学有所成、"混"出个模样来不仅是个人的事,更是对家庭、家族期望的回报。"荣归故里"、"衣锦还乡"在中国人的眼里是出人头地的象征,在农村社会中尤甚。这种思想观念在刘村也有深厚的认识基础。村民们的传统观念依然认为:一个人如果不能考取大学,就无法获取功名,自然就不能出人头地。这种观念"顽固性"地左右着人们的教育价值观,村民认为只有考上大学、取得地位,才是出人头地的人,才是一个令人羡慕的人,一个值得敬仰的人。尽管那些通过勤劳致富,有房有车的人不在少数,但其社会地位在村民的眼里依然赶不上那些考取大学、进城工作的人,经济地位依然无法取代政治地位。村民经常教育自家的小孩子,略带有吓唬性的语言,"你如果不好好读书,考不取大学,将来就要像我一样在地里干活,或者外出打工"。他们对普通劳动者的排斥心态往往认为农村劳动辛苦、收入有风险、报酬低、遭人歧视、社会地位低等等。因此,村民对教育的认识往往以"努力学习→考上大学→有了工作→出人头地"为衡量标准。更进一步分析,村民"出人头地"的思想源于对"官"位的妄想。而一旦成为官,则可以成为强者。在中国成为强者的人,就是那些处于"官"位上的人。村中今年考上大学的刘强军说,他的理想就是将来能混个一官半职,当了官,他的父母也就不会被村民欺负了。

刘村村民家庭对教育的追逐动力是基于"知识改变命运"、"教育提升地位"等淳朴的现实主义的价值诉求。大部分村民认为:农村家庭没有别的办法,农村人也没有别的门道,要想改变自己的身份和命运就只有靠读书。村中年轻的夫妻大多在外地打工,孩子在家中由爷爷奶奶照管,或者父亲外出打工,母亲管护孩子,他们打电话回家最关心是孩子的学习问题,打电话回家叮咛最多的也是孩子的学习,他们的苦和累是为一种期望而努力,子女就像殷殷之光给他们带来奋斗的力量。

近年来,家庭经济状况的改善对子女的教育产生一定的影响。家庭经济条件好,经济能力强的家庭,往往会在县城购买房子,想方设法把孩子从村小学转到县城读书;经济状况稍差一些的家庭,就会在县城租房子,托关系把孩子从乡下转到县城读书,这得花费一定数量的钱,还得有一定的社会关系;第三个层次的家庭会把孩子转到乡镇中心小学。乡镇中心小学的教学质量略好于村小学,乡镇中心小学为了自己的生源,也会接收村上的转校生,但要测试,太差的学生也不接收。转到乡镇中心小学的学生基本上是一些没有太大的关系,转到县城读书无望,家长又不甘心子女在村小学读书的学生,他们大多宁愿花钱在乡政府的附近租房子居住,也要让孩子接受相对好一点的教育;最后留在村子里在村小学就读的孩子就只有很少的一部分,这部分村民家庭既无关系,经济状况也一般,更没有专门的人员去陪读,只能将孩子送到村小学去读书,任其发展。面对日益锐减的学生,逐渐空壳化的村小学难以为继。

父母的文化程度和文化水平与教育期望有密切关系。不同文化程度和文化水平的家长对子女的教育持有不同的方式。有知识、有文化的家长对子女的教育问题更加重视,能以有效的方式和子女沟通交流,并且能辅导功课,孩子的学习一般不差。在调查中发现,刘村有好几户属于"半边户"家庭,即父亲工作,母亲在家里种地并管护孩子,孩子的学习状况都很不错。这儿户家庭的男主人的工作多为医生、教师和乡镇干部,他们的子女都比较有出息,可能源于父亲的工作和母亲的农村劳动之家巨大的反差对子女心理产生的影响,由于向往像父亲一样有个稳定工作的向心力,再加之有知识的父亲的文化水平能够对子女进行谆谆教诲,子女从小就发奋努力,萌发了将来做像父亲一样的"白领",而不是像母亲一样在土里刨食的农村人。

男女性别所产生的教育差别对待在刘村逐渐消退。随着经济状况的逐渐好转,尤其随着新时期生育观和教育价值观的逐渐更新,刘村重男轻女思想的坚冰在慢慢融化,"男女平等"的观念逐渐深入人心。随着孩子的减少,对孩子的教育问题也逐渐平等化,20世纪末期那种对男孩和女孩的区别对待逐渐减少,在家家户户经济状况得到改善的情况下,投资教育,让孩子公平接受教育,在家庭层面上已经确立起来了。

留守儿童的教育问题是刘村大部分家庭中出现的新问题。村里的男女青壮年每年大部分时间在外地打工,只有到年底上冻停工之后才能回老家,过完年又会奔赴外地打工,一年在家里和孩子相处的时间很短,只有短短不足两个月,距离近一点的,在夏收期间还能回家小聚,帮忙搞搞夏收,离家远的,基本上只有到年底才能回来,这种情况对孩子的教育极为不利。家里留下来的往往是隔代人——爷爷、奶奶与孙子辈,也有少部分是由母亲带着孩子,父亲外出打工。在刘村调研时发现,有近80%的儿童是留守儿童。祖辈照顾孙子辈成为目前农村家庭的普遍现象,其产生的后果也是令人关注的。首先是隔代教育的观念差异。在主干家庭中,爷爷辈基本上已近知天命,观念相对保守,传统的思想观念比较浓厚,对孙子辈比较溺爱、娇惯、或者放任自流,听之任之。家里的农活基本由他们打理,农忙时几乎无暇照顾孩子,学习只能由孩子自己完成,质量无法保证,他们能做的只能是看着孩子吃饱、穿暖,照顾好他们的安全和生活,学习方面则疏于管理。同时,隔代之间的观念、思维差异较大,他们大部分的时间在地里劳动,难以接受到新事物、新观念的陶冶,往往用传统的思维方式教育孙子,孙辈往往与爷爷辈之间发生矛盾和冲突。这也是爷爷辈处于两难的境地:管得太严格,怕孙子不高兴。年底等儿子、儿媳回家,孙子会告状,影响家庭团结;管得不严格,孩子的玩性收不住,往往影响学习,导致留守在家里的孩子学习往往不理想。其次是文化上的差异。爷爷辈基本是文盲,尤其奶奶辈,基本上不识字,对孩子的学习根本无法帮助或者辅导,只能任由孙子们自己去学,对那些学习自觉的孩子而言,基本能够完成家庭作业,而对那些调皮的孩子,家庭作业和功课根本无法保证完成,长期下去,学习自然就落了下来。同时,对孩子的作业功课的辅导往往成问题,有些孩子不会做的作业,只能到村子里懂一些文化知识的人家里去问,时间长了也不是办法，给别人家里造成一定的不便，于是就放弃了。有些学习不好的孩子，干脆就不去问了，多数功课和作业完不成，白天学习过的课程不巩固练习，隔天上课忘得一干二净。再次是态度上的差异。孩子的父母年底才能回家，由于常年在外地务工，对孩子的思念心理和感情上的亏欠心理，所以回家来给孩子买尽量多的零食、玩具、衣服，给足够多的零花钱，以弥补对孩子的亏欠，这是人之常情、人之常理。但对孩子产生一定的负面影响，孩子对爷爷辈的对立情绪就会产生：反正爷爷奶奶不给我买好吃的和好玩的，他们不疼我，我也就不听他们的话。这种现象在小学生中普遍存在，到了初中和高中随着孩子年龄的增长，对待上的逆差降低，这种现象相对就会少一点。最后是对孩子心理变化关注不够。爷爷奶奶托管孙子大部分是以饮食起居、安全和生活为重点的管理，缺乏与孙子辈真正在心理上的交流，孩子由于思念父母所产生的心理上的变化，如焦虑、敏感、寂寞、孤独等等都得不到抚慰，导致孩子心理发育上的不健全，胆怯、怕见陌生人、甚至情感障碍等现象存在。初中、高中生甚至发生早恋，他们孤单的心理因为互相依靠而早生情愫，影响学习，有些学习好的学生进入高中成绩就会下滑，最后甚至名落孙山。

对子女的教育也有一些不同的想法。有少部分村民家长认为孩子的读书能读到什么程度就到什么程度，只要孩子愿意读，他们就愿意供给。至于孩子的将来，他们认为那是"命"，"命里有时终须有，命里无时莫强求"，这种宿命论和天命观的人生态度是一种对生活的超然态势，或许也是一种无奈的顺从和选择，生活的压力，家庭的条件，只能持此态度。近几年来，越来越多的家长开始对教育持很矛盾的心态。一方面，他们渴望孩子能好好学习，考上大学,但另一方面,高昂的学费、未知的就业前景和就业压力使他们陷入深深的困扰中,"不上大学就干脆没有出路,上了大学也许还是没有出路",如果孩子的学习一般,家庭的期望也就因此消减。

通过对村民教育期望的人类学考察,我们可以看出,刘村村民由于地处西北偏远山区,生存条件的艰苦和生活环境的落后,大部分村民将教育看作跳出农门的工具,具有较为强烈的现实主义和功利主义的价值诉求。通过接受教育,一旦在高考选拔中成功,则可以吃上公家饭,改变身份,一跃而成为光宗耀祖、出人头地和光耀门楣的"公家人",成为人们倾慕的对象。教育在这里承载着更多的家庭利益职能。

第二节　制度误读

基于前文的考察与分析,我们可以形成这样一种认识:刘村村民对子女的教育抱有殷切期望。分析其原因,主要源于教育能为村民的期望提供报偿,经由考取大学而获得成功的受教育者(那些通过读大学而获得工作的人)的社会地位的改变使得村民从对教育的投入中看到了巨大的教育收益,由此形成了村民对教育持续而强劲的供给动力,只要教育的"红利"是持存的,这种自发性的付出就会以义无反顾的态势出现,教育的供给行为就会延续。然而,一旦教育发生了一定的变革,例如制度的流变使教育不能为村民的需求提供令人满意的收益,这种笃信还能持续吗? 投入教育的情愫会发生怎样的变化呢? 村民教育期望与教育之间所建立的关系又会是怎么样的呢?

　　刘洁从教育经济学的视角研究了农村家庭的教育投资行为，认为村民的教育投资行为往往兼具义务性和收益性双重属性。她在《中国农户教育投资行为研究》一书中指出：中国农村家庭教育投资往往是为了取得物质回报而采取的收益性行为，具有相当的利益目的。教育消费是为了能够获得利益回报而支付的行为。农村家庭对子女的教育投资兼具投资与消费属性。一方面，家长为了子女的读书支付各种费用，但把这些费用和支出看成是一种义务。作为家长，有义务为子女支付各种教育费用，形成了教育消费。建立于这种消费行为基础之上的教育期望值相对合理，家长的态度往往趋于中和，以子女的个人奋斗为核心。而另一种教育行为则属于投资性的教育支出，家长对教育抱有很高的个人奋斗期望，更看重教育的回报与收益，家长期待子女能够出人头地，取得功名利禄①。通过对刘村村民教育期望的动机考察和分析，村民基于农村条件的艰苦和改变命运的渴望，他们的教育投资是一种兼具义务性和投资性的行为，投资性的成分占较大比重，功利主义的思想较为严重，这是一种农民特有的"经济人"的投资特点：注重实用，追求效益，甚至具有较强的现实主义色彩。从现实而言，教育的投资是一种"长线投资"，一名学生从小学到大学毕业，累计至少需要16年的教育投入，再加之如果留级、大学毕业后考研、违纪受罚缴费，等等，加权计算，绝非一个轻松的数字。村民的经济收入是有限的，日子是在精打细算中一点一点"熬"过去的，一个学生从小学到大学的教育费用，对有限的家庭资源的大额投

---

　　① 刘洁：《中国农户教育投资行为研究》，经济管理出版社2010年版，第29—31页。

资,村民算计其投入的收益性合乎投资者的投资心态。因此,村民的教育投资具有明确的预期收益目的,这种预期收益就是长期以来教育制度所提供的投资报偿——"读书上了大学就会有工作",这种诱人的结果召唤着村民对子女教育义无反顾的供给动力,究其原因,存在着村民对既往教育制度的误读。长期以来,村民对教育的认识受计划经济时期大学生"统包统分"政策的严重影响,在他们固有的观念中,子女一旦考上大学,就会成为"公家人",这种观念一直到现在依然在起作用,形成了一种对教育制度的误读。因此,有必要对中国这一特定历史时期的教育政策进行回溯和梳理,进一步分析村民对教育制度的认知图式,分析其对教育制度误读的认识论根源。

众所周知,"文化大革命"结束之后,1977 年 10 月 12 日,国务院批准了教育部《关于 1977 年高等学校招生工作的意见》,决定恢复全国统一招生考试制度。1978 年,中国实行了全国统一命题、由省、市、自治区组织考试、评卷和录取的全国高校统一招生制度。高校招生制度的恢复,为中国经济社会的发展和国家建设培养了大批高级专门人才,进一步满足了国家经济建设对专业人才的迫切需求。从这个时期开始一直到 20 世纪 90 年代初期这个较长的时段,中国的大学毕业生都是国家根据岗位需求统筹安排工作,也即村民认为的"统包分配":一旦考上大学,就意味着将来会有一个稳定的工作在等待他们,稳定的工作就意味着稳定的收入、良好的社会地位以及令人羡慕的城市工作环境,这是与农村生活条件截然不同的人生际遇。然而,随着中国经济社会的发展,高校招生制度、分配制度的弊端逐渐显露,不能很好地适应社会发展的要求。于是,中国的高考招生制度和分配制度开始了不断的完善

与变革,以适应经济、政治、文化和科技事业的发展。中共十一届
三中全会以后,中国的招生制度、收费制度和分配制度进行了第一
次改革。这主要包括:改变单一地由国家计划招生的形式,实行国
家计划招生、用人单位委托培养和自费入学相结合的形式;改革录
取体制,实行由高校负责录取,招办监督的方式,保证公平的录取
竞争机制;改革高考分类和科目设置,实行标准化考试;招收中学
保送生,促进学生德智体美全面发展。1985 年,中国颁布了《中共
中央关于教育体制改革的决定》,又一次明确提出了"改革大学招
生制度和毕业生分配制度"。1988 年以后,招生制度主要实行国
家计划和高校调节计划相结合的办法,即高校在完成国家招生任
务后,可以根据实际情况扩大招生,招收委托培养和自费生,引入
市场调节机制和大学生收费制度,调动高校的办学积极性,挖掘办
学潜力,为社会培养高层次的建设人才,满足民众的教育需求。在
毕业生分配制度改革方面,逐步改革由国家计划培养、计划使用和
就业包分配的制度模式,改为国家任务招收的学生由国家计划安
排就业,非国家任务招收的学生(即调节性计划招生)由学生在一
定范围内自主选择就业。在随后的改革中,又逐步实行国家政策
指导就业和双向选择、自主择业相结合的就业制度,国家计划招
生、统包分配的制度被打破,形成了多元化的升学、收费和就业制
度。1993 年 2 月,国务院颁布了《中国教育改革和发展纲要》。
《纲要》明确提出了招生制度方面的改革,即实行任务招生和计划
调节相结合的制度,国家计划招生按照宏观调控的目标,保证国家
在基础学科领域、重点建设领域、国防建设领域、文化教育和边远
艰苦地区的建设人才,同时,扩大高校的自主招生需求和办学需
要,逐步扩大委托培养生和自费生的比重。在收费制度方面进行

了改革,逐步实行高校收费制度,明确了高等教育为非义务教育的性质,学生原则上应缴费,改革由国家承担费用为由学生本人负担费用和国家承担费用相结合的制度,后来逐步过渡到高校学费由学生本人负担的收费制度。为了解决家庭困难学生的学费问题,国家设立奖学金和贷学金,对家庭有困难的学生和品学兼优的学生进行帮助。在就业制度方面,改革高校毕业生包分配的就业制度,实行少数毕业生由国家安排就业,多数毕业生自主择业的就业制度。国家任务招收的毕业生原则上在一定范围内安排就业,逐步实行毕业生与用人单位的"供需见面"和"双向选择"的就业方式,委托培养和定向招生以及自费生完全由毕业生自主择业。《纲要》规定,就业制度要适应社会主义市场经济体制的建立和劳动人事制度的改革,毕业生要在国家就业方针和就业制度的指导下,发挥人才劳务市场的调节作用,以自主择业为主,国家保证师范、边远和艰苦地区的人才需求,实行安排就业。

中国高校"并轨"招生改革始于 1994 年,是招生、收费和就业制度改革的重要举措。这项改革所带来的影响面和辐射度较广。其主要改革内容为:各高校在招生录取时,以全国统一组织的高考分数作为高校招生录取新生的成绩,只划定最低控制分数线,不再按照不同的录取学生性质划线,取消委托培养、定向招生和自费生,部分高校可以试点自主招生,按照地区和系统,单独或者联合组织入学考试。在收费制度方面,并轨后实行统一收费标准,不再有国家任务计划招生和高校调节性计划招生的区分,也不再区分公费生和自费生,所有录取的大学生执行统一的国家收费标准。1998 年,中国招生制度进一步改革,按照"有利于高校选拔人才,有利于中学实施素质教育,有利于扩大高校办学自主权"的原则,进行了较大幅度的改革。其主要内容为:明确高考选拔的甄别功能,注重高中教育内容与大学的衔接。在高考的考试内容方面主要考查学生对知识的综合运用能力和解决问题的能力,以利于中学教育培养学生的创新能力和推行素质教育为核心;考试科目实行"3+X"模式。3门主要课程语文、数学、外语文理科学生都考查,"X"主要由各高校根据自己的需要进行考查,体现高校办学自主权,各高校根据自己的办学性质、层次、专业特点来进行选择,进行综合测试。改革高考录取形式,以计算机网上录取为主,注重公平公正。高中教育由免费教育转变为收费教育,非义务阶段的收费以市场化为导向,加之择校费、赞助费等不同名称的收费让高中教育竞争"硝烟弥漫",高中教育的主要矛盾转变为家庭对优质教育资源的追求和社会优质教育资源的稀缺,出现了名校效应和一般学校生源不足的鲜明对比。农村高中班级的学生寥寥无几,县城的高中生源爆满,教室容纳量(学生人数)远远超过国家规定的班额数,甚至几乎无法"落座",在县城的名校高中就是站着听课也愿意,更毋庸缴费等问题。

从1999年到2002年,中国教育迎来了大扩招。高校"扩招"实现了高等教育的大众化发展方向,制度的顶层设计也有着减轻高考压力的价值取向,但事与愿违,高考的压力不但没有减弱,反而使上"好大学"成为更大的竞争压力,素质教育迟迟不能实现,这种"不能实现"不仅仅是学校的原因,更主要的是来自家庭、社会以及同行学校的压力。非义务教育阶段的高中和大学开始了收费制度,标志着新中国从成立初期开始实施的"免费上大学、统一包分配"的教育制度的终结。据《教育经费统计年鉴》的数据显示,并轨后的1998年,高校的收费标准在北京地区为1000元左右,2000 年迅速飙升为重点院校 5000 元,一般高校 4200 元,理工科重点院校 5500 元,一般院校 4600 元,文科、外语和医学重点院校 6000 元,一般院校 5000 元。2004 年全国普通高校在校生的生均学费达到 4785 元,同时,各高校开始收取住宿费、水电费等杂费,加之学生的生活费用和其他费用支出,教育费用的支出在不断增加。到了 2012 年,随着学分制的全面实行,各高校又按照学分收费,学生学费的实际支出又有不同程度的上涨。一个大学生一年的费用相当于一个城市职工一年的收入甚至更多,农村的大学生因为学费问题辍学者不断增加,大部分农村家庭通过借款、贷款等方式勉强支撑一个大学生完成学业时,家庭因教返贫。

通过对中国教育制度变革历程的梳理,可以看出,在社会转型期,尤其在 20 世纪 90 年代以后,随着中国教育制度的改革,非义务教育收费制度全面展开,高中缴费,大学学费持续上涨,而大学毕业后不再统包分配,就业竞争异常激烈,高投入的教育(从小学到大学毕业的教育消费)甚至可能因为就业的无望而变得没有收益,投资教育的风险性持续走高,教育制度的变革已经与村民对教育制度的原本认知图式相去甚远。

一直以来,刘村村民对教育的期望,是源于一种确信无疑的结局——只要努力学习考上大学,就会有好的工作,有了好的工作就会改变人生与命运,这种认识的实质并非一定是小农社会的狭隘认识,而是基于城乡的巨大差异所产生的对改变命运的现实主义色彩的渴求,由此所产生的“需求←→满足”之间的关系是以教育为中介的现实主义思维,村民从对子女的期望需求出发,设定了对教育的预期回报,于是追求教育,实现自己的期望。这条路线的设定催生了村民的教育投资行为和动力。在以往人们的认识中,教育的确也能满足人们的这种期望,通过教育获取社会流动的后致性资本,改变了自身乃至家庭命运的例子大有人在,刺激着村民渴望的神经;另外,教育本身的功能是以制度作为保障的,村民对教育的信赖其实是源于对教育制度曾经具有的确定性的依赖,即国家教育系列制度所形成的威严与保障,确保了村民的期望持存,这种期望让村民对子女考上大学后的收益无后顾之忧,制度透射出来的确定性和渗透力让大多数村民对之确信无疑,制度的保障力所具有的未来收益是肯定的,其结果让每一个村民耳濡目染了其制度效力,从而迁移到对子女的教育行为上来。德国社会学家韦伯(Max Weber,1864 — 1920)的社会分层理论认为:财富、威望和权力是划分社会结构的三重标准,财富——经济标准,威望——社会标准,权力——政治标准。以此社会功能理论视角来透析村民的教育期望,我们发现村民的教育期望与制度之间形成了一个紧密的结构链——通过投资教育,考取大学,获得稳定的工作,改变人生与命运,带来的既有稳定的收入(财富),进入良好的社会阶层,改变了农民身份,有了一定的社会地位(威望),进而谋得一官半职后拥有了政治话语(权力),其光宗耀祖的传统文化情结也得以实现,这是一条充满着诱惑的路径,是个人利益与国家利益、家庭受益与家族荣耀息息相关的现实主义诉求。刘村村民基于现实主义的教育期望,是以教育带来的确定性收益为前提设定的,因此,对教育制度的确定性获得的信任是毋庸置疑的,即通过完成从小学到高中阶段的教育,考上大学,子女的人生命运将会发生根本性的改变,从村民的内心已经将教育刻画为农村人完成社会流动和地位改变的阶梯,教育成为一种后致性资本。

刘村村民在长期生活积淀中,艰苦的生存环境使得人们对外边的(城里)的生活世界充满着憧憬,始终认为城里的生活是世外桃源般的美好,而要想摆脱艰苦的农村生活环境,过上像城里人一样的美好生活,改变身份的渠道并不多,当兵、考学、行医等都是古时候遗传下来的基本方式。在这几种方式中,读书考学是最被认可的、最光荣的、也是最能被村民把握的途径。"学而优则仕",通过接受完整的体制教育,最后考取大学,就会成为被村民认为的真正有出息的人,因此,只要考上大学,全家乃至整个家族都会为之高兴,光彩之风就会洋溢整个家庭,这种考学文化的形成蕴含了"光宗耀祖"的门楣之光和孩子自己的"功成名就"。

在刘村调研期间,正是高考结束录取开始的时候。村民刘富贵的儿子刘永维考取了兰州一所大学。村民自发出钱购买了一块大匾去庆贺,鎏金的大匾上用红底金字书写着"光宗耀祖"四个大字。我应邀参加了这次活动,目睹了全过程,感受了一次久违的乡村农家子弟考上大学的庆贺活动。

那次庆贺活动"规格"很高,村里的男性村民基本上都出席了。刘富贵的几个出嫁了的妹妹也回来了,院子里支起了酒席桌子,四周坐了很多兴高采烈的村民,孩子们也在中间来回叫喊着跑动,平添了热闹的气氛。富贵家里置办了较为丰盛的食材来为儿子庆祝大学。

这种自发性的活动往往是按照辈分安排的,由德高望重的长辈领头,从年龄、身份以及辈分来算,德旺爷自然是主持人。今天的德旺爷穿上了平时很少穿的新衣服,还刮了胡子。看得出来,老人家对这次活动非常重视。

按照乡俗,第一道程序是祭祀祖先。村民确信是祖先的恩荫才使得永维考上了大学。富贵家的供桌中间放的是家谱和祖先的牌位,德旺爷带领大家焚香烧纸,祭奠磕头之后,口中念叨着感谢祖上的恩赐之类的话,这被称之为行大礼。

第二道程序是大家坐定之后,富贵两口子坐在德旺爷爷专门为他们准备的椅子上,由儿子永维行感恩礼,永维要为自己的父母跪地磕头行礼,以示感谢。

第三道程序是德旺爷爷代表大家讲话:"富贵家的永维考上了大学,这是我们这个家门出的第一个大学生,是我们祖上的恩荫,为我们家族增光添彩,我们大家来共同为富贵家表示祝贺!"

第四道程序是几个年轻力壮的小伙子把众乡亲送的大匾挂在了显眼的位置,几个小男孩点燃了鞭炮,在阵阵炮声中大家开始了吃饭喝酒庆贺活动。

大家喝酒祝贺一直持续到晚上十一二点。夏天的晚上正是纳凉的时候,村民趁着酒劲,聊着孩子的高考话题,直喝得好几个大男人酩酊大醉。我不胜酒力,在乡亲们的热情劝酒中,也喝得不能自持,有点摇摇晃晃。

通过这次活动,我对乡亲们的内心活动和对教育的感情有了较为深刻的体认,教育在村民心中依然是一种荣耀。

那么教育制度的魅力为什么能如此深入人心,让老百姓(村民)如此深信教育的社会功能和社会效益?我们不妨追本溯源,去探寻自新中国成立以来教育制度所产生的根深蒂固的裹挟力和所树立的巨大的公信力。

卢现祥在《西方新制度经济学》一书中认为:"制度提供的一系列规则由社会认可的非正式约束、国家规定的正式约束和实施机制所构成。这三个部分就是制度构成的基本要素。"①这里的非正式约束是指被社会共同认可的非制度化的不成文的行为规范,故亦称非正式制度,它主要包括伦理规范、价值观念、道德信念、意识形态和风俗习惯等;正式约束亦称正式规则,是由政府立法机关以及行政机关制定的政策法规,用来约束人们的行为,保障社会的公平正义,主要包括宪法、法律以及社会的契约规则等;实施机制是指对既有制度(正式规则与非正式规则)检查、监督以及惩戒的制度。康永久借鉴新制度经济学的分类方法,把教育制度区分为非正式教育制度、正式教育制度和教育制度的实施机制三种要素②。非正式教育制度是指人们的观念形态、习俗形态、惯例形态等,它们与教育实践活动直接发生联系,形成相关教育制度;正式教育制度是指与教育实践活动直接相关的、由国家权力机关制定的成文性的教育制度,是学校机构和教育管理活动的政策依据;教育制度的实施机制即教育的"元规范"制度,如教育中的入学制度、教学制度、考试制度、督导制度、奖惩制度、评价制度等。张清(2011)指出:中国与大学相关的制度很多,"既有规范和调节大学内部运行的制度,也有与大学运行密切相关的作为环境而存在的外部的制度。"他将与大学相关的教育制度划分为内部制度与外部制度,并认为这两类制度共同组成了中国的高等教育制度。

如果从新中国成立后所建立的新的教育制度对广大民众产生的信度来分析,主要有以下几种教育制度:高考制度、培养制度、分

---

① 卢现祥:《西方新制度经济学》,中国发展出版社1996年版,第20—21页。

② 康永久:《教育制度的生成与变革——新制度教育学论纲》,教育科学出版社2003年版,第102页。

配制度、就业制度、户籍制度等,形成了一个从人才选拔、培养到就业相结合的制度链条。其实,教育制度的设计前提应当是以保障社会的公平和正义为价值取向,鼓励学习,提高素质。那些曾经的教育制度所附加的功能在中国社会计划体制时期确实起到过较大的社会效应,也为村民的教育期望奠定了信任基础,但是同时对村民所造成的误读遮蔽了教育制度的本质内涵:教育制度是一种教育的"游戏规则",更是一种关系约束(诺斯,1994)。从教育的功能来分析,教育的主要功能是社会进步和人的全面发展的重要手段,并不仅仅是一种工具和台阶。当然,不可否认,教育本身还承载着更多的其他功能,如社会分层与社会流动的功能等。但是,如果将教育的附属功能放大,就会遮蔽教育的本体功能,产生一定的社会负效应。布尔迪厄认为:教育在文化资本的传递中,扮演了社会文化和阶层在生产机制中的工具。

仔细分析村民的教育期望形成的动力,教育的魅力恰在于高等教育制度的规定性和确定性所带来的信度,这种信度与非正式的观念形态、惯例形态的教育认识相结合,形成了刘村村民特有的教育期望情结。

一、考学

村民对考上大学的渴望主要源于大学所带来的人生际遇的改变。

纵观中国高考制度的发展演变过程,高考制度单纯以分数作为进入大学的考核标准,给中国教育的发展带来了诸多弊端。时至今日,"应试教育"的模式导致素质教育难以推进,"为考而学"和"为考而教"的教育问题难以克服。但是,高考制度的进步意义是毋庸置疑的,其自身拥有的公正性和公信力是任何一项选拔制度都难以企及和比拟的。高考制度的公平性、公正性和客观性是其制度本身的信度形成的,制度的核心理念契合了中国社会传统文化价值观。

刘村的村民对高考制度的公信力和合理性深信不疑。村民对国家考试制度的信任可以追溯到很久以前,在村民的认识中,村上曾经"出"过好几个人,他们都是通过接受教育,在国家选拔考试中获取"功名",最后成为公家人,改变了其人生命运,从而为村民成为村庄教育的"重要他人"。

第一位是罗文将军。他是新中国成立前刘罗村考出去的第一位大学生,是著名的黄埔军校毕业生,属于黄埔军校第六期。

罗文,男,汉族,刘村人,罗姓宗族,生于 1919 年 7 月 28 日。1938 年考入黄埔六期,毕业后一直在国民党军队担任高级将领,官至少将。1949 年,被裹挟在战败的国民党军队中到了台湾。在台湾军中担任职务,直至退休,一直居住在台湾省。离开大陆后就与家人失去了联系。1978 年后,大陆实行改革开放,台海局势渐趋缓和。1985 年和老家人取得联系,并于 1990 年回大陆省亲。那时台海之间没有直航,他绕道美国,从美国飞到广州,在广州见到了自己从未谋面的儿子——遗腹子罗中勤。罗文 1998 年去世,终年 79 岁。

经过互联网检索,在"民国春秋"网页 2011 年 6 月 3 日公布的黄埔同学会同学录的档案中,查找到了关于罗文的有关资料。信息显示如下:

姓名	别号	籍贯	永久通讯处
罗文	虎丞	甘肃静宁	甘肃静宁水洛镇新盛永号①

罗文在去台湾之前,就已经和小时候家里聘约的妻子结婚。去台湾时,妻子已怀有身孕。他一去台湾,从此杳无音信。他的遗腹子儿子出生了,柔弱的妻子用自己的双肩承担起了家庭重任,抚养孩子,赡养老人,而自己的丈夫下落不明。大约在1958年,罗文的妻子去世。

罗文是刘村最早通过上学、考学而成为将军的一位名人。在刘村以至Z县,说起他几乎没有人不知晓。在改革开放之后的1985年左右,那时候大陆和台湾之间还没有通航,但罗文通过美国的社会关系,给他的儿子及孙子邮寄来了大量的美元,让他的后裔成为村里最早拥有电视机、手表、自行车等现代化的、被村民称之为"奢侈品"的物件,并新修了院子、房子。在那个物质条件较为匮乏的时代,这让全村人眼热得"冒烟"。他的成长经历为村民留下了深刻的教育记忆,让村民对教育改变命运的功能深信不疑。制度的公信力和教育的制度魅力,在村民心中的形象由此定格。人们坚信:要想走出大山,有作为,有出息,就要接受教育。

第二位是刘海老师,村子里人管他叫海爷爷。海爷爷的命运是极端社会转型的一个典型个案。

海爷爷生于1932年,堪称刘村的文化人,是一位知识渊博的读书人。他念过私塾,上过学堂,新中国成立后读过师范,因为祖上家境富庶(新中国成立后家庭成分划为地主),有能力资助他接

---

① 在民国时期,Z县属于静宁县管辖,故有"静宁水洛镇"称谓。

受教育。在老家的学堂读完书后,又在县城读高中后,考入天水师范学校,那时候的 Z 县隶属于天水专区管辖。毕业后在天水二中任教,但他与家里早年定下的娃娃亲媳妇结婚了,生了五个孩子,他们都在农村生活,海爷爷一个人在天水教书,教过语文、历史、地理、政治等课程。后来,他又考入甘肃体育学院(即"文化大革命"前从西北师范大学体育学院分出去单独成立的体育学院,"文化大革命"结束后又并回西北师范大学体育学院)进修体育专业,毕业后被分配在兰州广播学校工作(该学校"文化大革命"期间被撤并,现查无此校)。"文化大革命"前的 1961 年,国家出台政策,支农支教,下放农村,他第一个报了名,回家乡支援农村建设。1966 年"文化大革命"开始了,他就一直在农村参加劳动,直到 1976 年"文化大革命"结束,他还在农村劳动,没有人通知他回去上班。从此,他在农村留了下来。1982 年,他再也不想等了,便到乡上、县上去查询,结果没有任何消息。到兰州打听,兰州广播学校早已撤销,无从查询,只好作罢。

"农村是一个广阔的天地,在那里可以大有作为"。1955 年12 月,毛泽东向全中国发出这个倡议。领袖的授权与动员,使越来越多的城里人到农村去继续革命,并逐步演变为一场覆盖全国的革命运动。

我在刘村调研时专门去看望了海爷爷。海爷爷今年已经 82 岁了,岁月的沧桑在他身上留下了深刻的印记。常年的农村劳动使他的腰佝偻着,成为几近 90 度的折叠形状。眼睛由于患白内障,几乎看不见东西,做过一次手术,效果不好,还是不能看东西。但他的精神状况很好,思维清晰,耳朵很好,细微的响动他都能辨析出来。老伴去世已经 6 年了,他和三儿子一起生活,三儿子对他很好,儿媳妇也很孝顺,由他们照料老人的生活起居。海爷爷对我说了下面几段话。

> "1955年下半年开始,在全国范围内出现了学校停课闹革命运动,1956年达到高潮。那时候我已经是甘肃广播学校的老师,上面通知,老师也要到农村去继续革命。因为我当时一个人在兰州,家小孩子都在老家农村,思想就非常积极,第一个报了名,要回到农村去革命,书读多了也没有用。"

> "学校给了我一份证明,证明我是自愿回农村革命的,至于工资关系、粮食和户口关系等都没有考虑,头脑一热打起背包就回家了。"

> "那时候我的工资已经每个月要11块钱了,在当时已经很不错了,回老家就什么也没有了。"

> "回到老家就是劳动。在田地里和老百姓一起干活,他们干啥,我就干啥,毫无怨言,从不偷懒,认为这就是对革命工作的贡献,比在学校读书和教书要光荣得多。"

海爷爷小时候的家庭很富裕,新中国成立后家庭成分被定为地主。他在这样的家庭里长大,多少应该有一点"少爷"的优越感和做派。后来在大学读书,毕业后又做老师,在学校教书,养成的文人特点也是有的。他身上的少爷加文人的气质,在农村的生活中是怎样被消磨掉的?刚回到农村,他不适应农村的单调的生活和繁重的劳动。1957年8月以后,反右运动开始了,那些不能安心在农村劳动的人和不能正确对待上学和从事生产劳动的人,被定性为是受到右派思想腐蚀的人,被认为是为了自己的私利而反对党的人。海爷爷从此死了作为读书人的心,安心于农村的生活和农村的劳动改造,改造身体,但主要是改造思想。"文化大革命"开始后,海爷爷的书全部被烧掉焚毁。他酷爱读书,每每偷偷地找到一本书读时,老伴为了他的安全,便把他的书抢走烧掉,使他蜕变为一个和农民一模一样的人,知识分子内心的丰富多彩无以表现,那种时代的变迁造成的苦闷无法宣泄。

海爷爷的内心世界一定很苦,那种苦是一种无处宣泄的"苦闷",是对国家命运的无奈和自己命运的不能把持。熊培云认为:"我们着力改造一个社会,首先需要做的是改造关系,改造制度,而非改造人性。"①在一个正常的社会里,人们崇尚知识,尊敬文化,上学和受教育成为人进步和正常流动的阶梯。而在极端社会里,读书和工作成为一种奢望,甚至会成为一种罪责。

海爷爷的命运和曲折遭遇对刘村人的教育期望产生了致命性的打击。我们在这里无意去归罪任何人,要归罪也只能归咎于制度和时代。但人的心理的沉降是无法改变的。据不精确统计,刘村从20世纪60年代一直到20世纪90年代,近30年时间几乎没有一个人的上升流动是因为考上大学而脱离村落,仅有的几个外出工作的人,主要是通过当兵、招工和大队推荐,人们对教育的认识发生了改观。尤其在"文化大革命"结束后恢复高考,全国一片热潮去参加高考,以改变人生命运,但"这里的人们静悄悄"。

"上学有什么用,大学生不也和我们一起劳动,上学白白浪费

---

① 熊培云:《一个村庄里的中国》,新星出版社2012年版,第172页。

粮食。"

扭曲的制度导致了特殊时期村民对教育的短视主义思维。海爷爷的遭遇对刘村的教育产生了深刻的影响：

村民对教育失去了信任；

海爷爷的 5 个子女都没有上过学；

海爷爷共有 12 个孙子辈的孩子，几乎都没有上过学，多数在农村劳动。

刘村的教育期望也因之坍塌！

从 1961 年海爷爷"被遣返"回农村劳动开始,(村民都是这样认为的,海爷爷是被"打成右派"遣返回去的,其实,海爷爷是自愿回农村支援农村建设的。)直到 1989 年考出第一个大学生,刘村在 28 年期间几乎没有人上大学,上到高中的孩子也很少,一个重要的原因是家长不愿供给学生去读书,一说读书,家长的话语中就流露出"上过学的大学生都在农村劳动,上学有什么用?"

我对海爷爷现象做了这样的解读：

海爷爷是社会转型时期的牺牲品,他的命运与国家在特殊时期的政策发生了交集。从 1958 年开始,特别是 1966 — 1976 年的"文化大革命"期间,中国社会处于一种浓重的政治化氛围中,整个社会沿着高度人治和政治化的轨道运行,政治标准成为衡量一切的标志,政治包办一切。熊培云借用哈耶克的话指出:这种"包办政治"暗合了某种"致命的自负"。同时还有一种"致命的恐惧",尽管有些恐惧不啻为政府制造出来的"公共产品"。在那个特殊的年代里,斗争和斗争思维还没有完全结束,许多人相信,倘使生产、生活不在国家的视野之内,不由国家控制,国家似乎就处于某种危险之中(熊培云,2012)。

　　要消解海爷爷的影响,不是一蹴而就的,需要一个漫长的过程。一个社会的物质形态和制度形态仅仅是外在的,而精神形态却是内在于人的内心世界的,弥漫性地影响着人们的观念、思维甚至行为。比起有形的东西,无形的观念性的存在更让人难以捉摸。约翰·密尔说:"比起个人来,时代更容易出错",那个出错了的时代,影响了整整几代人。20世纪50年代,新中国实行了高度集中的社会管理模式,浓重的政治色彩浸染了社会意识形态,个人的命运在强大的政治面前显得渺小而无力。"在社会动员方面,通过一系列政治运动,将人们裹挟到革命和建设的潮流中来"(王思斌,2012)在政治意识形态高度国家化的情况下,个人的命运在制度的变革中犹如一叶漂移在大海中的小舟。

　　总之,高考制度从其建立、破坏、恢复、改革等一系列的发展中,一直走到现在,尽管其本身具有不可克服的制度缺陷,如唯分数论、片面追求升学率、应试教育等,但是,相比较而言,它依然是目前最公平、最公正的选拔制度。在刘村村民心中,高考的信任指数和期望值以及其价值内蕴主要有两个方面。

　　第一,体现个人的能力。村民相信:高考是一种刚性选拔,比的是学习成绩,谁能在高考中获胜,就说明谁的学习好,能考上大学说明这个孩子有"本事"、有"才华",人们往往在街头巷尾的谈资中将其作为赞赏的对象,考上大学的孩子也能在人们羡慕的目光中收获着人生的得意春风,憧憬着自己的美好未来,享受着"十年寒窗"后的成功喜悦。孩子的成功自然证明了其本身的优秀和不凡,"没有白吃家里的饭",更重要的是其成功对整个家庭乃至家族所带来的声望,光耀门庭,让其长辈脸上添彩,传统文化中那种沉淀下来的功名观使得整个家庭、家族为之荣耀。有些村民尽管文化程度不高,但对大学的等次划分十分清楚,重点本科、一本、二本、三本、高职、"211"大学、"985"大学等等,他们对之的熟稔不啻一个上过大学的人。每一个档次的大学的发展前景等,很多村民都有自己的判断并以之为参考。

第二,制度本身的阶层穿透力。高考制度是面向社会所有适龄人群的选拔制度,尤其随着高考制度的不断改革,如放宽报考条件限制(年龄、婚否),每一个公民不管出身、阶层、社会地位,只要努力学习,都能获得改变命运的资格,这是一个公平的阶层上升通道。对处于农村的村民而言,也是改变出身和命运、穿越阶层的主要的手段和途径,只要学习好,能考上大学,就完全可以改变自己的出身和地位,过上像城里人一样的生活。相比较而言,那些经过奋斗,没有考取大学的落榜生,则只能继续留在农村,延续着自己父辈的农民日子。二者之间的差距之大,不可同日而语。

二、培养

新中国成立以后,建立了较为完善的高校大学生培养制度,其目的在于培养社会各行各业的建设事业所需要的技术人才和管理干部,社会阶层的划分也明显地区分为干部、工人、农民等身份差异和地位差异,在待遇上形成了具有较大差异的科层制管理系统,尤其在政治待遇上,国家管理干部岗位明确要求提拔者只能在具有干部身份者之间遴选,并且学历成为一项重要的提拔指标。时至今日,大部分干部日渐成为大学本科及其以上学历,甚至硕士、博士学位的官员越来越多,工人阶级由于制度规定的身份原因被排除在选拔范围之外,农民更因为被戏称为"体制外的人"而无权参与。时至今日,农民的身份、地位以及户籍等依然是一个令其尴尬的处境,大量的农村人进城参与城市建设,城市越来越美,但他们依然是城市的边缘人或者过客,不能不让人对制度的障碍设计感到无奈。

高等教育的培养制度不仅使入学者能学到高级文化知识,拥有了专业身份,但村民对这些实质性的人生智慧的变化并不是太在意,而更看重的是制度所赋予的干部的身份和进入制度的地位标志。让一个农民告别土里刨食的农村生活,成为堂堂正正的国家干部,正是教育系统的制度魅力之所在。寒窗十年,一旦突破那道坎(高考分数上线),拿到的大学录取通知书就是一块"敲门砖",人的身份和地位将发生彻底的改变,从此就会走上铺满阳光的"金光大道"。

20世纪90年代以前的大学基本上是"公费的",即国家实行免费和资助的措施,上大学基本不收费,大部分还资助生活费,学校还实行奖学金,甚至还有津贴等伙食补助,这让村民对上大学充满着无穷的想象和憧憬,对他们产生的深刻触动和冲击力大多源于大学制度的保障性。时至今日,尽管大学教育的制度变革已经让入学者缴纳费用,大学教育实际上已经成为付费教育,但这种曾经铺满锦绣之路的制度性变革并没有影响村民对大学的憧憬,当然也不排除少数村民对这种制度变革的实质内容的知晓程度。

三、分配

长期以来,中国高等教育的毕业分配制度实行"统一分配,包当干部",其所产生的制度惯性给村民以一种非常确定的路径依赖:只要考上大学,国家将统一安排工作,工作后,其身份就会自然升格为干部,干部与农民之间具有差之千里的不同。这种在中国教育发展历史上形成的统一计划、统一招生、统一分配的就业政策是计划经济时代的产物，是特殊历史阶段的特殊制度。计划经济时代的大中专毕业生由国家依据各行业、各系统以及各个部门的需求情况计划调节，基本上能保证大中专毕业生的稳定就业，那个时代的高校毕业生最不发愁的是自己的工作问题，只是担心自己的行业状况和地方去向。时至今日，尽管这项制度已经今非昔比，随着双向选择和供需见面的就业指导政策，用人的主动权早已转移到用人单位而非行政干预，"凡进必考"的就业政策为社会行业设置了制度性的竞争机制，但是，尽管上了大学不一定有工作，但不上大学就绝对没有工作，因此，"包当干部"的思维定式依然留存于村民的脑海中，"考上大学＝国家干部"依然成为村民供给教育的关键性的期望因素，使村民对教育的投资热情依然未减，矢志不渝地期望自己的子女能改变身份，成为国家干部，教育的制度惯性镌刻的记忆仍然在起作用。

从年龄阶段讲，现在供学生上大学的村民家长，基本上是20世纪六七十年代出生的人。那个时代正是中国恢复高考，千军万马过独木桥的高考时代。他们见证了一旦过了桥就是伊甸园的制度神话，他们的同学、同伴通过高考所发生的人生与命运的改变，无不在昭示着教育制度的变革意义：当自己的人生已经定格，便将圆梦的期望寄托在子女身上。

四、就业

现代化的核心是以工业化、城镇化为标志的发展过程，城市在其发展中积聚了与农村无法比拟的资金、人才、资源以及优越的环境条件，农村被远远地抛弃在城市的后边，且其差距越来越大，城乡二元结构的分布状态所产生的巨大差距"更加人为地加重了城乡二元隔离,城乡普遍的被人们解读为富/贫、先进/落后、文明/野蛮、现代/传统的二元价值对立模式,传统乡村文明已然被排斥于现代文明的视野之外"(刘铁芳,2010)。地处西北地区的刘村与外界的环境条件与发展差距成为人们渴望"离农"、"离村"的主要心理因素。

刘村是典型的沟壑山区,这里在大山阻隔中依然贫穷。土地贫瘠,靠天吃饭的生存状态和传统的耕作方式使这里的人们对外边的世界充满着无限向往。告别贫瘠的土地,奔向城市生活是这里人们祖祖辈辈的梦想,但是他们的家在这里,根就在这里,要想彻底告别这"不出息人"的穷山沟,除了移民,就只有考学和当兵等为数不多的途径。移民的移入地往往是一些地广人稀、偏僻荒凉的荒漠化沙区,刚去时很难扎下来,并且成本较高,一座院子带几亩土地至少也要十几万,村民大都不感兴趣;当兵是村民认可的一条不错的人生道路,关键就看怎么去做。部队对人的要求特别严,一般的人很难留下来。孩子在部队如果勤快,肯吃苦,有眼色,能积极向上,学个手艺或者一门技术,如司机、厨师等,转成士官也很好,再如果孩子是高中文化程度,知识水平高,受到首长的器重,能考到军校,将来成为军官就分外风光了。这也是村民很乐意看到的发展结果。

而最被村民尊崇的就是考学。如果学有所成,考上大学,就会彻底告别穷山沟,大学生大部分在大城市就读,毕业后大多在县城以上的地方就业(至少也会在乡镇),最差分配到村小学教书也有旱涝保收的工资,不用风里来雨里去的在地里干活,再加之近几年教师的工资待遇逐步提升,社会地位自然也在提高,让村民羡慕不已。

告别黄土地，成为城里人，就意味着端上了铁饭碗，就会过上衣食无忧的生活，与村民的那种面朝黄土背朝天的生活形成了巨大的反差，尤其在现在的五六十岁的人眼中，温饱问题依然是一个镌刻在脑海中挥之不去的记忆，20世纪五六十年代大饥荒的年景让他们对贫困的生活状况始终无法释怀，如果自己的孩子能考上大学，那种喜悦和期盼真是无以言表。

五、城里人

户籍制度是国家对公民实施的以户为单位的户籍人口管理政策，其特点是根据地域和家庭成员关系将户籍属性区分为农业户口和非农业户口。户籍制度是中国在特殊的历史阶段形成的人口管理制度，但却一种延续到现在，至今还在制造着一种人为的不平等。新中国成立之初，这项制度的制定和实施对于在计划经济体制下限制人口的无序流动、稳定农业生产、维护社会安定团结等起到过积极的作用，但它所产生的弊端和由此带来的后遗症也是至今难以消除的，尤其户籍制度的存在导致中国"城乡二元分离"的社会格局对社会的发展所形成的隔离，造成事实上的不平等，屡遭诟病。户籍制度最初承担着公共安全和维护社会稳定的功能，随着社会的发展，户籍被赋予了政治、社会、经济、教育等功能并被不断强化。以户籍为依据，城镇居民在子女入学、养老、低保、就业、抚恤、退役安置、赔偿等方面明显优于农业户口人员，这是广大农民在日常生活中对城市居民羡慕的重要理由以及对因户籍制度所带来的差异产生深刻的记忆（高刚，2012）。

户籍制度从平面上将人划分为两大类——农村人与城里人，

以出生论地位,这种农业和非农业的二元户籍管理制度所造成的差异是社会不平等的根源。20世纪90年代以前,城里人因为户籍制度带来的诸多好处让农村人可望而不可即,如子女就业制度、公费医疗制度、粮油供应制度、教育制度、考生招生制度、军转安置制度等,形成了一个在诸多领域具有重大差异的保障体系,时至今日,随着社会的转型和制度的变革,这项制度所带来的实质性的福利尽管已经大多不存在了,但其隐性的利益依然不少,比如北京市和上海市的户口所具有的隐含性的价值和福利待遇是全国任何地方的户口无法比拟的,导致这项制度屡遭诟病但仍坚冰难破。

户籍制度给城里人的生活带来了诸多的优越性。在教育、医疗、住房等诸方面比农村人"优裕",城里人的生活在农村人的眼里始终是体面的,这种观念上的"剪刀差"使农村人对城里人的生活具有向心力,而普通农村人要想成为城里人,其路径较为狭窄,尽管现在的户籍制度略有松动,有些制度已经对农村人的城市化产生了实质性的影响,比如规定如果农村人在城里购买住房,就可以在城市申请迁移户口,但高昂的房价有多少农村人可以购买到城市的住房呢?这个比例实在很低。但如果考上大学,农村的孩子就可以户口随迁,顺利完成"农转非"而成为城里人的一分子。

综合上述分析,制度是一种社会价值判断和价值取向,是由国家或国家机关(制度主体/行为事件)制定的,用以调整交往主体之间的社会关系的具有正式形式和强制性的规范体系。制度经济学的鼻祖托斯丹·邦德·凡勃伦(Thorstein B Veblen,1857—1929)在《有闲阶级论》(1899)一书中指出:制度从心理层面上可以理解为"一种流行的精神状态或流行的生活理论",他把制度看作在人们的心理动机和心理本能基础上所形成的思想和习惯,是

"被大多数人普遍接受的固定的思维习惯组成的生活方式。"凡勃伦从人们的惯习性视角把制度看作一种思维习惯,这种习惯在长期的作用下成为人们的生活方式,成为人们生活的一部分。刘村村民对教育的制度惯性所形成的依赖性演绎成为村民生活的一部分,是对教育的确信状态和教育的保障力的习惯性认同。格鲁奇则认为:制度是由规则的严整性所形成的综合性图式,为人们的行为提供了系统性的依据,而康芒斯则把制度看作约束个人行动的集体行为。刘再春说:"制度的本质在于形成合理性和实质公正性,它具有规范性和秩序性,合理性和合法性分配,导向性和激励性、协调性和整合性等主要功能。"①教育制度的习惯图式在刘村村民脑海中产生了强烈的制度认同,形成了确定性的制度魅力,成为村民教育期望的动力源泉。

第三节　制度变革

社会系统的运行是以各种制度的规范结构为基础的,社会转型必然会引起社会制度的变迁。教育在社会转型中的制度变革是以社会的转型为原动力而发生的。教育是社会的子系统,不能独立于社会系统的变迁与转型之外,社会转型为教育转型和制度变革提出了时代诉求,是引发教育变革的外在力量,反过来,教育制度的变革也必然促进社会转型的发展与制度完善。

"制度是最重要的"和"制度是分析性的"是制度经济学家思

①　刘再春:《论制度的本质,功能和重新》,《山西高等学校社会科学学报》2004 年第 8 期。

考制度的维度。人们逐渐认识到了制度的变革性和影响力。在社会转型的过程中,随着社会制度的变迁将引发社会的结构性变化,教育也要随着社会的转型而发生变化。王建华(2011)认为:"在教育转型的过程中,最为显著的变化也是教育制度的转型。"①在知识经济社会,教育对社会转型变革的"牵引"作用日益明显和加强,教育的转型变革成为引导社会转型和变革的重要力量。新中国成立之初建立的较为完备的教育制度系统,为中国教育事业的发展做出了规范保障。义务教育制度、非义务教育制度、大学招生制度、培养制度、收费制度以及毕业分配制度等,这些制度及其配套措施的出台,对促进中国教育事业的快速发展起到了十分重要的规范和保障作用,也为人们认识教育、信任教育和依赖教育产生了深刻的观念定式。但是,教育制度必然会随着社会制度的转型而发生变革,原有的既成性的制度规范必将被打破,新制度的规定性在民众的心理产生的影响力和撞击力必然有一个适应的过程,需要重新确立。蒋惠玲(2010)认为:"在实践中,高等教育制度变迁之主体常因国家、市场和学术三方面力量博弈的结果而在实质上飘忽不定。"20世纪90年代以后,中国教育制度随着社会转型的加剧而发生较大的变革和调整,各项制度在其制度范围内进行了不同程度的调整,引起了教育的制度性变革,尤其在20世纪90年代以来直到21世纪初,在教育产业论的指引下,教育的公共属性模糊,导致教育的发展方向在经济大潮中迷失,以高校收费制度的全面开启引发了教育的高消费,义务教育也开始收取各项费用,大学由"公费"变为收费,学生不仅要承担学费,还有住宿费、管理

---

① 王建华:《论制度变迁与教育转型》,《教育导刊》2011年第8期。

费、水电费,等等。家庭教育的负担在增加,农村社会因教育而返贫现象屡见不鲜,甚至有些家庭因为高昂的费用而使子女放弃了上大学的机会。随之而变的是大学的培养制度、国家的就业制度等的变革,以"双向选择、自主择业"为导向的就业政策对广大农村家庭的教育影响力是前所未有的,农村家庭的教育期望受到了困扰。时至今日,教育已经成为一种"高端"消费品,并且这种消费品预期收益的不确定性困扰着村民。

在各项教育制度的变革中,就业制度的变革是最具穿透力和影响度的变革,关键性原因在于其对社会民众的影响力和利益相关性。从国家层面的制度设计而言,变革的主要目的在于改变适应社会主义市场经济制度的发展,改变在计划经济体制下由国家统包统分的做法,那种在特定历史时期和社会条件下实行的制度随着高校扩招,大学生毕业人数的剧增和就业压力的增大而改变,在就业制度中引入竞争机制,减轻国家的就业压力,有利于培养优秀大学生,提高教育质量,促进就业制度的市场化转型。中国大学生的就业制度从"统包统分"模式到"双向选择、供需见面"模式再到"双向选择、自主择业"的就业模式,体现了制度转型与社会转型之间的关联性,社会的转型发展必然引起教育制度的变革,并引起社会利益格局的调整。

从制度经济学的视角分析中国教育制度,其制度结构变革对民众的影响是至关重要的,从身份到资格、从利益到激励、从期望到结果,大众的制度心理适应经历了深刻的变革过程。本书为了表述方便,将20世纪90年代以前的教育制度称之为旧教育制度,而将20世纪90年代到现在的教育制度称之为新的教育制度,对制度的前后变革产生的差异做如下分析:

身份。完成教育的历程,就可以获得教育制度所赋予的合法的身份,无论在旧教育制度或者新教育制度中都是确定的,尤其完成大学教育,就可以以合法的身份进入国家体制,成为体制内的人,其身份就会升格为"干部",它是一个与"工人"、"农民"、"农民工"等具有截然不同内涵的称谓,对广大民众尤其是对村民而言具有极大吸引力的改变,随着身份的改变,其社会地位、经济收入、福利待遇、生活保障等都将发生鲜明的变化。

资格。资格是教育制度赋予受教育者的合法外衣。在新旧教育制度的变迁中获取大学毕业生的资格表明一个人修完大学全部课程,成绩合格,取得了相应的文化符码,得到了社会认可的标准。在旧的就业制度下,国家机关、企事业单位以及国有和全民单位按照资格分配大学生,人事部门分配具有正规高校毕业、取得合法资格的大学毕业生。村民确信大学的心理基础由此建立。而在新的就业制度中,大学毕业生的就业路径多元化,毕业生可以到任何社会组织和社会单位寻求就业岗位,不再单纯地局限于"国"字号,甚至可以自主创业,人事代理制度的建立为创业者提供了人事代理保障,"资格"的光环逐渐消退,但资格依然是制度准入的门槛。

利益。在新旧教育制度中,就业者主体和用人单位之间的利益均衡化。毕业生主体通过完成教育获取职业岗位,取得了一定的经济利益和社会地位,用人单位则选择毕业生而获得新的经济利益和创造更多的经济价值,双方在互惠互利的博弈中达成契约。新的就业制度下,大学毕业生的薪酬略有降低,制度性的风险随着就业难而增高,但这对民众的制度博取影响不大,教育的热忱在竞争中呈现愈演愈烈之势,并出现低龄化以至农村化的发展趋势。

激励。教育制度的激励机制可以分为正向激励和负向激励两种类型。在旧的教育制度中,激励机制以负向激励为主,大学生以国家分配就业为主,大学生难以有选择自主权,只有一定的不正当的手段会对就业产生影响;而在新的教育制度下,制度的设计更趋向于平等竞争(如凡进必考制度)激励大学生进一步加强学习,掌握更多的专业知识,提高自己的能力,对大学生的要求更加严格,但同时负向激励的作用也在激烈的竞争中突出,如行业的垄断保护(行业子女优先)、面试比重加大(关系户、人情、面子等)。两种激励方式的博弈对普通民众的影响加深。

公开。新旧教育制度相比,信息的公开透明程度发生了显著的变化。在旧的就业制度中,学校按照计划性指标分配学生就业,对于变更计划或者机动名额趋向于暗箱操作;而在新的就业制度中,信息化程度在进一步提高,学生可以通过网络、公告、招聘会等方式和渠道进一步了解、筛选与自己相关的就业制度和就业信息。旧的就业制度下的用人单位对毕业生的状况知之甚少,对其技术、素质、能力等处于无从考核的隔离状态;而在新的用人机制下,用人单位通过招聘会供需双方见面,能够选择到更适合的人选,这种状况对双方都是十分有利的。

公正。在旧的就业制度中,考上大学就意味着端上了"金饭碗",取得了干部身份,获得了进入政府机关和企事业单位的资格,有了良好的社会地位和专业声望。因此,家长对子女上大学的期望值很高,而这种期望值在教育制度的保障下得以实现,所以高考的竞争机制一直处于"亢奋"状态。对于进入大学的学生而言,学习并不是最重要的,最重要的是大学毕业后的去向,农村生源的大学生渴望留在城市,城市生源的大学生渴望去国家核心城市或者重要岗位,结果导致制度下的权力寻租,农村生源的大学生因缺乏后致性资本而使人生方向迷离。在新的就业制度中,原有的权力寻租现象会随着制度的健全而逐步消减,制度的公正性会得到法制的保障。

第五章 空壳化的小学与坍塌的 文化意象

> "农村学校越来越'小',学生越来越少,老师越来越 '老'。城市教育的压力越来越大,竞争越来越激烈"。
>
> ——孙强、刘海宏

近年来,农村学生人数在锐减,乡村小学的空壳化成为一个全国性的教育问题和社会问题①。随着学生数的锐减,空壳化的小学何以为继?空洞的学校和迷茫的老师成为乡村教育发展的最后象征。刘村的情况怎么样呢?出于教育工作者的职业敏感性,这次教育调查把村小学的变化情况列为重点调研范围,以期探寻村

---

① 根据教育部公布的数据,1998 年全国小学在校学生 13953.8 万人,2007 年全国小学在校学生 10564 万人,9 年间减少了 3300 万人。2011 年全国小学生在校人数为 9926.37 万人,2013 年为 9695.93 万人,减少 230.44 万人,连续 15 年呈下降趋势,减幅达到 29.07%,主要以农村学生为主体。而据国家统计局 2013 年 8 月公布的数据显示,0—14 岁的人口占全国人口比重的已经下降到 16.6%,(同比 2002 年的数据为 22.4%),"少子化"现象越来越明显,适龄人口越来越少。另据教育部全国教育事业发展统计公报(1998—2009)显示,我国从 20 世纪 90 年代中后期开始了大规模的撤并学校,从 1998 年到 2009 年期间全国共减少小学 33.34 万所,减少初中 1.54 万所,平均每年减少学校 2.93 万所,包括 2.78 万所小学和 0.13 万所初中。参见雷万鹏、张婧梅:《学校布局调整应回归教育本位——对学校撤并标准的实证分析》,《全球教育展望》2011 年第 7 期。

民教育期望与学校文化象征之间的关联性。

第一节　走进村小学

沿着陡坡状通村公路一直往下走,进入刘村约 10 分钟的车程,在公路边就会看见一处新修的建筑物,偌大的院子约有二十多亩地,整整齐齐地修建了全新的砖木结构的房子。院子中间的花坛里矗立着一杆鲜艳的国旗,在风中摇曳着,整齐漂亮的砖木结构的房子被刷成了奶白色,在绿色掩映的村庄中显得格外醒目,这就是刘村小学。

刘村小学始建于新中国成立初期。村子里的村民大部分在这所小学里上过学,堪称刘村的文化摇篮。但原来的旧学校由于空间狭小,年久失修,办学容纳量不足,2008 年在中石油兰州石化公司的资助下,重新在村子的西头选址,在一块坪地上修建了一所新的村小学。新建的村小学规划很到位,位于公路旁边,交通便利。走进校门,四合院式的建筑错落有致,院子的两边是教室,每边 5 间,共 10 间教室;正对大门的中间房子是教师的宿舍兼办公室,有 11 间屋子,西边教室的后面是操场和厕所,操场中间放置了篮球架,四周种满了小树,显得干净整洁。

6 月 20 日早晨大约 5 点钟,我决定去新建的刘村小学看看。路上遇到了村子里早起上学的孩子,看到他们,自然就想起自己当年上小学时的情景。

一、印象

听小学生说,学校规定所有学生 6:30 就要到校早读。站在学校大门口,我望着新建的这所学校——曾经的母校、刘村的文化象征,堪称承载着刘村 400 多户家庭教育期望的精神脉象。学校大门口的门牌上书写着醒目的校名——"刘村小学",下面写了一行小字:"兰州石化公司援建"。

随同几个小学生走进校园。映入眼帘是一面鲜红的五星红旗,矗立于花坛中央,四周是盛开的鲜花,三三两两的小学生已经在院子里开始了晨读,早到者已经进入了读书的意境,徜徉在知识的海洋中;后来者默默但却迅速地放下书包,拿起书本大声地朗读起来。想起以前,我也是这样的晨读,在这座静谧的山村学校里完成了自己人生的启蒙教育。

校园的文化墙建设很有特色。在校门内两侧的墙壁上,用鲜艳的喷塑做的文化墙充满着文化气息,很有启发意义。其中的"老师对你说"的内容是:

1. 最近怎么有些沉闷,我需要你的热情!

2. 把简单的事情做好,就是不简单;把平凡的事情做好,就是不平凡!

3. 我们每个同学都很聪明,应积极发表自己的见解!

4. 努力改正缺点,你就可以做一个堂堂正正的人!

5. 如果你能试着喜欢上那些弱项,一定能成功!

6. 你只要用心做,这些事根本难不倒你!

7. 勇敢点! 不要怕,天塌下来,老师替你顶着!

8. 你不是最聪明的,却是最有灵气的,相信你将来一定有所成就!

9. 你是一个很有想法的孩子,你的见解很有创意!

10.也许你在别人眼里有很多不足,但在我眼里,你是最棒的!

和原先旧式的村小学相比,新修建的教室和教师宿舍都很不错,学校的教学和办公条件得到了极大改善。农村教师大多数是半边户,即一个人在学校教书,家属和孩子在农村生活,教师一个人在远离家人的另一个村小学教书,一般只有周末才能回去探亲。也有些老师的家就在本村,白天在学校教书,晚上就可以回家去住。

此时的校园里响起了嘹亮的号声,之后喇叭里传来了轻快的音乐,学生开始了晨读,乡村学校一天的生活就这样拉开了序幕。

二、杨校长

大约在 6:40,在教师宿舍门口见到了校长——杨福,2005 年毕业于天水师范学院,调来刘村小学工作有两年多了。他介绍:

"我们这一届本科毕业生全部到村小学任教了,小学不好教。讲得深了学生不好懂,讲得浅了不好讲。"

"我 2006 年参加了研究生考试,报考的是北京师范大学,结果因为英语差了 2 分没有录取,专业课分数很高,后来调剂到兰州大学,同时我也回县上参加了就业考试,考上了。是去上研还是先就业,我面临着两难选择。我家在农村,家里的条件很不好,我父亲极力反对我再去读研,他要求我先就业再说,我也考虑了家里的实际情况,就先就业了,放弃了读研,现在很后悔!"

　　我诚恳地说：没有关系，以后还有机会，只要你不放弃，还可以继续考，人生贵在坚持。

　　"我刚来时，这所学校几乎没有办法管理。学校有管理制度，但制度形同虚设，老师想走就走（回家），没有人安心好好上课，管起来难度很大。"他说。

　　他没有说自己是怎么管理的，但从学校井然的秩序中能够看出，这所学校发生了较大的变化。后来从村民的口中，知道了学校的变化情况。

　　"自从杨校长来了以后，学校上课锁校门了！"村民说。

　　这可是以前的刘村小学从来没有的。学生上课后学校"锁门"是城里中小学校的惯常做法，正确与否，姑且不议，但至少保证了学校免受闲杂人员的无端出进与干扰，老师也能够专心地在学校完成自己的教学任务，学生也不会由于自控能力差而跑出校门玩耍。

　　随后在与杨福校长的接触中，我对刘村小学的情况有了更多的了解。

　　刘村小学是完全小学，年级设置从一年级到六年级，共六个班，每个年级一个班，各班级分布在学校院子两侧新建的六间平房内。杨福校长陪我到各班的教室里去看了看，也算熟悉一下环境。教室的情况大体差不多，里边设施和配备也是新的，新粉刷不久的墙壁还很白，课桌椅也是新配的。杨福校长介绍说，这些新配设的课桌椅是去年学区给我们统一配发的，一色的钢木桌椅，质量很好。原先那些旧式的木桌椅由于年久失修，学生坐在上面很不安全，大部分已经松动摇晃，不小心还会伤到学生。曾经有一位学生

在上课时凳子突然折断，摔倒在地上，好在是肌肉受伤，但也休息
了将近一个月，家长还要学校赔偿医药费，最后学校和保险公司协
商，赔偿了一点费用，才把家长安抚下去。现在好了，给我们能配
上新的课桌椅，我们学生的安全就没有问题了。

我们走进了二年级的教室。教室的设计比较大，差不多要40
平方米，宽敞的教室中间只摆放了8张课桌椅，前面孤零零地摆放
了一个讲桌，和学生的课桌椅距离很远，显得有点不协调。8张课
桌椅只占据了偌大的教室的1/4，四周一直到墙边空出了很大的
面积，足够学生嬉闹。8名二年级的小学生很端正地坐在座位上，
用充满好奇的眼光打量着我这个陌生人，纯真的眸子中流露出友
善的目光。他们刚刚上完一节数学课，等待着上下一节的语文课。
8名小学生坐在教室中间，幼小的身躯和宽敞的教室之间形成了
鲜明的反差对比，给人一种很松垮的感觉，明显缺乏学习的气氛和
气场。

　　　　杨校长叹息说："现在的学生可是越来越少了！"
　　　　我问："为什么呢？"
　　　　"一方面，村子上孩子的出生率在下降，适龄的入学
　　儿童在明显减少；另一方面，学生的上学逐渐分化了。有
　　办法的转到县城去了，在县城的第一小学、第二小学和城
　　关小学等都可以借读。家里没有关系的，如果转不到县
　　城小学，也想办法转到乡中心小学去读书了，所以我们村
　　上小学的学生越来越少。"
　　　　"学生转学的主要原因是什么？"
　　　　杨校长说："主要是家长的教育要求越来越高。听

说原先在旧村学办学的时候,硬件设备比较差,学校破旧,桌椅破损,各种硬件设施让学生和家长很不满意,曾经出现过转学的情况,但还不是太多。2008 年我们在中石化的援助下,重新选址建起了全新的村小学,搬入后办学条件得到了极大的改善,应该说现在的条件已经很不错了,和周围村庄的小学相比较,咱们刘村小学算是很好的学校,但学生的转学现象却越来越多了,学校的在校生人数在锐减。"

"现在具体的学生数目有多少?"

"现在一年级 10 名学生,二年级 8 名学生,三年级 7 名学生,四年级 4 名学生,五年级 6 名学生,六年级 5 名学生,全校共 40 名学生,连以前的四分之一也不到。"

我们那个时候上小学是在旧校,那个时候的刘村小学真是很"辉煌",在校学生最多时曾经达到 500 多人,仅一年级就有 100 多人。我在一年级读书的那个时候一年级是平行两个班,共有 110 多人,分两个班都算是大班。

我问:"学生减少的幅度有多大?"

杨校长说:"我是前年调到这所学校来的,刚来时还有 100 名左右学生,去年因为六年级毕业多,一年级新生入校少,中间又转走了好多,开学时就只有 60 多名了。今年一开学报名,就只有 40 名学生了,这是近几年来最少的在校学生数。从我在这里当校长算起,前前后后从我手上办转学手续转出去的学生大约有 56 名学生了。"

"你认为学生大面积转学的原因是什么？"

杨福校长随后讲述了他认为的原因。

他认为第一是教师方面的原因。刘村小学按照编制算，应该要12名教师，但目前只配了10名教师。实行农村中小学生免费早餐以来，学校又建起了食堂，为了给学生解决早餐问题，学校聘用了一位村上的大嫂做厨师。由于这里地处偏远，交通不便，几乎没有老师愿意到这里任教，即使学区分配或者调动来了，也很不安心。目前的10名教师的平均年龄约37岁，其中中师（主要是平凉师范学校）毕业的3人，中专毕业的2人，大专毕业的3人，民办教师转正2人，一位教师因为年龄较大，身体也不好，暂时没有安排上课。应该说，相对而言还是年轻教师多一些，年轻人在一起，富有朝气，能为学校工作带来活力，但这些教师对在村上工作不太安心，教学中应付的现象较为突出，这里的老百姓称之为"哄"学生，混一天算一天，对工作不上心，成为校长最头痛的事情。比如有些教师无故不请假就不来上班了，家在村子上的一些教师，晚上回家去住，第二天如果家里有事情，就随便不来上班，工作纪律意识很不好，学生的课也就停了下来。还有几个教师的家安在县城和乡镇上，晚上就回去住，第二天有事情也会缺课，这种情况在以前的管理中较为混乱，引起了村民们的不满，教学质量无法保证。有些教师早晨来学校晃一圈，便出去到校外串门，把学生的课不太当回事。"从我调动到这里当了校长之后，发现了这种情况的严重性，于是决定学生上课后要锁校门，任何人不得随意进出，有些无故不上班的老师要扣发一定额的工资，这种情况得到一定程度的遏制。"

第二点是学校课程的开设问题。这里的一些课程如英语课、电脑课（信息技术课）到现在还没有专职教师，这两门课程现在由曾经学过这门课程的其他学科的教师兼顾着上一上，水平肯定好不到哪里去。因为是附带着上，知识水平不高，临时心理严重，反正不是主课，没有人上，他就随便凑合一下，到后来吃亏的自然是学生，"我们跟上面反映过，但是这些课的专业教师少，每年招考的大学生名额不多，考不进来，分不下来，所以就形成了这些课程无法保证质量地开设。"现在大部分家长也知道，有些课程很重要，比如英语，但学校开设不好，对学生将来的发展影响很大。刘村小学毕业的学生，一到初中，学习上的劣势就显现出来，尤其英语基础不好，大部分学生跟不上，错过了语言学习的关键期，没有加强语言训练，或者错误的发音方式等对后来的学习产生了一定的影响。这里离乡镇较远，文化落后，家长请不到家教，所以学生学到年级增高，课程难度加大时，发展的后劲就不足了，慢慢就会辍学，导致这个村的学生在初中后的辍学率偏高。

第三是学校管理松散。"我来了以后，听说了以前的管理状况，教师缺课现象严重，村民们为此很有意见，后来我有意识地加强这方面的管理，比如上课锁门、严格考勤、每周例会等，表面上规范了许多，村民们的意见也少一些了，但我知道，要想提高教学质量，一定要有一个积累的过程。教学是个良心活，尤其对我们小学而言，尽管一位老师你看他走进课堂了，但如果他因为心情等原因根本没有用心去讲课，只是花了大约五到十分钟的时间教给学生几个生字或者生词，或是两道数学题，剩下的时间由学生自己写字、看书，这也算是一节课，你能把他怎么办？他本来就很不乐意留在这里,抓得紧了他更不愿意,闹情绪的情况经常有,我们也思考管理方式的问题。"这里的环境差、条件不好,老师大都不太安心工作,太强硬的管理会得罪大家,使得学校工作更加难以开展。他作为校长,只能顺势而为,慢慢地从观念上改变,再到方法上改进。

第四是硬件建设跟不上。村小学是新建的,但因为刚建完,一开始的投资过后,后续的硬件建设还没有到位。"你也看到了,现代化的教学设备如多媒体、计算机教室、投影仪等都没有,老师上课只是两支粉笔一本书,还停留在传统教学的时代,开展现代教学的模式很受限制。我们的经费很紧张,由于学生减少,人头费的拨款少得可怜,大家在使用粉笔时也要节约着用。农村的条件就是这样,哪能和你们大学比呀?"

第五点,也是最重要的一点,就是现在的家长对孩子的教育普遍重视了,家庭教育的期望值在增高。随着经济状况的好转,家长手头有了钱,就把孩子的教育问题看作头等大事。"咱们Z县的人的观念和华亭、泾川那边人的观念截然不一样,上次我们在兰州培训的时候,和他们几个县的小学校长聊起过,他们那边的家长的观念就是打工挣钱。到一定的程度,孩子不想上学时,家长也不太管。可咱们这里的家长对子女考学的观念仍然十分强烈,只要孩子有一线希望,家长会做出十分的支持。年轻一些的村民家长在城市打工,走出去发现自己文化知识的欠缺,见了世面、开了眼界后,挣到钱就投资到孩子的教育上,家长格外重视教育,他们对咱们村小学的教学质量、办学条件等不太满意,就另谋高就,想办法把娃娃转到县城的小学去读书。凭村民现在的经济收入,在县城租房子倒不是太难的事情,每个月花一些钱也不愁,于是他们就想办法把孩子转到县城读书去了,导致咱们村小学的学生越来越少。按照目前这个递减速度,过不了几年村小学也就要关门了。现在周围的寺弯小学、苏湾小学也都因为没有学生而停办了,教师有些还没有安置下去,还在待岗。"

杨校长的谈话是从学校管理者的层面对学校目前的发展状况的分析,他对村小学学生减少的原因从内部管理方面的认识还是准确的。总结起来,学校逐渐空巢化主要有以下几个方面的原因,第一,适龄学生人数在减少;第二,原有的学生转走了好多;第三,转学的原因在于家长对村小学的教学质量问题和课程开设等问题,导致对村小学的不信任;第四,更主要的原因在于学生家长对教育的要求在不断提高。

通过进一步分析,我们可以看出,村民的教育期望越来越高是主要原因。随着社会的发展和村民对教育重要性的认识,村民越来越重视教育,村民渴望自己的子女从小就能接受良好的教育,他们不惜花高价追求优质的教育资源,而村小学自身的变革却故步自封,不能满足村民的教育需求,学校教育与村民期望之间产生了如下供需矛盾:

期望。村民的期望越来越高。村民源于对教育重要性的认识不断提高,他们的教育期望在逐渐增加。村民渴望优质的教育资源,他们对学校教育的质量的高低往往以子女考试的成绩作为衡量标准,也会参考子女平时对学校的评价和感受,如教师的敬业精神、学校的管理质量、课堂作业的批改、教师的上课认真程度,等等,他们担忧如果孩子的基础知识打不好,上到初中、高中就会在考试选拔中失败,村庄中大量辍学的学生就是很好的例子:考不上好的初中,就意味着不能进入好的高中,而不好的高中要考入好大学的概率很低,基本不太可能。于是村民热忱的教育期望在村小学的教育中无法实现,他们担忧而焦灼,随着家庭经济条件的逐步好转,孩子越来越"珍贵"(村民语),孩子的学习问题自然是家里的头等大事,于是村民的教育期望与学校教学质量之间的矛盾就会产生并呈现出不断扩大的态势。

质量。学校的教学质量原地踏步。由于高考制度的存在,教育的竞争日益加剧,家长认为学校的核心任务应该是教学质量,而衡量教育质量好坏的量化指标只能是学生的考试成绩。大部分村民由于文化层次较低,他们判断孩子在学校的学习状况也往往是单一的考试成绩,每个学期期末考试试卷上红色的分数醒目地刺激着他们的神经,渴望子女能够取得好的成绩,满足他们的心理预设和心理期望,于是质量就成为家长的渴盼。

信任。村民对学校的信任在降低。当孩子的学习成绩不理想,尤其当全学区的各个学校在抽考或者会考中,刘村小学的成绩排名落在后面,家长对学校的教学质量就会产生意见,对学校的信任不断降低。从外延发展而言,学校的办学声誉是学校发展的生命线,尤其村民的认可度是学校存废的关键,当村民对学校不再信任,他们的选择就决定了学校生源的减少,基于此而言,学校的学生越来越少的主要原因在于学校自身的问题。

转学。转学的学生越来越多。这种矛盾发展的结果是村民"以脚投票"的方式对学校的办学做了注解,他们想方设法将自己的子女转到质量好的乡镇中心学校或者县城学校去读书,村小学逐渐空巢化,学校的存废面临着挑战。

三、听课

如果从学校老师的角度看,他们的真实情况是怎么样的?他们对学校面临的生源减少的问题是怎么看的?教师的教学情况到底怎么样?在接下来的几天中,我向杨校长提出了想去听一听教师的课,了解教师层面的情况。刚开始杨校长面有难色,后来他还是同意了,但他说要跟老师们通通气,安排安排。我的本意是不想让杨校长给老师们打招呼,想了解教师们原生态的上课情况,像大学的听课一样,听课者事先不打招呼,课间走进教室,安静地坐下听课,叫"推门课",可以了解到最原生态的课堂教学情况。但杨校长说这样不行,他怕老师们不做准备,上课太紧张,反而上不好课。我担心杨校长提前给老师们打招呼了,掌握不了老师们最常态化的上课情况,会有了水分,但最后考虑到杨校长的顾虑,还是按照杨校长的安排去听课,了解到了更多的信息。

刘村小学老师们的授课任务不轻松。按照老师们的说法,每个老师上一门主科(语文、数学),兼教两到三门副科(音、体、美、写字、健康教育、品德生活、品德社会等),还有6名教师分别兼任着六个班级的班主任。大部分学生的作业由教师在当天下午的课堂上批改完成,由于学生的数量少,作业批改量不大,上午上课布置的作业,学生中午吃完饭回来就可以把布置的作业做完,下午上课,学生自己看书温习功课,老师当堂课批改作业,十个人左右的班级人数和作业量,不到一节课就批阅完了,下午放学的时候也会给学生适当布置一些作业。

刘村小学主要开设的课程为语文课和数学课,属于主科;音乐、美术、体育、写字、健康教育、品德生活、品德社会等课程按副科算,由主课老师兼代。英语课从三年级开设,是由三名刚参加工作的年轻老师兼着上,信息技术课没有开,因为缺乏专职的老师,也没有计算机教室,学校现有的两台电脑只能由老师偶尔用一用,没有开通网线,大家只能用自己的手机流量上网。

学生们的课外活动只有在教室外面的院子里或者后面操场上转悠,整个课间活动的气氛不浓,由于人少,他们基本上是在教室门口边张望着,课间十分钟的休息时间也就到点了,于是各自走进自己的教室开始上课。

按照学校的安排,我第二天上午第一节去听的是 Z 老师给四年级上的语文课,因为事先打了招呼,可能 Z 老师已经做了准备,显得较为轻松友善。他二十八九岁的样子,个头不高,留了个小平头,穿着紫色的 T 恤衫,显得干净利落。

这节课他讲的是小学语文课本第八册《渔夫的故事》(人教版第八单元第 32 课)一课。从他上课的过程看,从生字、生词到课文讲解,倒也与城市老师的上课没有太大的区别,我感觉唯一区别大的就是 Z 老师的普通话不好,属于方言式的普通话,读音很生硬,不是字正腔圆的标准音。这里的村民都讲陇东地区方言,有些陕西话的味道,老师上课也是用方言上课,如"披"(pi),这里方言读"pei",如果读"pi",学生读着就会闹笑话,"披(pi),披(pei)着衣服的披(pi)",让人忍俊不禁。Z 老师因为刚从学校毕业,上学时肯定学过普通话,再加之为了给我留下好的印象,他采用普通话讲课,难能可贵;另外,他的字写得不太好,在书写时把"能够"的"能"字的笔顺写反了,我特别做了记录。字体不太好看,写在黑板上的字不是规范的楷体字,而是一种很随性写的字,有些别扭。

下课后,我和 Z 老师一起到他的宿舍兼办公室,因为下一节课他没有课了,有空闲时间,于是我和他聊了关于上课的一些情况,很委婉地指出了"能"字的笔顺问题,也了解到他的一些情况。

> "我是兰州一所高职学院小学教育专业毕业的学生,毕业后在西安一家私立小学干过两年,2009 年参加 Z 县组织的'三支一扶'考试,考试通过后就分配到咱们这所小学当老师来了。来了一直教语文,现在也算是教了四年书了。"他忍不住笑了一下,露出白白的牙齿,甚是好看。
>
> "这所小学应该在咱们周围各个村小学来说,条件还算是好的,因为是新建学校,宽敞明亮,教师的宿办条件也不错,至少能保证每人一间宿舍兼办公室,比较满意。但这所学校在以前的管理中问题比较多,杨校长来了之后好多了。原先的好几位老师是本村人,是由民办老师转正的,知识结构等方面的问题比较多,给学生上课只能叫'混'课,他们的心思大都在家里的地里的活计上。农村嘛,农民好像一年四季都有活干,他们上午来学校上课,中午回家吃饭,吃完饭下午只要家里有些事情,他们就不来了,就给家里帮忙干活去了,下午的课就不上了,学生没有人上课,只能自习,村民和学生家长的意见很大,感觉小学老师拿着公家的工资,却一直在自家地里干活,不好好教书,造成对我们小学的不信任,于是有条件的家庭把孩子转走了,村民一个看一个,你家有办法转,我也会想办法转,就这样,学校的情况就很不好了,现在剩下的学生,保不准哪天又会转走几个。而我们这些

226

离家较远的人，平时只能住在学校里，周末才能回趟家，心里也感觉很不公平。原先的校长也不管，睁只眼闭只眼，我们在上课的时候也不太尽力，能过得去就可以了，感觉对得起自己的良心。自从杨校长来了以后，情况得到了一定程度的改变，有几位老师被交流到其他村子去了，本村年龄大的教师没有排课，并且学校上课时锁门，教师的考核也严格了，我们感觉到了压力，随着学校学生数量的日益减少，万一哪天学校关门了，我们的工作怎么办？"

这天下午，我又听了 W 老师给二年级上的一节数学课。听杨校长介绍，W 老师是中专毕业的，他不是中师毕业生，工作已经十多年了，一直教数学。W 老师的年龄略大一些，约三十四五岁的样子，人较消瘦。大约是比较喜欢抽烟吧，和他握手的时候闻到了一股烟草味。

他讲的是二年级数学第四册的"小学数学乘除法"一节。他在讲课时显得有些紧张，有一个地方在演算的过程中还出了错，学生提出来了才予以纠正。也许是天热的缘故，可能加之心里紧张，他在做题的过程中不停地擦汗。W 老师的课讲得较一般，语言的表达也略显干瘪，唯一的优点就是他不停地进行演算、示范，做了很多练习题，反复举例。看来，为了上好这节课，他在下面下了不少功夫，做了大量的准备。

下课后，在他的办公室，和他进行了一次交谈。

"我不是学师范的，所以我不太会教书。"他谦虚地

　　说了一下。"我是中专学校毕业的,那个时候毕业统一分配工作,由于我学的专业在咱们县上人才过剩,一直找不到理想的单位,于是我就被分配到小学当老师了,我一直教数学,一来专业上的跨度较大,教起学生来总感觉有些别扭,二来我也不喜欢当老师,觉得这个行业没有前途。现在到这个年龄了,也就只能干一天看一天,我有时候真想辞职不干教师了,去干些别的。"

　　在以后从其他教师的口中得知,W 老师的家人在做生意,由他父亲在乡镇上租了铺面,开了一家茶叶店,听说生意还很不错。他利用假期时间帮忙去进进货,到过周围的大城市。农村老师的收入有限,经济状况很不好,W 老师利用自己的专业优势,有经济意识和经营头脑,在假期帮帮忙倒也无可厚非,但如果影响到教学工作就本末倒置了,是违反教师职业操守的。2013 年 11 月份,我回兰州后还和他通过一次电话,他说他已经调动到另一个村子的小学里当校长了,但还是不想在学校做老师工作,想辞职到兰州做自己的事情。我语气很坚决地劝阻他:"现在工作实在太难找了,漂在兰州的大学生到处在找工作,一个月只有一千多元的收入,城市房租这么高,连租个房子都紧张,还要生活,太不划算了。你有稳定的工作,就先好好干着,等以后早点退休也未尝不可。"我不知道我的劝阻是对还是错。从一个经历过城市生活的人的角度来讲,也许我说的话是对的,城市生活的压力确实不小,但从一所农村学校的发展来讲,也许他当校长与不当校长的情况可能会有所不同吧,这只是一种猜测,不得而知。

　　W 老师的情况在刘村小学仅此一例,他的职业积极性不高,主要源于专业的跨度对自己职业的认同感始终无法树立,"教师是一种专业而非单纯的职业",也许三尺讲台的职业生涯与他以前所学专业时的人生规划之间产生了较大的差距,乡村学校的教职生活单调而清贫,要想留下来,能在平凡的岗位上默默地奋斗一生,没有较强的持守力和坚定信念是做不到的。

通过访谈了解到,刘村小学并没有将教学放在一个十分重要的位置,顶多只能算作是一种现状维持,学校很少去思考自身的改进与变革,这与村民的教育期望之间产生了较大的差距,并且这种差距随着社会的发展呈现越拉越大的趋势。一方面,社会在快速变革,对人的受教育要求越来越高,缺少文化知识的村民都知道教育的重要性和急迫性;而另一方面,处于学校中的教育供给者却呈现出变革的保守性和迟滞性,在延续以往的日子中缓慢地推进,这与焦虑的村民心理之间产生了较大的冲突,村民做出无奈的转学选择是一种抗争,也许他们经济方面的代价是高昂的,但对孩子的未来却产生了较高的预期值。同时,由于农村学校的经济状况限制,学校缺乏物质奖励和经济刺激,教师们的工作积极性普遍不高,缺乏职业激情和工作热情,得过且过。从政策方面而言,县教育局对小学的会考、抽考是不鼓励的,学区方面每年会偷偷地搞一两次,"我校现在的评比力度比以前小多了"(杨校长语)。尤其随着新课程改革的深入,考试和分数对学校的牵制力在减少,小学教师的工作外推力也在弱化,教师们的工作自然就缺乏必要的张力。

随着对村小学教师的上课情况的了解和以后与教师们的接触不断增多,我对刘村小学教师的工作状态有了更深入的了解,我分析教师中存在着以下主要原因:

专业发展。教师的专业发展不足。教师专业发展是现代教师教育的核心理念,专业发展型教师和普通工作型教师具有较大区别。刘村小学的大部分老师由于工作环境、地域吸引力、职业操守以及事业心等等,决定了他们大部分只能是安于现状的职业维持型教师,过一天算一天,甚至把家中地里的活计看作主要的,农忙时间在地里干活,无故不上班甚至缺课,使村民对学校的办学以及教师的敬业程度从心理产生了一定的看法甚至偏见,导致了负面效应,"拿着公家的工资在上班时间干地里农活"(村民语),是一种十分严重的职业问题,村民对学校的管理有了较大意见,损害了学校的办学声誉。

责任心。责任心不强,得过且过。刘村由于地处偏远山区,条件艰苦,环境较差,远离县城,学校的大多数教师不安心工作,抱着应付的心态,责任心不强,对学生不太负责,上课时缺乏热情和激情,加之杨校长之前的几任校长睁只眼闭只眼,没有严格管理,教师形成了自由放任的职业惯习。

认可度。村民对学校的认可度较低。学校的管理水平和教师的职业精神最终反映在村民的认可度上,学校和村民之间不能建立较好的信赖关系,村民对村小学持排斥态度。

美国学者彼得·M.布劳认为:"人们在社会交往中体验到的满足既取决于他们从中获得的实际利益,也取决于交往给他们带来的期望。"①刘村学校的办学状况决定了学校与村民之间的信赖关系不良好,村民的选择从自身利益的角度反映了他们对子女的学习期望,也是对学校办学情况的折射。

---

① 参见[美]彼得·M.布劳:《社会生活中的交换与权力》,李国武译,商务印书馆 2008 年版。

四、村民看法

村小学是矗立在村庄中的文化意象,其办学质量的好坏对村民的教育期望产生着直接的影响,村民对其认可度和信任关系的建立决定着村小学的存续与否。村民的表决是无声的,他们往往"用脚走路"(择校)的办法表达自己的期望。教育是一种建立在高度信任基础上的选择,是以学校提供的教学质量和村民之间的期望预期紧密相关联的,那么村民对他们心目中的小学又是怎样认识的呢? 我在随后的调研中,对村民们进行了访谈。

村民罗廷文:"这所小学的老师不太好好教书,老师的文化知识和教学水平我就不做评论了,主要是责任心不强。我的娃娃也在里边上学,老师白天在课堂上课时不太好好讲,大部分时间让学生自己看书,自己写字,他们有时候在教室门口晃一下就不见人了,作业有时候也不批改,我有时候看我小孩的作业本,发现里面的字写错了、题做错了也没有纠正。自从杨校长来了之后,情况好多了,学校改变了许多,但以前造成的影响较大,村民对学校不太信任,怕把娃娃送到学校给耽误了,所以都想办法把孩子转到县城学校去上学。我是没有办法,家里人手少,还要侍弄田地,实在腾不出人手,只能先在这里上着,以后看情况再转学吧。"

村民刘卫华:"咱们小学的教学质量就是不行,可能在白良学区算是排名最后的吧。在这里毕业的学生娃娃上到初中就很吃力了,尤其英语跟不上,导致在初中边上

边辍学，流失生多，所以我们村考上好大学的人不多，有
些勉强读完初中，也考不上高中，只能去上中职学校或出
外打工。娃娃上学的后劲不足的主要原因在于小学时的
基础没有打好，到一定的程度就学不动了。我的两个儿
子当时上小学都是在咱们这里上的，大儿子聪明一点，吃
苦性也很好，喜欢学习，小学毕业后去白良中学读初中，
刚开始就学得很吃力，但他一直坚持自己补习旧课，边上
边补，初中毕业后总算考到县一中了，但初中三年非常
累。我大儿子今年高二，学习还可以。可我的二儿子就
比较贪玩，脑瓜子不笨，但就是自己管不住自己，课程落
下来的较多，小学毕业后上初中就跟不上了，到初二自己
干脆不去读了，现在在他舅舅的砖厂里干些零活，等长着
大一些了再学个技术吧。"

村民刘思宇算是个文化人，初中毕业后在平凉市上过两年中
专，学了一门手艺，现在开了一家电焊铺，生意很不错，前段时间把
孩子转到县城读书了。他的说法含有一定的文化思考：

"咱们村小学从来没有开过家长会，我们对孩子在
学校里的学习、表现等情况都不太清楚，学校老师也不家
访，家校之间缺乏有效沟通。孩子在学校犯了错，任由老
师责罚，回到家里来也不敢告诉家长。也许我们家长平
时忙于农活，再加之文化水平有限吧，学校几乎没有开过
家长会。学生的教育应该是一个老师与家长及时沟通、
相互配合的过程，但咱们的情况是家长把孩子打发到学

校后就基本上交给学校了，家长依赖学校，但学校却靠不住。我的孩子学习还可以，别家有条件的都把孩子转走了，我不转怕孩子上了初中跟不上，那就来不及了，我就那么一个儿子，如果学习上有什么不好，我的责任就大了。现在的经济好转了，一定要创造条件，让他好好上学，将来考上大学就能为我增光了。"

村民罗辉："学校老师打孩子现象比较普遍，这里的老师好像脾气比较暴躁，动不动就打孩子。据我儿子讲，他们老师把不听话的孩子直接打得头上流过血，有时候还扇学生耳光，我儿子吓得几乎不敢看。现在的孩子从小在家里娇生惯养，胆子明显小，一旦在学校受到打骂和惊吓，孩子就干脆不到学校去读书了，这个孩子也就算没治了。"

"咱们农村学生在学校里调皮的男生多一些，这也符合男孩子的成长规律，女孩子大多数都比较乖巧懂事，相对要听话一些，不怎么受体罚。而男孩子受到体罚后回到家里也不吭声，不敢给家里人说，怕受到家里大人的再一次责罚，只能把委屈藏在心里，长此以往对孩子的心理健康产生影响，怕造成伤害。我的女儿上二年级时曾经有一段时间怕去学校，我一问，原来是一位新调来的年轻老师教数学，喜欢打学生，她害怕去学校。升到三年级后，我就把她转到乡中心小学去了，我儿子也转到乡中心小学读书了。儿子上五年级，女儿上三年级，我爱人在乡中心小学附近租了个房子，专门管孩子上学，家里就我伺候着老人，种一些地。"

村民苏丽花也把两个孩子转到县城第一小学读书了,她说:

> "我放着村里家门口的学校不上,花费了好多周折把孩子转到县上,掏了比村小学多得多的钱,但我愿意,觉得宁愿多花些钱也值得。只要两个孩子能在县城读书,以后就好办了,他们可以在县城读完小学、再读初中,之后就是读高中。现在的孩子上学是头等大事。"

从对村民的访谈中,我们进一步分析村民对村小学的真实看法:

第一,村民对村小学的评价不高。村民对村小学持否定态度,认为村小学办学不好,孩子在这里上学会耽误孩子。由于村小学的教学质量问题,担心将来孩子上到初中、高中时跟不上,造成孩子辍学;而现在的孩子越来越少,家长对孩子的教育却越来越重视,于是,家长的择校现象越来越多。

第二,学校与村民之间缺乏交流。村民都能认识到家访、家长会的重要性,他们认为家校之间的有效沟通、合作是孩子成长的重要方式,但身处学校、进行专业工作的教师却很少召开家长会,有效进行家长与学校间的沟通,不能不说是一种缺憾。

第三,学校内部管理不善。老师体罚学生,造成孩子的恐惧心理。农村学校体罚学生的现象时有发生,对孩子的成长不利;教师缺乏责任心。

对上述问题的进一步凝练可以看出,村民的教育期望与学校办学之间的差距在增大:

教育认识。村民对教育重要性的认识在不断提高。随着年轻一代村民外出打工,经历城市生活后,对城市的向心力在增加,对知识的重要性的认识越来越高。他们认为,在现代社会,"挣大钱要靠知识,没有知识只能下苦力"(村民语)。为了自己的孩子在将来不再重复自己的命运,他们便把希望转向教育,供给子女读书,渴望他们在将来能过上像城里人一样的生活。

焦虑心理。村民对子女学习的状况在焦虑。这种焦虑来自学校的办学状况与子女的学习成绩。村民对学校的办学状况往往从教师的敬业精神、责任心、学校的管理水平、学区的抽考评比等等中反映出来,"咱们小学的教学质量就是不行,可能在白良学区算是排名最后的吧。"(村民语)这种看法是村民对小学办学的基本认识,一旦这种认识沉淀在村民的心理并产生刻板印象,则学校的形象很难在短时间之内重塑。

教育行动。转学是无奈中的必然。家长在无力改变学校现状时,只能采取转学的方式,向他们认为办学好的学校寻求信任,去重塑期望。

村小学在村庄中已经有五六十年的存在历史,堪称刘村村民心目中的文化意象。在以前的办学中,家长对学校的信任是义无反顾的。每到开学时,家长都会把自己适龄的孩子送到村小学去接受文化的濡化,对村小学所承载的文化传播功能没有发生过任何迟疑。当然,其中也有在以往的条件限制下,与村民选择的单一性有关,但村小学自身的保守性与变革的迟缓性造成了其自身在社会发展转型中的衰落,而衰落的表征无以重拾村民的信任。涂尔干认为:大众之于教育的心态往往作为一种集体表象,以另一种方式记载着教育的发展过程,而且这种集体表象可以起到直接或者间接地影响人们和教育的实践,而实践又是人们构建这个社会世界的基础①。从村民的角度来说,教育承载着他们的期望,尽管这种期望能否实现并不是一个确定值,但对教育所产生的信任是确定的,毫不迟疑地送孩子去学校上学本身就是一种对学校的信任和依赖,但当这种信赖不能获得可靠的保障时,村民便从心理产生规避意识。社会学理论认为:信任是可以代替社会控制的资源,有助于节省交易成本(张清,2011)。在村民与村小学的交往中,由于建立于信任基础上的默契使村民对子女的就学学校放心并产生了安全感,而一旦学校的衰落使村民的安全感和信任感以至依赖感动摇,村民的自身期望利益受到影响时,村民就对学校产生信任危机。学校要想重塑形象,重拾村民的信赖,则不是一蹴而就的,需要一个漫长的沟通和努力的过程,建立在自我变革和信守职业操守的规则基础上完成重塑,也需要内部的努力和外部的认可。村民出于对自己孩子的教育利益的考虑,面对逐渐空巢化的学校,心中的焦虑在加重,对学校每况愈下的状态的不满在积聚,于是产生了对学校的不信任。村民心中对教育的主观预期,往往是与自身的利益密切相关的,"孩子的未来是一代人的大事"。尼古拉斯·卢曼(2005)认为:"熟悉是信任的前提,因为有了熟悉,信任才有较大可能,信任需要历史作为可靠的背景。"②在城乡二元结构并存的社会背景下,中国社会转型过程中教育改革必然引发利益格局的调整,产生阵痛也是一种"物竞天择"式的选择。城乡教育发展的不均衡是一个不争的事实,并且随着社会的发展,这种差

---

① 张人杰:《国外教育社会学基本文选》,华东师范大学出版社 2009 年版,第 4—5 页。

② [德]尼古拉斯·卢曼:《信任:一个社会复杂性的简化机制》,瞿铁鹏、李强译,上海人民出版社 2005 年版,第 25 页。

距会越拉越大。在社会转型期,激烈的社会竞争日益加大,人们的教育观念在不断发生变革,农村学校能否缩小与城市学校的办学差距,办出让村民满意的高质量、高水平的义务教育,不仅关系到国家义务教育的普及发展,也是关系到农村学校存废的生命线,更是社会和谐发展的重要保证。

在后来的调研中,我与杨校长也谈到了村民反映的上述问题,也算是委婉地向学校管理者层面的一种情况反馈,杨校长认为基本上是属实的。他承认老师打学生的现象存在,但自从他调到这里当了校长后,就三令五申强调一律不得体罚学生,这种现象现在基本没有了。他说:"总体来说,咱们农村的孩子比较乖,基本听话。对个别调皮的孩子,有些老师方法简单粗暴,以后一定要加强管理,家长会和家访制度也要建立起来"。

杨校长不无惋惜地说:"照此速度递减下去,用不了两三年,也许这所学校就关停了。当初为了迎接'普九',中石化援建了这所学校,办学条件确实改善了许多,学校宽敞明亮了,教室、教学用房很充足。可修好了学校,学生却越来越少,闲置了真是一种资源浪费。据我了解,有些停办了的小学被撤并后,新建不几年的学校只好闲置,甚至有些就被村民强占养了牛,真是可惜。"

五、村支书

村小学的发展,离不开村级组织的支持。村委重视教育的程度往往影响着村级教育的发展,而且是一种软性影响。尽管村级教育的投入主要靠乡级学区和县级教育主管部门完成,但村级支部书记、村主任对教师和学校的重视,能够产生人性化的发展动力。

村支书叫罗禄,罗姓家族人。40 岁出头,寸头发型,精力充沛,个性直爽,为人豪气,有魄力,但文化程度不高,小学没有毕业,一直在家劳动,多数时间外出打工。他说,村级教育是"基础性工程",现在全社会都在讲"学商",我们村学校也不能落后。他的话真是让我吃了一惊,一个村级书记对教育的认识竟是这样的准确。

"咱们农村家庭有个很奇怪的现象,如果一个家族有人是挖煤矿的,这个家族后面的人都会去挖煤;可要是这个家族中出了个读书人,干了公家的事情,吃上了公家的饭,后面的多数人都会去读书,也会有很多人考上大学。"

这正是教育期望效应在家族中的代际传递。支书可能不能从理论上进行阐释,但他还是敏锐地发现了这种现象在农村的存在。对于村小学学生的日益锐减,他说出了自己的担忧:

"我们村小学办了五六十年了,现在的情况很愁人,学生娃娃越来越少,我看不久就会关门,怎么办?没有人来了,你总不能硬把娃娃拽着来吧,还是要好好想办法,把现在的 40 几个娃娃留住,实在不行,我们就要挨家挨户去动员,有些村子的学校都'抢生源、挖学生'了。学校如果撤走了,咱们村就感觉光秃秃的了。"

村支书比喻很形象,使人想起光秃秃的不长草的山头。村小学的撤并应该是一种文化的"光秃秃",那种后果将是严重的。

238

六、教育领导者

对于乡下学生择校进城现象,教育部门的领导者是怎么看待的呢? 2013 年 8 月中旬,我和 Z 县教育局的 Y 局长有过一次谈话。他认为:

> "随着农村经济状况的逐步好转,老百姓供给学生上学的热情越来越高,尤其小学生进县城择校的越来越多,给我们带来了很大的办学压力。现在只要家里有条件,稍有能力者都要把孩子转到县城来读书,导致县城城区各个学校'人满为患',大班额非常普遍,一个班的学生有些甚至达到八九十人,给学校带来了很大的压力,而迎接'普九'检查时投资修建的那么多漂亮的村庄新学校却逐渐空巢化,闲置了下来,造成资源的浪费,很是可惜。家长为了孩子在城区学校上学,不惜携家带口,有些甚至举家迁到县城,租房子居住,导致县城的房价越来越高,租房子的租费也一路看涨,甚至到了一房难求的程度。"

> "2011 年时,我们全县共有中小学生 8 万多人,城区学校 3 万多人,农村学校 5 万多人,而到了 2013 年,全县中小学生下降到不足 7 万人,现在城区学校学生 4 万多人,乡镇学校学生近 2 万多人,而农村学校学生不足 1 万人,对我们这样一个近 43 万人的大县,每个村基本都有小学,平均下去每个村小学有多少学生呢? 有些村学校几乎没有学生了,不得不撤并。"

> "我认为随着孩子出生率普遍下降,村民对优质教

育的渴望和对更好的教育效果的追求是村小学难以为继
的主要原因之一。现在村民把孩子从村小学转到县城或
者乡镇学校上学，甚至有些有条件的人从县城转到大城
市，随着农民经济状况的好转，优质教育成为抢手
资源。"

长期以来，中国城乡教育发展的二元格局造成的事实差距不
仅仅是物质条件的差距，物质条件的差距也许随着经济的发展、通
过教育投资可以得到改善，农村学校的硬件建设、设备等完全可以
赶上城市学校。真正的差距是软件方面的差距，尤其师资力量是
无法比拟的。人心思上，哪个老师不愿意到县城以上的学校工作？
哪个高水平的老师愿意终老乡下？这种资源的不均衡是制度几乎
无法解决的，这是一个隐含着资源、利益、甚至结构性的失衡，更是
一个权力、体制的问题，尽管"三农"背景下的经济社会发展向农
村倾斜，城乡统筹发展等对农村的教育的改善是有目共睹的，但是
城乡之间、东西部之间、沿海与内地之间、中央与地方之间的利益
博弈依然很激烈，发展极不均衡。县城学校与村庄学校的差距尤
其严重。乡村学校的发展日益衰落，不能满足人们日益增长的教
育需求，城乡之间较大的生活条件、经济状况和文化差异难以留住
年轻老师在乡村任教，人力资源和城市之间的差距很大，乡村教师
工资待遇低，与城区相比差距越拉越大，于是乡村学校的优秀教师
想尽一切办法离开乡村学校，调入工资相对较高、待遇更好的县城
学校，甚至有些不惜辞去公职跑到私立学校任教。即使有些教师
勉强到村小学任教，也是一种迫于无奈的选择，来了也不安心工作
岗位，缺乏热情甚至激情。现在的教育分布状况是县级学校条件

比乡镇好,乡镇学校条件比村级学校好,地方政府甚至不惜牺牲乡村学校的利益,集中优势资源办好县城学校(尤其是示范性学校),财政供给的不均衡使乡村学校及其教育资源越来越赶不上城区学校,其产生的直接后果是村民对乡村学校的公信力和信任度的不断下降,导致乡村学校处于信任危机和风雨飘摇之中,它何以能承载乡村文化传播的重任? 信任是一种态度,更是一种社会心理活动,是与村民的教育期望和社会流动直接相关的利益诉求。巴伯认为:"信任具有维护社会秩序的一般功能,并且为不断相互作用的行动者和体制提供认识和道德的期望图式。"①一旦乡村学校的信任度降低,多元选择的社会环境又能为村民的选择提供各种可能性,乡村学校学生的锐减是必然的。另外,乡村学校的教学条件和教学质量使乡村学校的生存境遇愈益艰难,尤其与城市学校之间的差距拉大,但在参加中考甚至高考时,乡村学校的毕业生与城市的学生面对的是同一套测试卷,同样的标准答案,其中的不平等是不可同日而语的,村民的择校选择实属无奈之举。

第二节　对教育"期望者"的追访

2013 年 8 月 24 日、25 日是甘肃省规定的中小学生统一开学报到的日子,8 月 26 日(星期一)开始正式上课,就可以算作一个整周——第一周。我利用学生开学报到的机会到县城对进城租房"移居"到县城供学生上学的村民进行追访,以期更进一步了解村

---

① ［美］伯纳德·巴伯:《信任——信任的逻辑与局限》,牟斌等译,福建人民出版社 1989 年版,第 12 页。

民的供学情况。

在刘村调查时,听说了伟华和伟强转学的事情,决定首先找他们了解在县城借读的学生情况。

伟华和伟强是两兄弟。伟强 11 岁,是哥哥,上小学五年级;伟华 9 岁,是弟弟,上小学三年级。为了两兄弟的上学问题,他们的爸妈费尽了周折,把他们从村小学转到县城第一小学读书,这在刘村引起了不小的"轰动"。因为现在要把一个乡下的学生转到县城读书,其中的"周折"是难以想象的。他们的爸爸在兰州打工,妈妈弃农供学,专门在县城租了个房子陪他们上学,做饭并照料他们。在村中听说了伟华和伟强的事情后,我想对他们的情况做一个追访。

县城不大,通过相互熟悉的人找到他们租住的地方并不难。8 月 24 日晚饭后,我找到他们在县城南面临山搭建的一栋农民自建楼,走进一楼一间大约 13 平方米的房子,我见到了伟强和伟华以及他们的妈妈小梁。小梁 30 岁左右,皮肤有点黑,扎了个马尾辫,收拾得倒也干净利落,一副村民的模样,一看就是持家的好手。

"凌乱"是进屋的第一感觉。屋子里的摆设及用品很简单:屋子的一边是一张单人床,另一边是一张上下高低床,窗户下面摆放了一个小柜子,柜子上面放置了一台约 15 英寸的电视机,正在播放一部枪战片,伟强和伟华正抢着看自己喜欢的频道,弟弟伟华还不停地模仿着电视里的情节进行着"实战射击"——趴在地上用一支塑料冲锋枪打靶,并不时地喊着自己打了几环。

见我进屋,小梁很觉歉意地说:"实在不好意思,今天我刚搬了房子,实在太乱,坐也没地方坐,还没有来得及整理。"她忙不迭地给我找了个小凳子,让我先坐一会儿。她解释说,她原先租住的房子在这栋楼的东头第一间,暑假她领孩子回村子上去了,结果开学回来一看,屋子泡水了,原先放在屋子里的衣服全部发霉了,才刚洗完,还没有干,正在晾晒。

我坐下后,再次环顾了一下这间小屋子,西角落放着炉灶以及一些菜蔬和简单的炊具(几个碗、碟子以及一个小面板)。这个季节正是地里的苞米成熟的时候,他们的一个碗里盛着几根煮熟的苞米。床上堆满了许多衣服,屋子中间的一根铁丝上晾着好多刚洗过的衣服,搭得厚厚密密的,包括运动衣、裤子等。小梁解释说,后天开始上课,学生到校统一要穿校服,所以她赶紧把发霉了的衣服洗一洗,下雨天恐怕干不了,要不孩子到校就没得衣服穿了。

水泥地面上全是垃圾,撒了许多修门时削下来的木屑等杂物,伟华就趴在覆满垃圾的地面上,下面垫了一块烂布片练习射击。

我们的谈话是从房租开始的。

我:每个月的房租费多少钱?

小梁:这里的房租按年算的,这一间屋子一年2500元。

我:你觉得高吗(我是指价格)?

小梁:挺贵的。这间小屋子包括水费、电费、做饭的煤炭以及冬天的取暖花费等,一年下来差不多要4000多元,再加上我们三个人的生活费、两个孩子在学校里的其他费用,一年就要一万多元。(一万元对工作人员来说并不多,但对一个纯农业家庭而言,压力已经不小了。)

我:那经济来源主要靠什么?

小梁:经济来源主要靠孩子的爸爸打工。他在兰州搞建筑,一年到头基本不回家,只有年底才能回来一次。

我私下里想,一个30岁左右的女人,一年才能与丈夫团聚一次,其中的思念、凄苦只有她自己知道。小梁也开玩笑说:"我丈夫是打工的,回家就没有钱了,不像你们拿工资吃公家饭的人。"

我:他一个人挣钱,你们一家花费,够吗?

小梁:很紧张。

我:那家里的田地谁耕种?吃的粮食怎么办?

小梁:我已经不种地了,吃的粮食主要是前几年种地攒下来的,还挺多的。现在孩子上学是头等大事,粮食以后再说,现在的社会,总不会挨饿。

(我知道,这里的农民吃粮食主要是自产,尽管产量不高,但农民主要以种地吃粮为主。纯农业地区的老百姓对于种粮食的感情是深厚的,种粮食是头等大事,他们耻于花钱买面粉吃。总觉得自己种的粮食磨的面粉吃着心里踏实。)

我:我去过你家。你在村子上的家里修建了很漂亮的院子和房子,可以称得上是宽房大院,村子上也有修建

244

得标准化的村小学,孩子为什么不在那里上学,为什么还要把孩子转到县城来上学?

小梁:主要是为了孩子的学习问题。你也知道,我们家里的条件这几年还是可以的。家里新修了院子以及新建了房子,装饰得也很不错。但为了孩子的学习,我不得不到县城租这一间又小又潮的房子居住。为了冬天烧煤炉子取暖,我只能住到一楼,二楼要搬煤上去,我搬不动,住到一楼潮湿,但方便一点。

我:孩子在村小学上学不行吗?

小梁:孩子在村小学根本就不学习。村小学老师不太管孩子,加上那里的环境太熟悉,孩子一放学回家就疯玩,我的这两个孩子玩性很重,连老师布置的家庭作业也不做,长期下去,我怕耽误他们的学习,所以就转到县上来了。

我:你真是一位有远见并重视教育的家长。

小梁:哪里呀! 现在我们这样的家长太多了。

我:你上过学吗?

小梁:我只上过小学。那时候我家里很穷,只上到小学毕业就辍学了,出去打工,然后就结婚嫁人了,这一辈子也就这样了。但我觉得孩子小,我的希望就在他们身上,我不希望他们重复我的人生路,期望他们能考上好大学,将来能有一个美好的前途,像你一样吃上公家饭。

小梁的话语中透射出来的动机是单纯的,甚至是单一的。她可能并没有意识到子女教育与国家发展甚至民族昌盛等宏大的关系,他们供给孩子上学的动机从表面上看似乎仅仅囿于一种家庭自我中心主义的目的,为了孩子"将来能有一个美好的前途"是她弃家舍业、租房供孩子上学的核心出发点,但小家与大国之间的关系是同构的,中国的希望、中国教育事业的发展就是靠着这些可以说有些"狭隘"意识和现实眼光的农民在无私付出,与学校教育互相配合,源源不断地培育后继人才。

> 我:孩子转到县城后学习方面怎么样?
>
> 小梁:学习上有所好转。但你也能看出来,我的这两个孩子太贪玩,做作业都要我盯着。这里的条件差,连书桌都没有,只能爬到炕上写作业,不盯着,他们就玩。但由于怕这里的老师,他们对学习重视多了,县城的教学质量比村子上好许多,加之信息也灵通一些,所以我当初花钱托关系,找人走后门才报上名的。现在的县城小学由于生源爆满,在县城没有房产证的人根本就不让报名。(看得出来,小梁为了给孩子报名,满腹辛酸。)
>
> 我:你觉得这样值吗?
>
> 小梁:肯定值得的。孩子现在在县城上了小学,以后就可以在县城上初中、上高中了。县一中的教学质量可是顶呱呱的,2008年还考出了个全省理科状元哩,被清华大学录取了。我真心希望我的两个孩子在将来也能考个好大学,有碗公家饭吃,我的辛苦就值得了。

在和小梁的谈话中,我一直在注意听她的用词,尽管谈话时间不太长,但从词频角度分析,有一个词出现了三次:"吃公家饭"。

第一次她说："不像你们拿工资吃公家饭的人"，第二次她说："（孩子）像你一样吃上公家饭"，第三次她又说："有碗公家饭吃"。这三个词也许更能反映出小梁的供学动机：让孩子吃上公家饭。

进一步分析小梁的心理，我们可以看出：

第一，小梁认识到教育的重要性。孩子在村小学的学习不好，让她焦虑。为了能给孩子创造一个良好的学习环境，她弃农供学，租住在县城的一个小房子，但她觉得值，要让孩子能"吃上公家饭"，就要从小抓起。

第二，自身的遗憾转为对孩子的期望。小梁因为自己从小家里贫穷，没有多读书，她的人生基本已经定格。于是她将期望寄托在孩子身上，希望孩子将来能有个美好的前途，能"吃上公家饭"。

第三，为了实现教育期望花钱值得。为了这个期望，她付出了一定的代价，孩子在县城上学的各项花费远远超出了在村小学上学的支出，但她觉得无憾。

第四，村小学的教育质量失去村民的信任。村小学的教学质量状况令她不放心，怕耽误孩子。

这位"弃农供学"的母亲为了孩子的学习问题，付出了较高的代价，放弃了耕种土地，放弃了宽敞的宅院，租住在狭小拥挤的小屋，但她无怨无悔，她的心中有期望，有梦想，孩子的未来在召唤着她，她苦并快乐着。

8月中旬在刘村做调研的时候，我在刘家咀社遇到过两弟兄独自守家。他们的转学情况是村庄教育变化的又一典型，一位背着儿子上学的母亲形象让人生出无限敬意。

那天我去了社长家，了解了一些情况后，与社长银珠告别，我想去访谈一位今年考上大学的准大学生玉玉，但不凑巧，玉玉家里大门紧锁。这个时间点正是农民们在地里干活的时候,估计她帮妈妈干农活去了。

玉玉邻居家的院子是一个修建得很漂亮的院落,大门是开的,两扇金黄色的门面上缀满黄色铜扣,显得很大气,金黄色的瓷砖贴了门墙面子,高大气派,格外耀眼。这在农村已经很漂亮了。

　　我走进去,喊了一声:"家里有人吗?"

　　"有人",应答我的是一个很稚气的孩子的声音。

　　走进屋子一看,有两个不大的男孩子,稍大一点的站在地上,小一点的那个还爬在炕上的被窝里。他们俩好奇地打量着我。

　　我:你家里大人呢?

　　大孩子:我爸爸去银川打工了,我妈妈去地里干活了。

　　我:你叫什么名字?

　　大孩子:我叫伟雄,他叫伟涛,他是我弟弟。

　　他用手指了指还爬在被窝里的小男孩。伟涛笑了笑,露出了一口好看的白牙。

　　我:你们俩上学了吗?

　　伟雄:上了! 我上六年级,伟涛今年秋季要上一年级了。

　　我:在哪里上呢?

　　伟雄:在村上的刘村小学读,我在那里已经上了五年了,今年升到六年级了,下学期就不在刘村小学读了,我要转学了,转到白良小学去读。

　　我：白良小学在乡上，距离你们这里很远呀，你怎么读？

　　伟雄：我爸爸租房子了，我们准备住校。

　　我：为什么转学呢？

　　伟雄：主要是下学期我弟弟伟涛也上一年级了，他太小了，去村小学读书太远了，一天要跑四趟，他走不动。我上六年级，要上初中，就要考试了。

　　我：那你从一年级到五年级在刘村小学是怎么读的？

　　伟雄：我读一年级时，这个社上学的同伴多，大家一起去学校，还可以，现在一起的同学越来越少了，下学期就只有两名学生了，不得不转学。

　　我：你喜欢读书吗？

　　伟雄：当然喜欢呀！我的学习一直很好，能考班级第二名呢。你看我还获得"三好学生"的奖状呢。

　　他用手指了指墙上面贴着的一张奖状说，我走过去一看，是一张刘村小学颁发的"三好学生"奖状，是奖给伟雄的。

　　伟雄是一个很聪慧的孩子。11岁的年龄比同龄人显得成熟。大人不在家，他就能照顾弟弟，并看护家院，还要干些零活，这是农村孩子独有的懂事。看到伟雄、伟涛两兄弟，我想到了太多太多的农村孩子的成长经历和成长过程，都有其相似性。

　　在伟雄家的院子里面转悠着看了看，发现他家的院子和房子修饰得很讲究。院落收拾得错落有致，干净整齐，水泥地面上晾晒着新收的麦子，看得出来这是一个勤劳的农家。伟涛的机灵聪慧和伟雄的成熟给我留下了深刻的印象,让我看到了这个家庭的希望。

8月25日,在全县中小学生开学报名的第二天,我决定到白良街道上去看看伟雄和伟涛两兄弟的上学情况。因为转学报名也很麻烦,他们能报上名吗?加之上次的访谈中没有见上他们的家长,多少有些遗憾。

白良的街道不大,这里原先是白良乡政府所在地,2008年乡镇撤并时,白良乡并入乌龙乡,乡政府机关搬迁到乌龙乡政府所在地——山集街道去了,这里只保留了乡中学、乡小学及乡医院,集市和街道依然繁华,每逢三、六、九赶集,附近的老百姓进行商品交易。

学生租住房是原先的白良畜牧兽医站的院子改建的。走进不大的院子,一排排的简易房子显得拥挤杂乱。畜牧兽医站被本地的一位老板买下来后进行了改建,为了节省空间,房子建得很密,一排与另一排之间的间距很小,显得拥挤。租住的学生和家长做饭主要用煤炭和柴火,燃烧后的烟在狭窄的空间里不易排出去,二氧化碳的呛人味道显得乌烟瘴气。

在院子里打听伟雄和伟涛,并说出他们的爸爸的名字——满庄,一位中年妇女指着水井旁的一间屋子说,"伟雄的妈妈就在屋子里。"

听到有人找,伟雄的妈妈小仇走出来了。她是一位三十岁左右的农村妇女,皮肤有些粗糙,常年的田间劳动所经历的风雨侵蚀在她脸上过早留下了岁月的痕迹,使得她显得老气。但她的身体很好,略显胖,但很结实。

　　说明了来意，小仇很热情地邀请我进屋坐。走进屋子里一看，屋子很小，6平方米左右，一爿炕就占去了大部分面积，但炕还是小，估计母子三个人睡觉很挤。没有写字台，炕的一边放了一些做饭的用具，另一半放了一个木柜子，空间就完全占满了，仅有的一点地方，两个人转身都困难，我在炕的一边坐下，她在炕的另一边坐下，开始了访谈。

　　我：现在转学报名难吗？

　　小仇：也挺难的。现在从村上转到乡上的学生越来越多，乡小学的容量有限，报个名都得找关系说说话，学校还要进行测试，学习不好就报不上名。

　　我：那你为什么要给孩子转学呢？刘村小学不是也挺好的嘛！

　　小仇：转学主要是为了孩子。村小学距离我家里太远了，一天走四趟，一趟一个多小时，孩子小，自己去上学走不动呀！我的大儿子伟雄上一年级时年龄太小，体质不好，那么远的路，走着走着就跟不上其他孩子了，山间路，没有办法，我就背着他上学。一年级整整背了一年，一天四趟，一趟一个多小时，那种背孩子的艰辛只有我知道。到了二年级他大一些了，他就可以自己去了。但下雨天、下雪天要过沟里的小溪，还是不放心，我就早上把他送到学校，再回来做好中午饭，给他送到学校里去，只为了让孩子能吃上一口热饭。我还要抽空种地。整整五年时间了，我实在坚持不住了。现在二儿子今年又上一年级了，我愁着呀，那种背孩子的感觉太难了，我和我老

251

公商量了一下,就把他们转到白良来上学,住校,我看护他们,我也就不用背孩子上学了。

听到这里,我的眼睛有点潮湿。望着眼前这位朴实的乡村妇女,平凡得如同一株麦穗,但她坚持不懈地背孩子上学,对教育的虔诚让人肃然起敬。她说她小时候由于家里穷,上不起学,爸妈没有给她上学的机会,她一定不能耽误自己的孩子,我听着为之动容。

> 我:孩子的爸爸不接送孩子吗?
>
> 小仇:他常年在银川等地打工。坐在家里不行,一家人太费钱了。现在我们又在这里租房子住,房租、生活费、水电费等下来要花好多钱,全靠他打工维持。
>
> 我:上次我到你家里去了,看到你家里修得很漂亮的房子和修建得很好的院子,和你目前租住的这间房子相比有很大的区别,你不觉得委屈你和孩子吗?
>
> 小仇:没有关系!为了孩子的学习,这不算啥。和我以前背着伟雄上学,那要好多了。一天背着孩子走四趟路,累得我晚上几乎不想吃饭。

我对这位平凡而坚毅的母亲不由得刮目相看,心中生出无限敬意。在她眼中,孩子的学习是头等大事,为了孩子的未来,她用肩膀背着自己的儿子去上学,爬山蹚溪,不辞辛劳,背负着的不仅仅是孩子,更有那殷切的期望和对未来的憧憬。"知识改变命运"是农村人的朴素认识,也是他们唯一的精神寄托。他们对孩子的无私关爱成为他们行动的动力。像她这样一批又一批的母亲夯筑了中国农村教育的家庭基石。

刘村人对子女教育如此重视的深层次原因是什么呢？也许子女的前途、未来的发展、良好的工作和生活的条件以及环境，等等，都是非常现实的想法，这种想法更有其文化根源。在文化传统观念中，也许我们能寻找到更深层次的原因。

在刘村，人们喜爱秦腔。秦腔是一种流传久远的地方戏曲，秦腔文化中倡扬的"洞房花烛夜、金榜题名时"成为村民的人生梦想，"考取功名"、"加官晋爵"、"封妻荫子"、"光宗耀祖"的文化价值观对村民的教育认识产生了深厚的影响。贫乏的农村文化生活和落后的知识状况使村民对"官"敬畏有加，往往把"官"等同于秦腔文化中的状元，尤其出生于20世纪五六十年代的人，在特殊的历史文化时期，秦腔成为他们认识社会基本的文化图式，也成为他们的精神寄托，对秦腔文化宣扬的文化价值观产生了重要的认同和信仰。走进刘村，现在还有两座戏楼仍然是很时尚的建筑，村民称其为"戏台"。两座戏楼建于20世纪80年代，刘家社和罗家社各有一座，在其刚修建起来的时候比原先旧的村学校（现在新的村小学建于2008年）的建筑都要漂亮。那个时候秦腔正兴盛，村民热心秦腔的人很多，于是动员大家捐款，一股脑修起了两座戏楼。每年的"腊八节"一过，村民就开始学唱戏，实行"传帮带"的互教方式，学唱秦腔剧目，一直到次年的"二月二"龙抬头"卸将"。村上要唱近两个月的秦腔，大多数的下午和晚上基本都有戏看。刘家村的戏楼两侧用石膏雕镂而成的对联"好将白雪杨春曲，引出忠臣孝子心"，依然昭示着秦腔文化的主题："忠臣"和"孝子"。这种文化价值观至今依然在感召后人。"望子成龙"和"光宗耀

253

祖"的传统文化影响依然具有较强的生命力。"望子成龙登皇榜，光宗耀祖美名扬"是在"五伦"关系基础上演绎而成的认识论追求，是显赫门庭和振兴家族的中国文化情结，而这种情结在农村浓郁的传统文化中尤甚。"忠臣出于孝子之门"，刘村家庭文化的核心是博取功名，给家族带来荣耀和辉煌的同时，展现家族的威仪和气度。家道、家风、家庭成为衡量一个家族兴旺与否的标准。现在，随着那一代人的逐渐老去，会唱秦腔的人越来越少，年轻一代已经对秦腔感觉陌生，甚至现在已经没有多少人能唱出秦腔了，但秦腔宣扬的文化价值观依然在刘村人的生活中时隐时现，对教育产生着一定的影响。

随着时代的发展变化，在现代化的进程中秦腔文化所宣扬的"功名观"所产生的社会基础和社会机制在逐渐减弱，但"功名观"所依附的对家庭、家族以及个人地位的意义仍然在村民的头脑中根深蒂固，"官"依然是村庄舆论的核心，而现代社会对官的选拔标准（受过教育、大学文凭、进入体制）使人们把教育与"功名"、"官"之间做了类推和链接，要想"做官"就必须接受教育，将来才能光宗耀祖，传统文化的穿透力依然深深地附着在村民的日常生活中。

第六章　村民教育期望的现实困境

> "消费文化已经成为农村社会主宰性的意识形态，它对生活以及人生意义的设定已经主宰了许多农民尤其是农村里的年轻人的头脑。"

> ——刘铁芳

众所周知，在 21 世纪的教育发展中，付费教育成为一个时代性的趋势。非义务教育阶段的高学费、高消费让凡是供给学生上学的家庭都感觉不轻松。城市的双职工家庭即使夫妻双方单位的效益较好，供给一名从高中到大学的毕业生也会让他们倍感经济的巨大压力，那么收入微薄的处于西北地区的刘村的村民又是如何应对的呢？

第一节　教育返贫与弃读大学

农村地域的差异不容小觑。时至今日，在东南沿海大部分农村地区已经实现了从农业向工商业的产业转移，农民生活得到极大改善，家家户户奔向小康。而就在同一时代背景下，地处西北地区甘肃省陇中地区的农民依然处于较为落后的发展状态，生活水平低下，生产方式落后，生活条件艰苦，传统观念浓重，单纯的小农经济收入仅能维持基本的温饱生活,取得经济的方式只有外出打工。而时下农村的消费不低,家庭生活成本和生活压力不小,婚丧嫁娶、人情交往不胜繁多,生活材料、生产资料节节上涨,没有其他任何经济收入的农村家庭要供给一名大学生绝非易事,往往靠贷款、借款才能勉强完成;而如果一名大学生毕业后不能就业,巨大的教育债务如何解决? 回到农村的大学生几乎无用武之地,还要父母为其操办婚事,没有十几万块钱的彩礼是根本不可能办成的。学费对"经济人"特点的农民具有一定的影响度,其对学生的期望所产生的影响是必然的,因此,我们有必要对这一问题进行一定的考察,以期更进一步分析村民教育期望的变化状况。

为了对这一问题有一个量化的分析,在刘村 2013 年在读的大学生中随机选取 15 名进行了学费问题的调研。这里的学费是一个广义的概念,不仅仅是给学校缴纳的那一部分培养费用(学费),还包括住宿费、生活费、交通费、医疗费、购物费以及其他消费性支出,是全面计算大学生消费性支出的概念,对于了解一个大学生的家庭费用支出具有一定的经济学意义。经调查,15 名大学生中学校收费最高的为长江大学(武汉,就读学生罗海林),每学年学费为 5200 元;学费最低者为陇南师专(甘肃陇南市,就读学生刘明明),每年学费为 4500 元,采用加权平均计算,这 15 所大学的平均收费为 4850 元;高校的住宿费最高者为 1500 元,最低者为700 元,平均数为 1100 元;大学生的生活费随着物价的上涨也在逐渐增加,但这项费用因人而异,也会因每个月的消费而异,只能粗略计算,最高者有过 2000 元/月,最低者为 700 元/月,基本消费约为 1000 元,因为农村出身的大学生的生活费的消费相对节俭,因此,生活性支出按照每个月 800 元左右算较为合适,每年按照

10个月计算,总计为8000元/年;以上三项费用合计为13950元。这三项费用为必须支付项,是每个在校大学生家庭为其支出的费用。而其他费用如交通费、购物费、购书费、医疗费、人情交往费等等,以农村学生最为节俭的数额计算,粗略统计也在每年2000元左右。对此予以合计,村民为了大学生读书,家庭支付的消费性支出总计为15950元。当然,这个数字只是一个相对保守的参考数值,无法精确到分毫不差。如果要精确计算,几乎无法统计。这是因为,首先,每个大学生的花费呈不均衡分布,有些大学生可能会超出这个数值,有些学生的费用可能会低于这个数值。相对而言,大学生第一年和第四年的花销费用要高很多,中间的两年要低一些;其次,家庭情况不同,家长给学生的钱数也不一样,消费自然各异。家境好的学生每个月的消费可能几千元,而家境一般或者差一点的学生就会更低,仅仅几百元。

通过以上对在读大学生的学校消费情况进行分析,从另一个侧面反映出家庭为大学生的教育支出。对一个农村家庭而言,每年接近16000元的教育支出并不是一个小数字,那么村民家庭有这个能力吗？能承担此项费用吗？

刘村村民家庭的收入主要靠外出打工获得。大部分家庭基本只能抽出一个人外出打工(多为丈夫或青壮年男性村民),而家里需要留守人员看管孩子,照顾老人,帮助老人一起种地。种地所得主要用来维持生活中必需的蔬菜、油料和面粉等物质资料,基本不用来进行交换,无法取得货币性收益,货币性收入主要是外出打工获得。也有个别家庭会有两个以上的人员外出打工(夫妻或者弟兄),收入相对要高一些。一年外出打工的时间大约在开春的3月份,至封冻的11月底回家,为9个月左右,按照现在的务工最低标准计算,基本上年收入在2万—3万元/人。据调查,这个数字只是一个平均值,得到大部分家庭的认可。村民的外出打工存在着很大的不确定性,因为一年的情况和另一年的情况不一样,有一年会好一点,收入会高一些,可能会超过这个平均值;而下一年度的收入可能会因为无法预知的因素而降低,例如工头卷款"跑路"后,打工者的一年收入就会为零,毫无收益,这种情况在农村时常遇到,只是近年来少了而已。所以家庭与家庭之间的收入不尽相同。但也有些村民可能因为对收入问题的敏感性而不愿说实话,收入高者不好意思炫耀,收入低者羞于言说,但2万—3万元的收入基本算是一个中间值,就目前的实际情况而言算是一个合理的估算值。

这个收入情况对村民家庭供给一名大学生上学应该不是太难的事情。如果家庭全力以赴,停止一切建房、修宅基地等大型支出,基本可以保证孩子的上大学费用,处在家庭可以承受的范围之内。但问题是刘村大部分村民家庭的孩子不止一个,而是两个或者两个以上,如果孩子同时读书,学费问题就会成为一个难题,这是学费问题的纠结之处。

这里的家庭由于生育观念的诸多原因,基本上有两个以上的孩子,四个孩子的家庭也不在少数,并且孩子的年龄差距不大,生育间隔没有拉开,要上学就错开一两年前后都上学了,往往是当老大孩子上了大学时,下面的老二孩子、老三孩子上了初中、高中,甚至有些家庭老大孩子大学还没有毕业,后面的孩子也上了大学。家庭仅有的收入要同时供给2—3个孩子读书就异常艰辛,家庭经济状况一下子会陷入窘境,收支倒挂现象突出,入不敷出就成为家庭的基本现实,导致村民"因教返贫"。

在调查中发现,这里的村民中已经出现了因为学费问题导致孩子放弃读大学的情况,甚至有个别家庭的孩子读大学到中途放弃,外出打工。我对这两个家庭的情况做了详细了解。

刘晓是一位考上兰州某工业职工大学(高职)、拿到录取通知书而没有去报到、最后放弃了读大学机会的学生。在刘村调研期间,听村民讲了刘晓的事情:这位姑娘到现在还因为父亲不让她读大学而与其闹矛盾、赌气,甚至和父亲不说话。他们建议我去了解情况。8月16日下午,我去了刘晓家,她正在帮妈妈淘晒麦子。她很伤心地讲了自己的经历。

> "我是2010年参加高考的,考完后成绩不太好,最后被兰州一家工业职工大学录取,是高职,学机械制造专业。一听说是高职,收费很高,并且专业对女孩子而言也不是太好就业,我爸爸就不让我去读,而是让我去复读,一定要我考个二本以上的正规院校,出来好找工作。当时我坚持着要去读,最后我都哭了,但我爸爸就是没有让我去读,我就去复读了。谁料想复读一年后2011年高考我的成绩依然没有提高,还是没有上二本分数线,我伤心得好久没有出门,抱怨我爸爸不让我读那家高职,最后我干脆不读书了,到华亭一家宾馆打工,现在在前台干收银工作,一个月的工资勉强能维持自己的花销,家里也不管我,我也不愿管家里,尤其不愿给我爸爸钱。"
>
> "我对我爸爸很抱怨,有点恨他,到现在心头的那个结也没有解开,是他不让我去读高职的,如果去读了,说不定情况还挺好,我们高中班的同学有录取到那所学校

的,现在已经毕业了,工作签到深圳、上海的都有,在那边的厂子里干机械技术,尽管很累,但收入比我高很多,这件事情,我是不会原谅我爸爸的。"

我安慰她说:你爸爸也是为你就业着想而不让你去的。再说了,高职很费钱,家里也承受不了。

刘晓沉默地看着我,眼睛的泪花在打转。
后来刘晓的爸爸干活回家了,我和他进行了交谈。

"刘晓读书的事情可能是我这一辈子最后悔的决定。当时看她考了个高职,学费很贵,我家里的情况比较差,她妈妈身体一直不好,干不了重活,家里的事情全靠我一个人忙活,我无法外出打工,再加之我也不甘心,想让她考个二本以上的正规大学,就没有让她去读高职,谁知道她复读一年还是没有上分。她自己赌气不去读书了,就到外面去打工,现在对我很有意见,成了我心头的一块石头,看到她不高兴的样子,心里总觉得对不住孩子。"

"当时主要是我心里打了个小算盘,觉得高职院校学费高,出来也是个打工,找不到正式的工作,所以就让她去复读的,今天落下个不讨好,但主要是耽误了孩子。"

当高昂的大学花费超出了村民的承受能力时,经济问题就会是一种重要的参考因素,再加之与所考大学的层次、将来的就业等因素相结合,村民就会做出判断,决定孩子是否划算去读。尽管现在的利好政策在农村开始实施,凡考上大学的学生如果家里困难,都可以申请贷款,最高可以贷款6000元,基本上可以解决学费和住宿费问题,且贷款是无利息的。剩下的像生活费等其他的费用,农村的孩子节省着花,再加之有些学生可以找着打一些零工,帮助解决生活费问题,应该也可以对付过去。如果实在没有办法,就会向亲戚、邻居们借学费,这也是万不得已的事情,一般村民对上学借钱还是比较慷慨的,因为这是一种帮助人的善事,大家有能力时会帮忙的。但家长心里清楚,贷款终究是要归还的,如果毕业后不能就业,还贷款的日子一到期,该怎么办? 借款也是可以的,但借款就更不能不还了。乡里乡亲的,帮扶济困,说不定人家哪一天家里突然有困难了,你就得想办法把借人家的钱还回去,还得再想其他办法弥补这个大窟窿。在刘村的调研中了解到,这里的村民凡是供给过大学生的家庭,几乎没有不欠账的,或贷款、或借款、或多或少,多数家庭到现在还没有把欠款还清。"因教返贫"现象在这里是一个实实在在的现实。一个大学生一年的费用支出基本上能花掉家里一个村民家庭差不多全部的收入,两个大学生就只能贷款、借款才能勉强支撑,如果三个以上的孩子读书,学费问题就会使一个家庭陷入极度贫困的状态,导致家庭债务累累,甚至可能导致其中的一个孩子辍学,无法继续完成学业。

罗海岩是一位在浙江读职业技术学院读到大二而辍学的大学生。他辍学的主要原因就是家庭的变故使得学费问题无法解决而造成的。10月8日,我去罗海岩家了解情况,罗海岩辍学后没有回家,在佛山打工,无法现场了解情况,我通过罗海岩的妈妈了解了海岩辍学的前因后果。

"我家里有三个孩子,三个孩子都在上学,负担确实很重。海岩是老大,从小就很懂事,还有老二是姑娘海佳、老三是小儿子海晨。这三个孩子的学习一个比一个强,从来没有让我们操过心。老大海岩前年考上浙江的一家高职院校,家里还可以供给,但去年姑娘海佳考上上海大学后,老三海晨也上高中了,家里的经济一下子吃紧,我们的压力很大,于是我们就把地送给别人种,我们两口子在银川打工,紧紧巴巴地供给三个学生上学。现在种地几乎没有收益,很不划算,送给别人也没有人愿意种,但把地不种撂荒很可惜。今年年初我老公腿部受了伤,无法外出打工了,家里的情况一下子就差了很多。孩子们的学费、生活费等各种费用让我们愁呀,今年夏天海岩放暑假后就直接去广东佛山一家工厂里打工去了,没有回家。海岩那孩子很能吃苦,加之手脚勤快,有技术,也有眼色,厂子里的老板很喜欢,就给他签合同,让他长期干,但海岩还没有毕业呀。9月份学校开学时,他也很为难,一方面是未完成的学业,另一方面是较为丰厚的待遇,最后,海岩自己做了决定,他不去上学了,继续留在厂子里打工。"

"对这件事我和他爸爸很纠结,毕竟孩子已经上了十几年学了,眼看着就要大学毕业了,但家里确实很困难,供给三个孩子上学没有办法,海岩也是考虑到弟弟和妹妹的读书问题,自己不读书了,要打工挣钱供给他们读书,我一想起来就想哭,太亏欠这孩子了。"

罗海岩因为在佛山,无法见到本人,后来我和罗海岩在电话中
了解了一些他的想法,他说:"我不后悔!我是老大,应该为家里
分忧,供给弟弟妹妹上学,现在家里爸爸受伤了,我们的学费无着
落,供给我们三个上学很困难,如果我不辍学,就会是弟弟或者妹
妹辍学,我决定还是我自己辍学吧,因为我这次的机遇好,待遇可
以,所以我就选择了弃读,只要弟弟妹妹读书有出息了,我也高兴。
我们将来的就业也很困难,即使读完大学了,谁知道以后是个怎么
样的情况。"

罗海岩的辍学情况可能有其偶然性和特殊性,但是他的辍学
依然是一个让人多少有些遗憾的事情,一个眼看着马上就能毕业
的大学生辍学了,对其以后的人生道路产生的影响不得而知。那
么在校大学生的情况又是怎么样呢?

刘淑云是兰州某技术学院小学教育专业的一名学生,假期
见到她的时候,她正在家里帮妈妈做饭。农村的孩子总是懂事,
很早就能替大人分担家务。假期的劳动和强烈的阳光已经对她
产生了明显的"外伤"——皮肤黑多了。我们的谈话是从高考开
始的。

　　刘:高考的失利让我几乎快崩溃了,我现在读的这所
高职学院很难受。
　　我:为什么? 能具体说说吗?
　　刘:我从小学到高中学习一直很努力,成绩也很好。
因为家庭情况不太好,我的父母对我从小就很抱期望,我

也一直想通过自己的努力,考上一所好大学,改变自己的
农村身份,将来有出息了可以改变家里的情况。

说到这里的时候,她的眼睛潮湿了,用手偷偷地抹了抹自己的
眼睛。可以看得出来,她那种对命运的不屈和不服输依然持续着。
她说,到高三时,由于各种原因,她放松了自己,冲刺阶段的松劲让
她失之毫厘,差之千里。十年寒窗,自己在优秀中走过了百分之九
十,却输在最后的百分之十。高考的失利,分数是残酷的现实,最
后她只能到高职院校去读书。她说她后悔呀!她的声音中出现哽
咽,表情中挂着尴尬和羞愧。

　　我:高职也挺好呀,学一门技术,将来照样可以就
业呀。
　　刘:现在高职大专还可以参加全县的就业考试,谁知
道到我们毕业的时候能否参加就业考试吗?我们的政策
可是一年一个样,变化很快的呀。如果不能参加就业考
试,你说我的出路在哪里?上了这么多年的学,花了家里
这么多的钱,我怎么能对得起父母?
　　我:你有了技术和手艺,在外面也能找到理想的工
作,不要有太大的压力。

后来,我看她的情绪稍微好一点了,聊起了学习期望。她说她
家里很困难,她非常渴望通过自己的努力改变家里的面貌,帮助家
里人,能用自己的肩膀为家里分忧解难。也许生活对每一个人的
压力是不同的,但农村生活艰苦让农村的孩子思想很成熟。

　　"现在外面上学的花费确实很大，平时我们都很节约，但还是紧张。像同学聚会呀、唱 KTV 呀、过生日送礼物呀等活动我们尽量减少，或者不参加，以免到月底'赤字'，如果钱花完了向同学借钱感觉很不好意思张口；水果、零食呀等我们几乎不买，尽量节俭。一个月家里固定就给我们那么一点钱，太多了家里也没有。"

　　从访谈中可以看出，这位农村姑娘的学习遭遇使她的期望值大大降低，但她依然坚信教育改变命运，期望通过自己的努力实现自己的梦想——为家人分忧。然而她对目前的就业前景非常焦虑。学费昂贵，花钱不菲，就业形势堪忧，压力极大，她说她心里一片茫然，想起渺茫的未来和工作岗位，她几乎夜不能寐。她很清楚，目前大学生过剩，就业市场是精英中的选拔，自己的学历、专业和院校都不占优势，将来怎么办依然是一片茫然。

　　与刘淑云相反，罗丽做出了截然不同的选择，她选择了一条让村民还不太能接受的人生道路，这也许与她漂亮的长相有关。罗丽是这里唯一一名在上学期间结婚了的姑娘。她的故事是一位村民告诉我的。

　　"罗丽 2011 年考到河南一家职业技术学院的口腔医学专业上大学。她的专业相对而言好就业。近几年由于基层卫生院严重缺乏专业技术人员，学医学的学生基本可以就业。"

　　"那姑娘长得很漂亮，在咱们这里算是最漂亮的姑娘，从小得到大家一致好评。尽管家里不富裕，但是出了个金凤凰。她上学上到大二的时候,听说和河南那里的一个大款有了交往,好像那个大款有家室,罗丽是被包养了的那种,那男的比罗丽大十几岁,但给了罗丽很多钱,罗丽花钱可大手了,都抽烟。上次回来时那个男的开一个很大的小车送回来的。后来那男的把原来的家离了,要和罗丽结婚。"

"罗丽的爸妈起初坚决不同意,但对罗丽没有办法,那个大款送她回来就是定亲的事情,听说给了她家里很多钱,她爸妈也就不说啥了。听说已经结婚了。大学没有毕业,但不读了,人家还在乎那个破大学吗?"

"现在的孩子胆子很大呀,为了钱啥都敢干。"

我没有见到罗丽,更无法对这个事情发表支持或者反对的意见,也有点不太好去他们家里,因为罗丽的爸爸我认识,乡里乡亲的,见面了难免难受。但当我听到把大学和"很多钱"做比较时,大学成了"破大学",我的心里在收紧,没有说任何话,我能说什么呢?

在中国社会文献出版社发布的《社会保障绿皮书:中国社会保障发展报告(2012)》一书中显示,从1989年中国高等教育实行收费一直到现在,中国大学的学费至少增长了25倍①。由于学费

---

① 统计表明,现在要供给一名大学生,需要一个城镇居民4.2年的纯收入,需要一个农民13.6年的纯收入,从而导致了农村高中生弃考大学的现象频发。仅2013年,全国高考报名人数下降了3万人。据教育部统计,全国高考人数从2009年开始下滑。2008年的高考报名人数为1040万人,2009年比2008年下降了40万人,2010年比2009年又下降了74万人,近5年内高考报名人数共计减少130万人。

的持续上涨,教育费用支出远远超出农村家庭的承受能力,加之就业形势的持续严峻,高考弃考现象不断出现,高考中出现了"放弃报名、放弃填报志愿、放弃报到"的"三放弃"现象。学费的持续上涨是一个重要原因。农村家庭和城市家庭存在着较大的收入差距,但对于子女教育方面却承担着相同的费用和支出;在国民人均收入增长不足 4 倍的情况下,大学的学费却增长了 25 倍。家庭收入与学费增长的倒挂现象日益严重。公共教育的投入偏低和发展严重不均衡,"不仅直接导致了教育的福利、公益色彩持续弱化,使教育支出或者人力资本投入成为个人或家庭负担持续加重的重要原因,而且弱化了国家财政的公共性。"①

　　高等教育的收费改革具有复杂的社会因素,从教育发展的角度去反思,既有合理的方面,也有一定的负性影响。高校收费制度改革很好地解决了高校办学的困境,促进了中国高等教育的快速发展,改变了高校办学投入不足,改善了高校的办学条件,扩大了招生规模,使更多的人享受到了高质量的高等教育,使教育资源的分配趋于合理,有效地调节了社会的收入分配,促进了教育公平的实现,极大地调动了高校的办学积极性,促进了中国高等教育快速发展。但高等教育的收费制度其负面影响是不容忽视的。自高校扩招以来,农村生源成为扩招的主体,大部分农村家庭学生因为扩招而圆了大学梦,享受到了大学教育,获得了改变人生命运的机会,但同时,农村家庭成为高校扩招的主要买单者。一个农民家庭供给一名大学生读完大学,将会使家庭经济结构发生重大改变。

---

①　参见 http://www.Chinanews.com./edu/2013/03—01/4607697.shtml。

第一，产生了新的教育不公平现象。高校收费没有充分考虑城乡居民的收入差距和学生家庭的实际支付能力，导致"因教返贫"现象不断出现，贫困家庭更加贫困，脱贫家庭因教返贫，社会收入差距拉大，名校的农村学生越来越少。

第二，影响人力资源的非优化配置。学费成为村民决定上大学的一个重要参考因素。高校学费的大幅度上涨使村民家庭的经济负担不断加重，再加之生活费、住宿费、医疗费等费用随着物价的上涨而上涨，农民家庭为之付出了沉重的教育成本，贫困家庭不堪重负，有些农村大学生毕业即失业，农村培养一个大学生与家庭期望不成正比。

第三，学费的快速上涨，给大多数家庭造成了沉重的经济负担，有些学生因此放弃了上大学的机会。

从国家教育收费制度层面分析，高校的收费将会持续，并将会随着物价的上涨而上涨，"高等教育已经不会有免费面包"。但是制度是可以并需要不断完善与革新的，经过不断改革与完善各项教育制度，能给不同阶层、不同群体的受教育者带来制度性的红利。

第一，进一步加大对农村贫困家庭大学生的扶持力度，使国家的助学贷款、教育储蓄基金、教育保险制度以及助学基金等进一步完善，让农村大学生上得起大学；在国家政策性的奖励和资助制度的扶持下，保证贫困家庭的优秀大学生读完大学。

第二，改革高等教育的投融资体制。公共性是教育的基本属性，高等教育也不例外。加大政府的投资力度，提高政府的教育经费分担比重和教育经费承担比例，使高等教育成为以政府为投资主体的公共事业，才能抑制学费的上涨速度。

第二节　就业艰难与读书无用

如果学费问题让村民的家庭负担倍感沉重,那么大学生毕业后的"出路"情况怎么样? 当村民遭遇就业的困境时,他们的期望又怎么样呢?

刘村村民子女也和国家整体性的就业形势趋同,普遍遭遇到了就业的寒冰,甚至就业情况更加忧愁,使村民的教育期望受到影响,教育的热情在锐减。

近年来,随着中国高等教育的逐年扩招,毕业大学生人数逐年上升,就业的压力越来越大①。在就业形势日趋严峻的背景下,农村家庭大学生的就业形势更不容乐观。根据前文分析,农村家庭培养一名大学生的成本非常高,几乎超出家庭经济收入的可承受能力,高投入的教育结果却遭遇到了就业难的窘境,让"读书找出路、升学找门路"的农村大学生不堪重负,农村家庭逐渐认识到了教育投资的成本与教育收益之间的巨大逆差,农村家庭的教育投资的热情在下降。大学毕业生宁愿漂在外面的城市里,也不愿回到相对贫困落后的农村地区,而漂在城市的大学生的生活状况更

① 根据教育部的统计数字显示,作为扩招的结果,2011 年我国大学毕业生660 余万人,比 2010 年增加了近 30 万人;2013 年全国应届大学毕业生达到 699 万人,比 2012 年增长 19 万人。而根据调查机构麦可斯针对 2013 年大学毕业生的就业调查情况显示,2013 年的大学本科生的就业签约率为 35%,同比下降了 12%;大专和高职毕业生的签约率为 32%,同比下降了 13%;而研究生的就业签约率仅为26%,同比下降了 9%,国家的就业压力空前巨大。教育部副部长杜玉波在 2013 年全国普通高校毕业生就业工作推进会议上指出,由于我国经济增长速度放缓,就业人数持续增加和经济发展的结构性矛盾依然突出,导致我国宏观就业形势逐年严峻,就业工作已进入关键时期。

加艰难,没有稳定的收入、付不起房租、生活没有保障,但他们依然不愿回到老家,用他们自己的话说就是"没有那个脸回去"。

根据人力资本理论分析,村民对子女上大学的高投入是基于一种预期收益而进行的,这里的"预期收益"主要是就业。因为无数的现实例子告诉村民,上过大学的人回到农村几乎无用武之地,甚至根本不及那些没有上过多少学、从小就在地里劳动长大的孩子,并且知识越多反而越眼高手低,村民对之很不乐见。一旦不能就业,预示着这种教育的收益就要落空,并且将面临着严重的人生重新选择的难题。贝克尔认为:唯一决定人力资本投资量的、最重要的因素是这种投资的有利性或者收益率,而一旦这项收益率减少,教育的投资热情将会大打折扣。吉登斯认为:基于对社会变革的不确定性的顾虑,人便会产生存在的焦虑,处于存有论的不安全状态。因此,就业难题成为影响村民教育期望的现实困惑。在目前的经济形势下,就业难成为一个全球性的社会问题。在中国人的传统观念中,"金榜题名时、洞房花烛夜"的固有人生路线受到了极大的挑战,大学可以上,但就业很艰难,这种既定的人生轨迹就卡壳在就业上。

那么,刘村的具体情况怎么样呢?

在刘村的调研中了解到,从2011年到2013年,共有9名大学毕业生还没有就业,但对他们的访谈相对困难,一是他们大多数人不在家,在外地打工者居多,每年回县上参加全县组织的就业考试时才回来一趟,考完试又外出打工,几乎见不到本人;二是面子问题。他们大部分羞于见人,即使在家,要想见到本人还是依旧很难。

我听说刘海波是9人中唯一一位在家里的未就业的大学生,

一直在家里复习功课,准备参加 2013 年后半年全县组织的就业考试,我决定对她的情况做一个了解。但没想到却遭到出乎意料的难题。

　　我是 7 月 28 日上午去刘海波家的,但大门紧闭,敲了半天门,无人应答。我问了邻居,邻居说海波的爸爸刘谢宇和海波妈妈去地里干活了,姑娘海波应该是在家,但那姑娘是不会见外人的。

　　刘谢宇我认识,还算熟悉,我决定到地里去找他了解情况。到他们家的田地里一看,刘谢宇两口子正在地里拔草,说明来意后,刘谢宇给我谈了关于刘海波的一些情况。

　　　　"海波毕业已经快两年了,她去年刚毕业时就参加了全县的就业招考,但成绩没有过线,对孩子的打击很大,她的性格都改变了。原先乖巧懂事的孩子,爱说爱笑,自从就业考试没有考上,整个人变得沉默寡言了,连外人都不愿意接触,我很担心。"

　　　　"这孩子从小学习一般,成绩不是太好,但就是踏实,比她哥哥学习肯吃苦。她考上大学后一直为就业准备着,因为我供给两个孩子上学,经济确实很吃力,光贷款就欠了 3 万多元,现在她哥哥在读研究生,还没有毕业。海波毕业后就提出要先就业,以减轻我和她妈妈的负担和压力,很懂事。谁料想现在的就业考试是那么的难啊?是不是我们家里没有关系,没有走后门呀?"

　　我给他解释了现在统一招考的严肃性和公平性,尤其在全县范围内的就业选拔考试,事关几千学生的公平,县委、县政府的领导亲自在抓,整个考试都是透明和公开的。他听后无可奈何地点了点头。

我提出,想见一见刘海波,给她做一做思想工作,鼓励鼓励她,好好复习准备参加2013年后半年的就业选拔考试。刘谢宇高兴地说:"那好呀!那太好了!"

我和刘谢宇夫妻一同回到他家里,他忙不迭地给我让座,倒茶。我端详了一下家里,虽然家庭布置有些简单甚至陈旧,但收拾得倒也干净整齐。看得出来,他们夫妇勤劳持家。

我和刘谢宇在聊天的时候,他妻子就去找刘海波了,可过了好一会儿,她面有难色地进屋对我说:"孩子怕见外人,我动员了半天,她还是不见。"刘海波推说自己要做考试题,没有时间,最终没有答应见我。

听到这个情况,我的心里也有几分明白。腼腆的姑娘因为就业考试的刺激,心中承受着巨大的压力,上学多年,二十多岁的大孩子了,大学毕业后无法就业,无法为家里分解负担,还要爸爸妈妈操心,她自觉无颜见外人。根据这种情况,我也只好作罢,怕伤害她敏感而自尊的心。

2013年11月的一天,我回到兰州后联系上了在兰州打工的罗思杰,并约他出来见见面。

罗思杰是村子里9名未就业的大学毕业生中的一位。在村子里调研时,他的父亲给了我罗思杰在兰州的电话。

11月24日是个周末,刚好罗思杰也休息,下午我们见了面。

　　罗思杰毕业于兰州商学院陇桥学院,学工艺美术专业,现在在兰州的一家广告装潢公司打工,毕业已经两年了。

"我大学毕业后,就没有打算回去。一来我这个专业回到县上就业考试根本就考不上,音体美就业考试和普通学生的就业考试考的是同一套题目,我们这个专业没有优势。我学的是装潢美术设计,不属于师范类的美术教育,资格上也审不过去,只能参加普通的考试;二来我这个专业回去没有发展前景。"

"在城市工作一直是我的梦想,搞工艺美术设计的,回到农村哪有市场呀?兰州相对来讲找个广告装潢公司还可以,不是太难。"

"工资待遇有点低,我们的底薪是 1200+设计提成,由于我是刚工作的新手,提成不是太高,每个月也就几百元,一个月下来满打满算也就两千多元吧,这在我们新手中还算高的。兰州的消费太高了,尤其房租费高得离奇,我们四个人合租了一套 70 多平方米的小套房子,租费均摊,每人每月 600 元,再加上生活费、交通费等一些其他开支,2000 多元的工资下来所剩无几,很惭愧地说,我毕业了到现在还一直没有给过我爸爸钱。好在我爸爸有工资,不指望我。"

"我在上大学时谈了个女朋友,是我们一个班的同学,感情很好,人家姑娘家在山西,家里有门道,毕业后落实了个正式工作,她已经在那边上班了,尽管我们现在还在谈着,但我心里清楚这种分开的爱情的可能性和把握性有多大,尤其她家里不太同意,嫌我家是农村的,又没有正式工作,就这样漂着,连个房子都没有,哪能奢望呀?

现在城市的房价让我们这种状况的人连想都不敢想。"
罗思杰点了一根烟,吐出了一口烟圈,长长地吁了一口
气。由于他点烟时给我让烟,我说我一直不吸烟,谢绝
了。他见我不吸烟,只吸了几口就掐灭了,不好意思地
说,他心里闷得慌。

我问他:"那你以后怎么办?总不能一直这样漂
着吧?"

他说:"走一步算一步吧,先好好干着,以后再寻找
发展机会,反正我们还年轻,机遇总会有的。最感觉对不
起的是我爸爸妈妈,他们为我操得心太多了。我大学学
的是工艺美术专业,格外费钱,花销比普通专业的学生大
得多,再加之我们是三本,美术设计专业的学费也很高,
我父母省吃俭用,供我上学。好在我爸爸是小学老师,有
工资,家里基本没有欠债。现在我工作了,能自己养活自
己,就算我现在不给家里钱,自个混自个,家里也过得去。
将来如果我有能力开一家属于自己的装潢公司,我一定
要加倍报答父母。"

望着眼前这位英俊的"90后",他在城市文化的熏陶下,变得
洒脱而洋气,村里人的那种"农村味"基本已经褪去,但他骨子里
依然保留着淳朴的农民的质感,懂得孝顺和感恩,也知道奋斗与拼
搏。在就业竞争异常严峻的情况下,他不是为了一份稳定的工作
去空耗着参加考试,而是选择了为自己的梦想而努力,观念的转变
适应了时代的发展,也许这就是未来的年轻一代的影子。

那么到底 Z 县的就业情况怎么样呢?能否为事关千家万户

期望的就业问题解决出路呢？我想对 Z 县的就业情况做一个详细的调查。

Z 县解决大学生就业的考试被全县人称之为"县选"，是一次不亚于被国人称之为"国考"的就业考试，每年报名的人数几千人，而录取率很低。每次考试由县人社局统一组织实施。

2013 年的就业考试是在 11 月初开始的，名称为"四支一进"考试（支教、支农、支医、支企和进村进社）。县政府、县人大、县政协的主管领导专门成立了"四支一进"考试领导小组，由主管文教和人事工作的副县长任组长，县人大副主任、县政协副主席任副组长，人社局局长任办公室主任，足见就业工作的重要性。

在县人社局了解到，2013 年全县报名参加考试的大学毕业生（包括专科生、本科生）共有 2005 名，是历年就业考试以来人数最多的一年，但 L 市给 Z 县的就业指标却很少，"支教、支农、支医、支企和进村进社"合计 300 名，就这 300 名指标还是市里照顾性的政策指标，比别的县多一些。其中支教 86 名，支农 8 名，支医 21 名，支企 98 名，进村进社 87 名。我把报考人数和就业指标数进行了分析，对比如表 6-1 所示。

表 6-1　Z 县 2013 年就业考试指标分解表

名　　称	支　教	支　农	支　医	支　企	进村进社	合　计
报名数	353	63	183	707	699	2005
就业数	86	8	21	98	87	300
占比(%)	24.4	12.6	11.5	13.9	12.4	14.9

Z 县属于人口大县，在西北地区的县城中人口数算比较多的，全县共计 43 万人。每年高考录取率高，考上大学的人多，而大学

毕业生在毕业时基本回县上就业,就业考试的报考人数自然高,就业的压力非常大。

从表6-1中的可以看出,全县的就业指标只有300名,实际就业率只有14.9%,远远低于全国比例。这就预示着2005名毕业生中仅有300名能就业,而剩余的1705名学生不得不待业在家,成为家庭的负担,对家庭和社会带来沉重的压力。

2013年12月2日,对Z县人社局的S局长进行了一次访谈。

> "Z县是我们L市的文化教育大县,全县人民对教育具有一种炽热的情怀。从恢复高考到现在,全县考上大学的莘莘学子改变了自己的人生命运,完成了家庭的期望和梦想。"

> "但Z县也是个农业大县,经济发展相对落后,自然条件差,老百姓一直把教育看作跃出农门的阶梯,教育成为改变身份和地位的工具。"

> "近年来随着高校的扩招,考上大学的学生越来越多,大学生毕业后面临就业选择时,由于缺乏外部社会资源,去外地就业的学生越来越少,除了很少一部分学生考取研究生,推迟了就业,还有较少一部分大学毕业生在外地签约就业,差不多将近90%的大学生返回我们生源地就业。而小县城的就业容纳量很有限,严格执行省、市确定的计划招考,回来就业的大学生人数庞大,就业的指标数很少,导致就业考试竞争异常激烈。今年的就业不足15%,这还是向L市争取的结果,市上照顾咱们县的实际困难,因为往年待业的大学生积压

严重,今年才落实了 300 个指标。每年的这个时候是我们人社局最头疼的时候,生怕工作出差错,现在的就业太严峻了。"

"剩下的一千多名大学生的就业无法解决。据我了解,他们有的会继续复习,等待明年再参加县选考试,有些会返回母校复习考研究生,也同时会在明年报考参加县选考试,做两手准备。大部分学生会选择外出打工,等待他们的将是一种无法预知的结果,我们真是无可奈何。每一个大学生十年寒窗,辛苦读书,要花去家里十多万元的费用,有些贫困家庭会为此债台高筑,贷款、借款成为沉重的负担,家里人眼巴巴地盼望着子女毕业了能有个工作岗位,好还清债务。而一旦不能就业,一切就成为空。"

"近年来的就业压力已经影响到家庭教育投资的积极性和供给热情,尤其农民家庭,放弃读大学的现象不在少数,当然,主要是高职和三本等不太好的大学,就业难造成了农民的大学选择是现实主义的。近 3—5 年来,我发现农民投资教育的热情不像以前了,教育期望值降低了很多。一旦子女学习不好,自己提出不读书,家长也会同意孩子的选择,支持他们学习一门实用技术,早日创业。有些上到初中还没有毕业,就外出打工了,高中辍学者更多,家长对教育持怀疑态度,这都与就业形势的艰难有很大的关系。"

在谈话的过程中,S 局长的心情是沉重的。能看得出这位教师出身的领导的无可奈何。在现在的就业形势下,任何人都没有办法让这 2005 名大学毕业生一次性实现全部就业,再加之 Z 县人受传统就业观念的影响,选择就业单位首选机关单位和事业单位,大学生签约企业单位家里人首先不太愿意,回到县上就业只能通过这种严酷的考试选拔的方式根据就业指标就业。考试是残酷的,残酷的考试是囿于残酷的就业人数和就业压力,老百姓的就业观念陈旧,对"金饭碗"的过度追求心态,在中国不健全、不稳定的就业市场中会难上加难,尤其在就业观念和经济发展相对落后的西北地区显得尤为艰难。

就业难是一个全球性的复杂问题,破解这个难题是一个综合性的社会发展过程。除了就业人数增多,竞争激烈、岗位短缺、薪酬降低以及就业观念等因素外,大学教育自身也有一定的因素。北京高教学会心理咨询研究会理事长林永和认为,大学教育与社会需求脱节也是一个不可忽视的原因。大学大班额上课,过度注重书本知识,知识学习与实践环节往往脱节。忽视技能培养,大学生尤其缺乏实践操作技能,导致大学生不被用人单位认可和接纳。除此之外,大学生眼高手低,吃苦精神差,薪金要求高,形成了大学生就业难,企业求贤难的就业状况。

结合上述情况,仔细分析目前的就业问题,农村大学生的就业难主要受到以下因素的影响:

第一,就业观念。农村大学生毕业后不愿回到家乡,源于他们从小的读书多以"离村"、"离农"为主要目标。但随着时代的发展,这种目标和现实之间的差距随着就业的难度不断加大,如果没有相当的社会资源,留在大城市正式就业的可能性很小,而农村人往往由于传统观念的影响,就业一定瞄准公务员、事业单位、大中型国有企业等正式工作,这是自身的不稳定性决定的后顾之忧。留在城市不太可能,回到家乡又怕丢面子,传统的就业观念对就业的选择有一定的影响。

第二,城乡差距。中国社会由封建社会的官民二元结构发展到今天的城乡二元结构,有一个漫长的历史积累,并且这种差距在新的历史时期越拉越大。城市的交通、医疗、教育、信息、网络、通信、观念等比艰苦的农村地区对年轻一代更具有吸引力,留在城市是每一个想褪去"农味"的农村大学生的人生梦想。

第三,教育成本。大学生的供给成本随着物价的上涨在不断上升,按照时下的物价水平和高校的收费标准计算,四年大学学习将会花费 6 万—10 万元,这笔费用对不发达地区的农村家庭而言无疑是一个很沉重的负担,但就业难阻止了教育投入的成本回收,上大学的结果是仅仅为家里挣回来了一个名誉,但却为此把整个家庭拖进了债务的深渊。

第四,现实比较。和同一个村子里一起长大的同龄伙伴相比,那些几乎没有上学或者上学不多的伙伴,他们从小就开始创业了,等大学生读完大学时,那些伙伴多数已经事业有成。他们或者是某一个行业的能手,或者是某一个方面的技术人员,有的发展果业,有的开办工厂,有的独立开店,大部分已经走上了致富的道路,日子过得很不错。和大学生相比,他们没有花家里多少钱,几乎没有或者很少有教育方面的投资,反而能为家里创造更多的经济价值。而花了家里忒多钱的大学生毕业后不能就业,相比之下,回到家乡的想法就越来越少,"无颜见江东父老"成为这部分大学生的普遍心态。在 2011 年全国"两会"期间,全国政协委员、北京中华民族博物馆馆长王平提出了一个观点,语惊四座。她认为："不应该鼓励农村的孩子去上大学"，在当时一石激起千层浪。从农村的现实情况来分析，这话绝对不无道理：学费高，家庭因教返贫，全家人为之陷入经济贫困；就业难，工作难找；待遇低，大部分大学生的薪水难以维持自己一个人的生活，很难回报家人。

目前，就业问题是一个世界性的难题，也是一个系统性的社会工程。文化教育事业的发展更多依赖于经济的发展，另一方面，就业岗位的供给与经济社会的发展息息相关。社会经济环境的改善与大学生自身素质的提升是同构的，也是一个发展中出现、发展中解决和解决后循环出现的社会问题。但我们有信心，随着经济的发展，就业岗位的增加，就业难也会得到妥善解决，更多的农村莘莘学子能够找到理想的归宿。

由上可见，不能不对村民教育期望的降低深感忧虑。但是，这些问题还不足以说明村民教育期望变化的全貌。因为，教育是一个复杂的社会系统工程，对教育现象的研究必然涉及社会的多个层面，其中的教育者、受教育者、家庭、家长、学校等是必不可少的因素，更为重要的是教育系统自身的变化。因此，接下来计划沿着纵向向下的思路，去了解时下供给中小学生读书的家长的教育期望的变化情况。众所周知，在中国教育体系中，义务教育和非义务教育是一个有机的体系，义务教育是基础教育，是提高国民素质、奠定国民生计的基础，同时兼顾为非义务教育输送人才的重任。因此，义务教育在国民教育中具有基础性的重要作用。袁桂林指出：由于农村学校的办学条件差，教师水平及专业素质低于城市教师，学校生活单一及管理模式单调，课程缺乏适切性，初中生毕业后分流口径小，学校的布局不合理以及家庭的供学等原因，导致大量的农村学生的辍学率居高不下①。在"公平—效率"成为主流教育追求的时代背景下,城乡教育的不均衡导致的教育不公平使教育效率低下。杨东平认为:教育公平的重点层面不一样,使人们对教育的评价失去了价值判断力。丁秀玲、张军(2010)认为:在新的历史时期,为了让孩子接受更好的教育,农村地区的一些家长通过"用脚投票"的方式,把子女大量转进县城读书,出现了农村劳动力"陪读式"的转移。而为了陪孩子在城里上学,很多父母只能弃农进城,做全员陪读(段会冬,2012)。

第三节　择校与进城

在前文中,分析了刘村家长因为对村小学教育的不满意、不放心而把孩子转到县城择校的情况,这种情况的延伸谈论将更进一步反映村民教育期望的时代特征,所以,想对择校问题继续进行延伸讨论。

21世纪以来,随着中国政府将义务教育纳入公共保障体系,形成了"在国务院领导下,由地方政府负责、分级管理、以县为主"的农村义务教育管理体制,农村学校实行了"两免一补",中西部地区的农村学校甚至实现了"三免两补",教师工资由县级财政统筹,保证全额及时发放,极大地调动了农村义务教育的办学积极性,农村义务教育迎来了发展良机。

然而,中国城乡二元结构的社会差距所产生的教育差距愈益

---

① 袁桂林:《农村初中辍学现状调查及控制辍学对策研究》,《中国教育学刊》2004年第2期。

严重,农村学校和城市学校的办学状况、师资水平以及教学质量的差距越拉越大,村民基于对优质教育资源的追求,义务阶段的择校现象成为新时期的一股潜流。北京大学刘明兴等人的研究表明:"由于农村家庭对(教育)回报要求的增加,他们对学校教育质量的考量也在增加,于是出现了跨村、跨乡、甚至到县城、市区择校的现象,择校的对象可以是公立的学校,也可以是私立的学校,农民家庭的教育负担也在随即上升"。"农村税费体制的改革比较显著地降低了农民的政策内负担及其累退性,但是生均教育费负担的迅速上升,在很大程度上已经抵消了税改的作用……甚至小学生的生均教育负担的增长速度超过了初中生,直观上理解,有两个原因:一是小学择校的总体成本大幅度上升;二是小学生人数迅速下降,更少的学生在承担规模近似的教育体系的运转成本。"①择校成本的上升使农村家庭政策内的隐性教育负担大幅度增加,择校费、租房费、生活费、交通费等由于孩子进城读书所产生的教育费用显著增加。

Z县的情况怎么样呢?刘村村民择校转学现象较多,它会对村民孩子的教育产生什么样的影响呢?

据Z县教育局人事股的L主任介绍,Z县全县共有各级各类学校293所,其中高级中学8所,普通完全中学2所。独立初中21所,九年制(小学+初中)学校1所,小学243所,农业高中1所,职业高中1所,幼儿园10所,特殊教育学校1所。2013年统计数字显示,截至2013年10月,全县在校学生共计88167人。

---

① 刘明兴、徐志刚等:《农村税费改革前后农民教育负担变化的研究》,《中国农业经济评论》2007年第7期。

Z县城区学校共有高中4所——县一中、四中、五中、职中。县一中为省级示范性中学,师资力量最强;四中为新建的独立高中,招生运行才3年,师资力量稍弱;五中为筹建中的高中,还没有开始招生;职中是L市比较有名气的一所中等职业学校,近年来的招生很不错。县城有独立初中2所——三中和水中。水中是一所办学历史悠久的初中,师资力量和管理水平得到大家的一致认可,三中力量稍薄弱。县城共有小学6所——第一小学、第二小学、第三小学和城郊的3所小学。特殊教育学校建成后一直没有生源,故暂时未招生。

Z县教育主管部门规定,县城城区的学校除高中和职中面向全县招生外,其余的初中和小学原则上一律只招县城城区的学生,学生报名以户口本为准,划片就近入学。随着大量村民的教育需求和转学进城,城区学校的入学门槛水涨船高,越来越难。这一方面是学校的容纳量有限,另一方面也是为了进行限制。但效果不尽如人意,而且越来越加大了进城村民的隐性支出。

在调研中了解到,村民要想把孩子转到县城学校读书,他们面临的难度不小。首先是接收问题,城区学校原则上不接收乡下的孩子转入,怎么办?那就得寻找关系,能找一个为你的孩子转学说上话的人,给学校打招呼,等于变相地给校长施加压力,让学校接收。现在社会办事得找关系,花钱送礼、请客吃饭是较为正常的现象,否则要办成的概率不会高,但学生上学的事情耽误不起,花费一些钱村民是乐意的,只要孩子能进入县城学校读书,花费在所不惜。花钱送礼、请客吃饭的花销是一个不能明确讲出来的支出,具有一定的隐蔽性。在与村民的访谈中当聊到这方面的费用问题时,他们一般含糊其词甚至拒绝回答,或者回避这个问题,在他们看来,只要孩子能在县城读书,花一点钱没有关系,因此难以统计。后来一位堂叔告诉我他为了把孩子转入县城读书,请客吃饭等花销大约为2000—3000元,如果关系不过硬,出现熟人托熟人时,这种费用还会高一些。其次是择校费问题,当学校愿意接收时,便会收取一定的择校费,明着不敢收就暗中收,择校费的金额一般在3000—5000元,甚至有些择校费会更高,这都是看在面子与关系的分上,在极为保密的情况下收取的。再次,当孩子由乡下转入县城读书,至少需要一个家长(一般是妈妈)进城陪读,现在的小学生、初中生的自理能力很差,需要专人看管。要陪读就得在城区租房子,城区的房租费随着乡下人的进城而上涨很快,一间很是简陋的约10平方米的房子,一般的年租费在2000元左右,条件好一点的价格会更高。最后,在县城的生活费和其他各项费用支出要比乡下贵很多,每个月三口之家在县城至少要500元,当然有些会更高,一年的支出大约需要6000元。将村民为了转孩子进城读书的费用进行了统计分析,如表6-2所示。

表6-2　择校费用统计表　　　　单位:元

名　称	择校费	租房费	人情费	生活费	其　他	合　计
金　额	3000	2000	3000	6000	1000	15000

这个费用在择校村民中基本上处于中间值,有些家长可能支付的费用更高,也有些家长可能由于其他一些原因花费的钱更少,但总体而言,为了将一个小学生或者初中生转入县城学校读书,村民支付的费用在13000—20000元之间,这个数字得到了在县城供给孩子读书的部分家长的认可。

基于对优质教育资源的追求和孩子的未来，择校问题貌似是一个合理的双向选择的过程，"周瑜打黄盖，一家愿打，一家愿挨"，但其背后的根源在于城乡教育发展的不均衡和布局的不合理，并且这种不均衡和不合理以制度性和政策性的屏障作为樊篱，试图逾越者就得支付费用。

> 村民对择校是一种无奈的行动。村民刘湘说："我就一个儿子，我输不起，他的未来是我全部的希望"；村民罗虎认为："大家都在转，孩子也嚷嚷着要去县城读书，我也就跟着转了，怕以后孩子抱怨我"。

那么，高等教育的高收费和难就业，对处于这个年龄段供给孩子上小学和上初中的家长的教育期望和教育热情有影响吗？这是我关注的核心问题。

从村民花费高价转孩子进城读书来看，似乎他们还没有考虑的那么远，影响面还不是太大，再加之近年来的孩子出生率在自然下降，孩子在减少。另外，孩子的年龄小，还没有任何社会能力，不读书还能干啥？

这似乎形成了一个奇怪的现象：作为教育的两头，义务教育阶段的学生家长在为了孩子的教育问题更加舍得投入，宁愿花高价也要把孩子转入县城学校读书；而另一头，高等教育的学生和家长因为高昂的学费、艰难的就业而出现了教育期望的降低和辍学现象，造成了教育的"一头热、一头冷"情况。对这种现象如何诠释呢？

其实不然，村里小学生和初中生的辍学问题依然是一个沉重的话题。转学的这部分学生的原因是复杂的。而留守在村学校里的学生的辍学问题不容忽视。转学择校者往往是那些学习相对较好、家庭情况也比较好的村民，而相当一部分村民没有转学的能力，面对日益空巢化的乡村学校，辍学现象便不时发生。

一部分村民将孩子转到县城读书，村小学的学生越来越少，导致老师的教育信心在降低，少得可怜的学生让教师"几乎找不到教书的感觉"（Z老师语），而学生的学习因为缺乏必需的氛围而显得冷冷清清，人心不安稳，人心思走成为一个笼罩在学校中的郁闷空气。在这种情况下，有些学生便辍学了。

那么，如何看待村民的择校现象呢？

随着村民对优质教育资源的向往和追求，以及对教育发展不均衡状况的逐渐不满，择校热便成为愈演愈烈的社会问题和教育问题。《中华人民共和国义务教育法》第十二条明确规定："适龄儿童、少年免试入学。地方各级人民政府应当保障适龄儿童、少年在户籍所在地学校就近入学"。这是中国以法律形式规定的全国性的指导文件。同时，教育主管部门也一再强调，在义务教育阶段不得收取任何择校生，不得以任何名义收取"择校费"、"捐助费"、"赞助费"、"共建费"等相关费用，但是择校现象屡禁不止。这股暗流涌动的背后，实际上是利益的驱动和教育资源的分布不合理。

择校现象源于区域间高质量教育资源的短缺，是教育供给部门（学校）和教育需求者（民众）之间形成的优质教育机会的不均等和选择行为。由于接受了不同教育质量的学生可能会有不同的成就机会，因此家长渴望让自己的孩子优先接受优质学校教育，择校便是实现这一期望的唯一办法，于是择校现象便屡禁不止。地方教育管理部门往往以倒推式的方式进行择校限制，企图以制度性的规定阻止义务教育的人为均衡,而不是质量均衡,严格学生跨区择校,禁止所有学校进行择校测试,但这种规定无法从根本上阻住学生和家长对教育的选择行为。家长基于对优质教育资源的需求,他们往往采用"用脚投票"的方式,转走学生,寻求教育的满意度。有学者将择校分为三类:以分择校、以权择校和以钱择校(刘佳蕾,2010)。如果前一种择校相对公平合理,那么后两种择校则往往容易滋生权钱交易和权力寻租现象,导致教育腐败和特权蔓延,损害教育的公共性和公平性。择校从表面上看是一种双向选择现象,学生选择了优质学校,学校选择了学生。但这种貌似公平的背后却是利益的驱动,在名额有限、择校竞争越来越激烈的背后,是越推越高的择校费价格,教育需求者的隐性支出在不断增加。同时,优质学校人满为患,一般学校或者薄弱学校人去楼空,校际之间的差距拉大,教育失却公平。

由于长期以来以城市为中心的价值取向所形成的城乡之间、地区之间在师资力量、教学质量、教学经费投入、教学条件以及设备配置等方面的巨大差异和不合理现状,城区学校优先发展,重点学校优先建设,资金政策向重点倾斜,导致县城学校、重点学校往往以牺牲乡下学校的发展为代价,形成了城乡之间的校际差距,使教育资源日益不平衡,诱发了民众的择校行为。尤其随着村民家庭经济状况的改善,村民对教育重要性的认识不断深入,为了给子女创造更好的成才机会,他们宁愿花费高昂的代价也要追逐高质量的教育。同时,随着农村生育观念的转变和计划生育政策的进一步加强,年轻一代的孩子数量在下降和减少,孩子越来越成为家庭的中心,家长不惜代价要为孩子创造良好的成长条件,他们越来越认识到教育在竞争中的筛选和甄别的功能以及在社会流动中的价值。家长为孩子设想了美好的未来发展道路,不惜一切代价去择校就是对这种美好道路的争取,这更对中国薄弱学校的发展提出了要求。长期以来,薄弱学校的发展成为中国教育发展的"短板",提高薄弱学校的办学质量也成为一个时不我待的教育问题。

择校不仅是一个教育问题,更是一个社会问题。像发生在刘村这样的偏僻的小山村中的城乡之间的择校是新时期教育发展的缩影。大部分农村学校因为村民的择校和转学,导致学生越来越少,甚至最后人去楼空,国家不得不撤并学校,大量的教育资源闲置甚至浪费;而县城学校大班额办学,严重违背了教育的办学规模和办学规律,让受教育者的身心发展受到一定的影响。同时,因为择校给农民增加的经济负担和经济支出是义务教育阶段的新的教育费用,看似是一种农民的自愿性选择,但其背后是政府教育结构和教育布局的制度性不合理和不均衡所导致的。从发生学的意义而言,教育择校有需求就会有市场,有市场就会有买方和卖方,是一种建立于期望基础上的自发性和自愿性的行为,单靠政府的行政命令和限制是不可能禁止的,其根本出路在于均衡教育的区域发展,均衡学校间的软硬件建设,合理配备师资力量,用待遇留住乡村教师队伍,合理布局学校,让家长的选择建立在理性的行动基础上。吉鲁认为:学校教育应当考虑边缘群体参与的可能性,应当成为文化生产和变革的场所,在多元文化和社会群体中促进不同学生的发展。义务教育的均衡发展是解决择校难的关键所在。缩小教育的地区差距、城乡差距和校际差距,提高学校办学的教学质量,全面推进义务教育的均衡发展,才能从根本上解决择校问题。

令人欣喜的是,2013 年 12 月 4 日,教育部公布了新的城乡教育均衡发展制度,提出"国家将从 5 个方面入手进行顶层制度设计,力争 3—5 年时间实现县(区)域内义务教育学校校长、教师交流的制度化、常态化。"①盼望这项制度的实施,能为城乡教育的均衡发展带来生机。

第四节　"买高中"与"三限生"

从义务教育阶段的择校以及由择校所引发的一系列教育费用的家庭负担问题的分析中可以看出,部分村民的义务教育阶段的费用支出并没有随着国家免费义务教育制度的出台而降低,相反,义务教育阶段的教育费用却在增加,进而引起了各种教育问题的出现。那么,非义务教育阶段的择校情况又是怎么样的呢?

在刘村调研期间,听村民们讲,村民罗旭的女儿罗静 2013 年参加中考,分数不太理想,只考了 481 分,但最后罗静却进了县一中读书,而与她同时参加中考的其他几位同学,分数也有比她高一点的,却只能到乡下的高中读书,村民大惑不解。因为按照公布的分数线,县一中的录取分数线是 530 分,罗静的分数远远不够线,怎么能到县一中读书呢? 大家直羡慕罗旭有办法。"听说罗旭的哥哥在省上工作,和县上的领导很熟悉,打了招呼的","能进县一中读书,就是花钱也是很值得的"。然而,其中的原因只有罗旭清楚,他是交了高价费,争取到了一个"三限生"指标而让女儿上的县一中。

Z 县一中是省级示范性高中。一中的办学条件、教学质量、师资水平以及管理制度等在 Z 县都属上乘,是全县教育的标兵单

---

① 参见 http://edu.qq.com/a/20131204.htm。

位。在全县老百姓看来,能考上县一中的基本个个都是初中的尖子生,到一中读书就预示着"半只脚已经踏进大学的校门了"(村民语),如果不出意外,考个理想的大学基本没有问题。县一中曾经因为在 2008 年考出过甘肃省理科状元被清华大学录取而享誉陇原大地,也因为曾经考出了一名全国作文满分的高考生而名声大噪,所以能让子女进县一中读书,是每一个家庭的梦想。但是,毕竟每年的中考招生受名额限制,能正式考入县一中的学生远远不能满足家长的要求,于是县上根据国家招生的相关政策,对分数线以下的学生给予缴费上高中,称之为"三限生",即实行"限分数、限人数、限钱数"的招生方式,一方面满足广大群众的上学要求,另一方面在政策允许的范围内严格控制,收取一定金额的费用,以解决高中学校办学的困难,弥补办学经费的不足,被村民称之为"花钱买高中"。

在 Z 县一中教导处,看到了 Z 县一中根据甘肃省关于"三限生"招生的相关政策——在县教育主管部门的统一监管下制定的关于《Z 县一中 2013 年"三限生"招生通知》。其具体内容如下:

Z 县一中 2013 年"三限生"招生通知

一、报名条件

1. 综合素质评价 C 等以上。

2. 参加我县 2013 年高中招生考试,文化课成绩在 480 分以上,未被高中学校正取生录取者。

3. 在一中考点参加专业测试成绩前五名而未被高中学校正取生录取者。

符合以上条件者持考生准考证等其他有效证件方可报名。"三限生"只能报一所学校,不得同时兼报。

二、录取办法

根据报名情况,依照 2013 年高中招生考试成绩,确定分数线,由高分到低分依次录取 240 名。

三、收费标准

依据上级物价部门的核定标准,"三限生"录取后下学期开学时,一次性缴纳择校费 6000 元。

四、报名时间及地点(略)

Z 县一中招生领导小组

二〇一三年六月二十九日

从以上这份正式的"三限生"招生通知中,可以得到以下信息:

第一,"三限生"的招生是教育行政部门认可的。甘肃省教育厅于 2012 年 4 月专门下发文件,明确规定高中要严格执行 20% 的"三限生"招生比例,不得逾越这条红线。

第二,"三限生"的收费标准是每生每人 6000 元,且有严格的分数线限定。Z 县 2013 年共招收 240 名"三限生",即可获得 1440000 万元的择校费。

第三,其他高中也不同程度地收取了"三限生",也有一定数额的"三限生"择校费。

根据 Z 县 2013 年的中考信息,2013 年 Z 县全县共有 7330 名初中学生参加中考,全县共有招生学校 8 所,县城高中 4 所,乡下高中 4 所。根据县教育局分配给县一中的招生计划,县一中 2013

291

年共招收新生 1200 名,其中正取生 960 名,"三限生"240 名。作为全县最好的高中,县一中省级示范性高中的光环自然吸引了无数考生和家长,对那些学习成绩非常优秀的初中生而言,考试成绩如果上线,自然不愁;而对那部分分数差得不太远的学生,就非常难办,择校费的问题对农村贫困家庭的孩子而言,又该怎么办呢?

这又是一个和费用有关的选择题,事关收费下的教育公平。我们还是来听听当事者的心里话吧。

> 罗旭:"孩子当时考了 481 分,上还是不上,我很纠结。从中考成绩公布以后,罗静两天没有吃饭,一直掉眼泪,我看着很心痛。她嚷嚷着要上县一中,但那要交 6000 多元的费用,再加上其他的费用,孩子每年的高中费用要过万元。我刚开始不太同意,就是因为择校费的问题,那不是一个小数目,我的经济状况不太好,还有其他几个孩子也在上初中。等到我后来实在拗不过孩子,去县一中报名时,早已经报满了。听招生的老师说,教导处发出"三限生"招生通知前后不到两个小时,报名就报了 500 多人,他们只能按照成绩从高分到低分录取,录满为止。我的孩子差一点就挤不上了。"

罗旭没有具体说罗静是怎么报上名的,我也没有问。在这里,重点并不是关于"三限生"的合法性以及收取费用的合理性等问题,而是想重点讨论"三限生"招生制度的公平性以及对农民家庭产生的影响。

"三限生"属于高中阶段的择校问题。众所周知,高中择校在一定程度上能缓解高中学校办学的经费紧张问题,改善办学条件、购置学校必需的教学设施和实验仪器、改善教师的待遇,能充分调动高中办学的积极性。上缴教育主管部门的那部分费用可以用于发展农村教育,促进区域教育的发展,同时也满足了部分学生家长对优质教育的渴求,为学习中游以上的学生提供了良好的学习机会。

但是,"三限生"招生也具有无法克服的制度缺陷:

第一,损害教育公平。高中教育是一个非常重要的人生转折阶段的教育,事关社会分层和社会流动。收取高额的择校费对处于同一分数段的学生而言,失却公平。同分却不能同校,使民众对教育的公平性产生怀疑。招生名额是学校招生量的体现,反映一所学校的最大容纳量。既然学校能招"三限生",说明学校还有"三限生"指标内的办学能力和办学容纳量,为什么不把那一部分指标作为正取生的指标,而要以"三限生"的名义收取高价择校费?教育是一种公共产品,是由国家投资的、任何公民都可以享受的公共资源,"三限生"的招生导致学生不是在分数面前人人平等,而是在择校费面前人人平等。Z县一中以1200名的招生为最大招生量,本可以在不收任何择校费的情况让960名正取生之后的240名"择校生"也成为正取生,名正言顺地成为县一中的学生。但收取"合法"的择校费,就意味着对960名以后的直到1200名以前的学生收取高额费用,有钱就上,没有钱就只能"望一中而兴叹",对农村家庭而言,并不是所有的家庭都能够并且愿意掏出6000元的高价择校费,只能导致一部分高分学生流失,无法享受优质教育资源,"三限生"对家境贫困的学生而言,只能是一种奢侈品,可以看看,但却无法享受得到。

第二,信息不对等。"三限生"报名只有"两个小时"就报满员了,对那些居住在乡下、远离县城的村民而言,根本就没有信息和机会。以刘村为例,2013年共有13名学生参加中考,有两名成绩很高的学生以正取生的身份进入县一中,而与罗静成绩差不多的480分以上的学生还有4名,却只有罗静一个人幸运地"抢"到了进入县一中的"三限生"名额,主要源于罗静家在县城有住房,也有一定的人缘关系,从而得以进入县城一中读书,而其他4位学生因为没有机会、抢不到名额而只能到乡下学校读高中。在这里,并没有说进一中就一定能考取好大学、而去乡下学校读高中就一定考不了好大学,那还要取决于学生个人的努力程度,变数很多,只是说作为同等条件下的对优质教育资源的享有上存在着不公平。

第三,学校不堪重负。其实,据了解,招收"三限生"的学校并不是有那么大的容纳量,"三限生"往往使学校不堪重负。"三限生"给学校带来丰厚的资金的同时,也带来了超额的人数,再加之转学生、借读生、复读生等等,县城中学的班级往往是超大班额,人满为患,而乡下高中往往人数稀少,资源闲置。县城高中班级的容纳量规定标准为45人,却挤进去七八十人,人头拥挤,几乎无法入座,上课效果无法保证,管理难度大,教师超负荷工作,教学质量难以保证。

第四,城乡教育发展更趋不均衡。县城中学由于"三限生"的招生而获得了充足的发展资金,也因此构筑了良好的人脉资源和社会资源,使县城的高中越办越好,学校的办学条件越好,越能吸引更优秀的师资力量和顶尖生源;而乡下的高中即使招收"三限生",也几乎没有学生报名,谁愿意花高价去乡下读高中,导致城乡高中之间的差距越拉越大,乡下高中学校往往沦为薄弱学校。

　　叶宏生在《高考的城乡差异及对策研究》一书中认为:经实证
分析,城乡学生在知识、认知、能力等方面均存在不同程度的差异。
通常而言,城市(城镇)学生在各方面均优于农村学生,高考的城
市化倾向明显。造成高考成绩城乡差异的原因既有内部原因,也
有外部原因。如制度性的教育缺陷、家庭文化背景的差异、高考科
目的设置和内容取向的偏颇等,但主要原因在于教育资源的分布
不均衡。制度性的教育缺陷主要在于中国基础教育长期以来一直
实行以城市(城镇)为中心的重点学校制度,大量的建设资金和教
育资源供给向重点学校倾斜,非重点学校在师资力量、教学质量以
及办学条件等各个方面与重点学校形成了巨大差异。而非重点学
校往往在农村地区,农村学生由于家庭资源、户籍关系等因素的制
约,大多只能到非重点的农村学校上学,造成教育起点事实上的不
平等。同时,城乡学校没有可比性的学习过程造成学习结果的不
平等,从而造成参与高考的学生群体之间存在巨大差异,城乡学生
之间无法得到平等的学习成果①。改善不均衡的教育资源布局成
为一个迫切的教育问题。

第五节　辍学与弃考

　　辍学问题是一个较为普遍的社会现象和教育问题。然而当这
个问题在农村地区的传递效应逐渐放大并呈现扩大化的趋势时,
就会是一个令人焦虑的问题。近年来,刘村的辍学现象不少,甚至
出现了放弃参加高考的现象,其中的原因是什么呢? 辍学事件的

―――――――――

　　①　叶宏生:《高考的城乡差异及对策研究》,《高等教育研究》2011 年第 6 期。

发生对刘村村民的教育期望产生了怎样的影响呢?

据不完全统计,刘村从 2011 年到 2013 年三年来,辍学小学生 19 人,初中生 10 人,高中生 11 名,高考落榜生 14 名,总计 54 人。辍学后 1 人在打工一年后,重新返回县职教中心读书,学习实用技术,其余辍学生再没有回到学校就读,大部分外出打零工,有 2 人去部队服役,还有一部分因为年龄小,在家里处于闲逛状态。调研期间,我对这个村辍学的部分学生及家长做了访谈。

8 月 15 日上午在刘家咀社调研时,了解到社长女儿的辍学情况后,我对社长进行了访谈。

> 这个社是刘村的一个小社,共 142 户人家,420 名村民。整个自然村散居在一个阴山方向的半山坡上,与刘家社(大庄)形成对峙的位置。从刘家咀社到对面的刘家社约需要一个小时的路程,是倒对沟,即从刘家咀社出发,先走很长时间的路下坡,再蹚过中间的一条溪水,然后再爬山,才能到刘家社。刘村小学就位于刘家社和罗家社之间的地势相对平坦的一个小坪地上,刘家咀社的孩子上学的路途很远,他们倒对沟到刘家社,然后再到位于刘家社与罗家社之间的村小学,道路全是崎岖的山间小路,不能骑自行车或者利用别的交通工具,只能步行。匀速走,约需要一个小时。

> 8 月 15 日早晨 7:30 左右我就出发了,但到刘家咀社时已经 8:40 了。久居城市,我已经对小时候常走的这些山路不太适应。坡太陡,走了半个小时后就累得气喘吁吁,加之夏天天很热,炙热的太阳晒得我大汗淋漓,衣

服全湿透了。

就是在这条路上，刘家咀社的学生每天早晨大约6:00就得从家里出发去学校，中午11:50放学再从学校出发回家吃午饭，这个时间是正午太阳最毒的时间点，在太阳下步行大约一小时回到家里，时间为12:50，到家里吃饭时间只有40分钟，吃完午饭后1:20又从家里出发，到对面山上的村小学上学，一小时后大约2:20到校才不至于迟到，下午6:30左右放学后再返回家里。每天要步行四趟，一趟一个多小时，四趟就要约四个多小时。这对一个成年人尚且如此费力，何况一个未成年的小学生了。夏天的中午从11:50到2:20这个时间段，正是一天中天气最热、太阳最毒的时候，城里人在舒适的空调房里，摇着扇子，吃着西瓜还喊热，而这个社的小学生却在太阳底下步行上学，日复一日，年复一年，春夏秋冬，刮风下雨，其中的艰辛可想而知。

打听到社长银珠的家，在村子里七拐八弯，我进门时，他刚耕完地回到家了。裤管卷在半腿上，手上沾满了新鲜的泥土，善意地笑着表示欢迎，一看就知道是个朴实的庄稼人。

我们的谈话就是从他女儿的辍学开始的。

我：为什么辍学呢？

社长：我们这里距离村小学太远了，学生流失太厉害，现在几乎没有伙伴一同去学校上学，早晨上学走得太早，夏天还可以，天已经亮了，不用担心，但到冬天就麻烦，天黑得很，如果没有同伴，孩子一个人不敢自己走着去上学。加之她自己学习一直不好,就不去读书了,小学还没有毕业。

我:学生同伴都流失到哪里去了?

社长:上学期我们这个社(指刘家咀社)有 12 个学生在村小学读书,毕业了一部分,还有一部分放暑假时转学到白良街道中心小学去了。转到白良小学后,家长就在学校附近租房子,专门由家长陪读住校。

我:那你为什么不给她也转学呢?

社长:我家情况不太好。我母亲快 80 岁了,离不开人照顾,还要种地。但主要是我的女儿学习不好,自己不认真读书。

我:那你也要鼓励她督促她呀,她小学没有毕业就辍学,太可惜了。

社长无可奈何地说:我也没有办法呀,再说,这种现象在咱们这个社很普遍,由于距离村小学太远,孩子倒对沟跑着上学,边上边流失,大多数读不完小学就辍学了。

我:那她那么小,在家干什么?

社长:先在家里照顾她奶奶,等大一些了就出去打工吧。

我:小学没有毕业,外出打工不好找工作。

社长:先打一些普工,等大一些了,找个人家成家吧。

我的内心触动了一下,刚刚 13 岁的姑娘,命运就这样定格了。我望了望那位略显稚气的小姑娘,她还在热闹地和小弟弟抢着争看电视频道,根本就没有意识到自己命运与教育之间的关联。也许,在制度变革背景下,读完大学不一定就有稳定的甚至理想的工作,但不读大学,农村孩子的命运基本是定格的:给家里干活→成长→外出打工→嫁人→生儿育女→种田→养家糊口→重复上一辈人的命运周期,农村辍学孩子命运的同质性成为农村贫穷窠臼的复演。

　　罗家社的罗纪伟是另外一名初中辍学生,他的情况我听好几个人说过,所以决定对他的辍学情况进行了解。但对他进行了解之后,感到了较深的触动,他的"辍学观"让我的内心产生了些许沉重。

　　　　"我大概是 16 岁时不读书的。当时我在白良中学读初二,我辍学过两次,第一次在家里坐了两周,我爸爸和学校老师联系,强迫我去学校又上了一段时间学,后来我就干脆不去了,我爸爸打过我好几次。"
　　　　我:"你为什么不读书?"
　　　　罗:"不想读了。"
　　　　我:"能具体说说原因吗?"
　　　　沉默。
　　　　我:"是不是老师或同学欺负你了?"
　　　　罗:"不是。"

　　听罗纪伟的妈妈说,因为不读书,罗纪伟的爸爸狠狠地打过他好几次。家里和学校也联系过,白良中学的老师也来他家里做罗纪伟的思想工作,但后来他还是彻底辍学了。他不回答我的问题,我也不能强问,只好迂回了解。在后来的慢慢接触中,我们之间逐渐熟悉了,我还给他送过一些小礼物,他逐渐接纳了我,对我产生了信任感,终于有一天他吐露了自己不读书的原因。

"我小学是在咱们村小学读的。那个时候年龄小,不懂得读书的大道理,反正在学校也没有人管我,读不读书无所谓,回到家里我妈妈就要我干零活,我是老大,还有一个妹妹,我在家里也几乎不学习,这样我在小学的底子没有打好,稀里糊涂上了初中。"

"我爸爸那个时候一直在外地打工,很少在家,我妈妈管不住我,我不怕她。上了初中后我爸爸因为受伤回家休息,就对我的学习抓得很紧,再加之白良初中也明显比刘村小学管得严,但由于我在小学时的基础差,上了初中就感觉很吃力,每次考试名次垫底,爸爸特别生气,回家不是挨骂就是挨打,后来我纯粹不想上学了,一翻开书就打瞌睡,尤其英语课,我几乎学不懂,还要受英语老师的批评,我简直恨透英语了。"

"我知道不读书了,我爸妈很伤心,但我不后悔。我不是学习的那块料。我将来想学驾驶,当个货车司机,多神气!我明年就满十八岁了,就可以去申请考驾照了。现在读书有啥用?大学生照样没有工作,我小姨大学毕业后没有工作,嫁人都嫁不出去,愁死我姥姥了。"

我惊叹这位才17岁的少年的"辍学认识论",也许这些发自他内心的言语是对辍学的略显幼稚的表述,但他对自己的将来并没有因此而一片灰暗,而是充满血气方刚的自信。而我与罗纪伟爸爸的访谈却获得了截然不同的感受。

> "纪伟不读书了,让我心里很不好受,见了外人也抬不起头,都怪我那时候在外地打工挣钱,家里孩子的学习没有管,造成了纪伟小学没有学好,到初中就跟不上了,现在后悔也来不及了。"
>
> "我就这么一个儿子,我原来对他抱的期望很高,希望他能考个大学,谁知道竟是这么一个结局,为了他的学习,我没少打他,但越打越没有结果。"
>
> 我插了一句:孩子的学习不能打,要引导、鼓励,打是打不出来的,打多了往往起反作用。
>
> "他现在年龄小,出去打工不放心,在家里又不干农活,到处闲逛,让我心里烦闷。好在纪伟还算胆小,从不在外面给我惹麻烦,我也只能这样让他先在家里吧,大一些了再说。"

对于纪伟的辍学,谁应该负责呢?自己?小学?观念?多方面的原因使得这样一位少年很早就失去了读书的机会。辍学的原因是复杂的,但他认为的"现在读书有啥用"这句话一直深深地留在了我的脑海里。而下面的案例中的辍学少年,更是让人感觉沉重。

启明和发强是村子里刚辍学的两名少年。

启明今年18岁,他从小学习就不好,初中毕业后没有考上高中,就到L市信息技术学校上了中专,学机电技术专业,上到二年级感觉学业无望,花费又高,就辍学外出打工。一段时间以后,打工的工作实在太累，没有办法，又回到家里，整天无所事事。启明的弟弟原先在县城中学读初中，也不学好，晚自习时间偷偷跑到外面的公园里和社会上的地痞喝酒，喝醉后打架，伤了人，被派出所拘留了几天，教育之后放出来，但学校不再接受他。他爸爸四处求情说好话，又把他从县城中学转到白良中学，上了初二，一段时间后，又辍学了，在家里闲逛。

发强今年 17 岁，县城五中上了一年高一，升到高二干脆不再去学校了，辍学在家，坐在家里整天看电视，连最基本的农活也不干。

7 月初的一天，发强的爸爸给我打电话，说了一些关于发强的情况，他说发强自认为现在的社会即使上了大学，国家不包分配，白花家里钱，想出去打工挣钱，但孩子现在年龄太小，没有出过远门，不安全，家人也不放心，他想让发强去当兵，在部队锻炼几年，以后长着大一点了再说。发强的爸爸在电话里无奈地说："我实在没有其他办法了，求你在县上人武部托个熟人，帮帮我，让他去当几年兵，要不就完了。"

按辈分讲，发强的爸爸是我族里的叔父，他求我，我义无反顾地应该帮忙。

我给县委的朋友打电话，问了这几年当兵的一些政策和要求等，委托他在人武部疏通一下关系，在政策允许的范围内帮助并予以关照。过了一个月后，大约 8 月中旬，我在村子里见到了发强的爸爸。他高兴地拉着我的手说："谢谢你，发强的事情定下来了，他可以去部队了。"望着这位厚道的长辈，他的感激反倒让我不知所措。可怜天下父母心！

回到村子的第五天，我在白良街道上碰到了启明的妈妈金玲。

这是一位长相清秀的农村妇女,圆圆的脸,苗条的身材,浓密的头发盘了个发髻,自然地别在脑门后面。她是我家的邻居,以前见过几次面,较为熟悉。但这次见她,明显地感觉她比以前显得憔悴,清秀的脸上难掩焦灼。她现在在白良街道上办了一个养鸡场,听说效益也不是太好。

　　我:你好吗? 我问候着。
　　金玲:不好呀! 两个孩子都辍学在家,我急死了,连饭都不想吃,我还有啥指望呢?

　　她于是喋喋不休地向我倾诉着两个孩子的不争气和她这么多年来的艰辛付出,絮絮叨叨地数落着她两个不争气的儿子,说着说着就抹起了眼泪。想起当年那位漂亮的姑娘和站在我面前的这位唠叨妈妈之间的巨大反差,我感叹岁月这把刀的威力——它的雕琢和侵蚀! 我在一旁劝慰着,心里不由得想起了鲁迅笔下的祥林嫂。

　　我:那现在打算怎么办?
　　金玲:我想让大儿子启明去当兵。才报了个名,先让他在部队里锻炼几年再说,年龄太小了,打工挣不了钱,光给我惹麻烦。小儿子还不知道怎么办?
　　我:让小儿子去学个技术呀,如果不学技术,将来打工都困难。

　　对这位忧伤的妈妈,我只有宽慰。两个不争气的儿子让她既无奈又伤神。依稀记得当年她结婚时的情景,那年她只有十七八岁,嫁给我们邻居的一个小伙子为妻,那时的她还是一个不谙世事的少女,眼神清澈而透明。由于结婚太早,她还没有享受少女无忧无虑的青春时光就嫁作人妻,之后就开始了生儿育女、养家糊口的农村生活。丈夫曾经开过药店,但始终负债经营。村子上的诊所挣不了多少钱,还不断欠债,"熟人社会"的经营举步维艰。后来就放弃经营外出打工,她也随着丈夫四处奔波,颠沛流离,终不能安稳。再后来又回到农村,盘下了别人曾经经营亏损的养鸡场,辛苦经营但依然不见效益。但最让她伤心的,是两个儿子的学业无望。在村民们看来,辍学就意味着孩子的人生和命运的"晦暗"。她焦灼的心中知道,如果孩子的学习不好、考不上大学,就只有重复自己的人生道路。我劝慰她说,可以让孩子去学一门技术,现在的社会只要有技术,打工也是不错的,只要肯干,能吃苦,也能过上好的生活。可她由于长期外出打工,游走在城市与农村之间,对城市生活充满仰慕。这让她把自己全部的希望寄托在儿子身上,期望儿子能够通过接受教育改变自己的命运,完成从农民到城里人的身份转变。可当这种美好的预期无法实现时,她感到了人生的无望。"我还有啥指望",反映了她内心的无助甚至绝望。

发强当兵去后,我和他在一次电话中进行了交谈。他说:

"那时候我认为现在上学确实没有前途了,考上大学又能怎么样?家里穷供给不起,即使勉强借款或者贷款读完大学,也不包分配工作,考试就业百里挑一,我家里又没有社会关系,肯定也就不了业,到那时我会更难过,还不如早点出去打工,学个技术啥的,能挣到钱也就行了。"

"但当我辍学到银川打工后，我才发现打工并不是我想象的那么简单。我爸爸给我联系了一家建筑工地，我干的是供料的小工，就是专门给大工（技术工）送搅拌好的水泥的那种，用架子车把水泥推给他们抹墙、打地坪等，干起来就特别紧张，连一点闲下来的工夫也没有，喘不了一口大气，人家就会喊着催料，一天干下来，晚上浑身酸痛，腿子肿胀得几乎连床都上不去，我坚持了一个月，心里好后悔，觉得还是读书好。"

"后来我爸爸让我去当兵，他和你联系过，多亏你帮忙。我现在在部队挺好的，出来了才知道知识和文化的重要性。我现在准备在部队好好复习考军校，努力表现，争取让连队推荐，考上军校就好了。"

近年来，随着中国经济社会的转型发展，农村中小学生的辍学现象越来越严重，日益成为农村教育中较为突出的问题。这不仅影响农村教育事业的发展，更直接影响农村经济社会的发展，制约整个国民素质的提升，对中国实施科教兴国战略、全面实现现代化产生了不容忽视的影响。教育部2012年公布的数据显示，中国在2000年至2010年期间，农村地区每天撤掉小学63所、初中3所、小学教学点30个，学校减少的速度是惊人的。随着学校的撤并，加剧了辍学现象的发生。教育部统计的数据显示，中国农村小学辍学率从2007年开始便大幅回升，2008年的辍学率为5.99%，到2011年达到8.22%。这个数据意味着每年有80万—90万的农村小学生辍学，而撤点并校是一个不容忽视的原因。学生进城后，家庭的教育成本和教育负担随之加重。"上学远、上学难、上学贵"成为农村新的教育问题。

众所周知,中国近年来参加高考的人数在逐年下降,其中下降比例最大的群体呈两个趋势:富有家庭的子女和农村家庭的子女(李荣恩,2010)。在高考报名下降的另一面是中学生的辍学问题。根据教育部2012年公布的数字显示,中国每年大约有400万中小学生辍学,以农村家庭的初中学生为主要群体。教育部前副部长王湛指出:初中生的辍学问题成为时下的一个难题,从全国计算,即使每年的初中生的辍学控制在国家规定的3%的范围内,也有100多万名初中生辍学。教育部统计数据显示,2012年,中国农村地区的中学生辍学率已经达到5.47%。

高中学生放弃参加高考,是辍学的另一个表现形式。大学生读书贵、就业难所带来的负面效应,直接波及农村家庭投资教育的积极性和农村学生一心向学的动力性,导致农村学生的上学信念弱化。"读书无用论"在农村地区重新抬头,农村中学生的辍学现象成为值得关注的社会问题。

对于农村高中生辍学的原因,学界大多集中从社会原因、学校原因、家庭原因以及学生自身原因等几个方面进行分析。大多数学者认为,随着中国社会转型变革的加速发展,教育制度的变革对计划经济时期所形成的统包统分的就业政策被打破,双向选择的自主择业政策对大学生的就业产生了较大影响,市场化的高等教育体制导致农村学生大量辍学,中学生从教育中看不到确定的期望,"父母负债供孩子读大学,可很多大学生毕业即待业,而一大批低文化素质的私营企业主和个体经营户,经商致富成了暴发户,使农村学生产生了'与其上学不分配,不如退

学找门路'、'不读书照样赚大钱'的读书无用的思想,产生厌学
情绪"(郑蕾,2006)。这种市场化转轨时期出现的经济短期行
为是辍学现象发生的社会背景。同时由于农村社会生活的文化
特点等影响,导致辍学问题呈上升势头。"在农村,生产和生活
与正规学校教育的关系不大,教育在生产生活中处于无足轻重
的地位;农村生活具有很强的同质性,教育改变生活的示范和刺
激效应难以显现;农村社会文化形成的心态、思维定势和价值趋
同形成农村的文化习俗和生活习惯,决定了农村教育处于次要
地位。"①在新的历史时期,"读书无用论"在农村地区成为一种
严重影响家庭教育观念的文化价值观,因为农民不能从教育的
投资中得到自己预期的期望收益,教育投资的积极性在下降。
"读书无用论"成为农村教育观念的时代动向,其主要诱因在于
大量大学毕业生无法就业,高投入的教育得不到收益回报,回到
农村的大学生没有大用场;家庭方面的原因主要是家庭经济困
难,对高昂的教育支出难以承受,再加之教育投资的长期性和迟
效性,孩子的辍学就成为必然。

经济困难因素仅是造成学生辍学的因素之一,另一个重要方
面是非经济的因素。例如,家长的态度、亲子关系、家庭结构变故、
家长文化水平、对子女的教育期望、甚至家长的教育观念以及教育
方式等都是影响学生辍学的非经济因素。这种非经济影响因素在
农村地区往往是与经济因素交织发生的。北京师范大学博士生蔡
国英认为,中学生辍学是一个复杂的综合性因素造成的。除了受
经济制约和家庭困难等因素外,还会受到民族文化传统、家长文化

---

① 张士菊:《农村青年辍学的非经济因素》,《青年研究》2003年第1期。

水平、健康水平、学校教育状况以及社会环境等多重因素的影响①。

从孩子自身而言,厌学是主要原因,再加之看到就业困难,受读书无用的思想影响,农村高中学生的辍学率持续走高。多数学生的学习目标不明确,缺乏学习兴趣和学习动力,贪图享受,意志低迷,造成学习困难,成绩不理想,最后走向失学(何万云,2006)。西南大学仲献荣在其硕士论文《涪陵地区普通高中辍学现象的调查和研究》中分析:无论城市还是乡村的高中学生,由于学习成绩不理想,升学无望,心理压力大,老师瞧不起等原因,造成现在高中学生大量辍学;同时,一部分高中生看到上大学的费用高,大学生就业压力大,在受到早日打工挣钱等现实性因素的诱导下,有些高中生便辍学外出打工。对农村家庭的高中生而言,家庭经济困难、供给高中生的费用高是农村家庭高中学生辍学的另一个因素,再加之上大学所产生的一系列问题造成了相当部分的农村家庭高中生中途辍学,甚至高三学生放弃参加高考。

从学界对高中学生的辍学现象的研究可以看出,辍学现象的发生是多因性的,尤其在社会转型期的辍学现象体现出多元化的动向。经济因素如经济状况、经济水平、学生费用的支付能力以及学生物质保障等是辍学的部分原因,而更为重要的是非经济因素如社会环境、文化价值观、学校教学状况、学生自身的因素以及教师和家长期望的变化等因素是辍学现象的深层次的原因。刘村辍学现象也证明了这一点。村里学生辍学的原因是

① 蔡国英:《我国辍学现象的经济学分析》,《北京师范大学学报(社会科学版)》2004年第2期。

复杂的,但家长和孩子对教育的期望值在降低,学生感觉读书的前途渺茫,再加之刘村小学教学质量较低,学生的基础知识差,升学进入初中以后感觉吃力,上到高中时,大部分学生的发展缺乏后劲,最后走向辍学。

第七章　研究反思与问题回应

> "新世纪的天空下'农村中国'与'城市中国'的两幅
> 图景,的确显得光怪陆离,让我们看到了城市教育的虚假
> 繁荣和农村教育的真实危机。"
>
> ——张玉林

第一节　问题归纳与反思

一、问题归纳

本书基于对刘村村民日常生活世界的解读和对村民教育期望的考察。通过大量的田野调查得知,村民的教育期望具有深远的文化传统和现实诉求,但在社会转型期遭遇到了制度变革带来的严峻挑战。这主要表现在:

(一)传统教育观念的超强裹挟力所形成的文化惯习遭遇制度变革带来的"挤压"

布尔迪厄将"惯习"看作一种"文化形塑力量",形成人们文化的集体无意识。就刘村村民而言,受儒家教育思想中传统文化思维所形成的"学而优则仕"、"光宗耀祖"、"官重民轻"的传统思想的影响,村民在生活中孕育并积淀而成的教育惯习在一定程度上成为一种"正能量",科举制度的传统魅力在村民封闭的生活环境

中依然起作用,他们倾尽全力供给子女上学,让孩子接受教育,不假思索地将子女接受教育看作生活的必然性选择,演绎成为村民的集体无意识,甚至于成为一种从众心理,保证了村民子女教育向心力的持存。即使在多元选择的现代社会,崇学尚教之风依然是村庄中的主流意识。然而,在社会转型期,随着教育制度的变革,村民教育期望遭遇到了前所未有的挑战,高昂的教育费用支出和艰难的就业状况冲击着人们的教育惯习,部分村民在面临教育困境时产生了动摇心理,不断发生的学生辍学现象充分反映了村民对教育前景的黯然心态,"花钱上学不如早日打工"成为一种潜流。因此,如何引导与保护村民的教育期望,使村民家庭的教育向心力和教育支撑力持续延伸,成为一个不得不深思的问题。

(二)教育制度的确定性所形成的路径依赖遭遇社会转型期制度变革产生的"冲击"

20世纪90年代以前,教育制度的确定性所形成的路径依赖,成为"考学文化"的惯习,也成为支撑村民投资教育的动力,教育成为村民改变命运的阶梯和工具。教育系统稳定的入学制度、培养制度、就业制度、户籍制度以及身份制度等对进入教育系统并完成体制教育的个体所发生的命运改变昭示着诱人的结果,为那些完成了从小学到大学的受教育者(尤其是农家子弟)提供了确定的预期收益,强化了村民前赴后继的"逐利"行动,城乡二元结构的社会差距使村民对城里人的生活充满向往,"做城里人"成为村民教育行动的动力,村民的教育期望无疑具有较强的现实主义色彩。然而,在社会转型期,由制度变革所带来的教育收益的不确定性在增加,高昂的教育投入、艰难的就业状况以及"凡进必考"的激烈竞争使得村民的教育行动发生了迟疑,义无反顾的教育行动变得顾虑重重。村民的教育付出不能获得相应的回报,对村民的教育期望产生了伤害性的结果,村民判断教育投入的动机发生了迟滞,长此以往,就会导致村民与教育的疏离心理,导致教育行动的无力感和人生目标的迷茫感。教育改变命运的功能在弱化,放弃教育成为不断发生的现象。这种现象一旦泛化,辍学率就会上升,普及义务教育和提高公民素质将面临新的挑战。

(三)面对教育制度的变革带来的挤压和冲击,村民的教育心态出现了分化

首先,村民的教育向心力出现了动摇。一部分村民对教育的失望心态加重,以未就业的大学毕业生及其家长为主。高额的教育费用让这部分村民家庭陷入经济困境,贷款、借款等经济负担使家庭因教返贫,凭目前有限的收入,还款还需要一个较长的过程,而未就业的子女的工作问题更让他们背负着沉重的精神压力。回到乡村的大学生的人生道路一片迷茫,年龄不小的他们马上又面临着结婚、成家等人生大事,农村彩礼等婚姻费用及其支出,又是一笔不小的经济压力,如果不及时结婚,错过年龄,农村的大龄青年极难成家。而如果就此成家,放弃理想,他们又"非常的不甘心"(村民语)。

其次,面对教育竞争,义务教育阶段的择校现象开始大量出现。教育竞争激烈,就业压力加大,部分村民开始重新寻求教育的信心,转学择校的学生大量出现,村民为之付出了高昂的费用支出,义务教育阶段的家庭教育支出并没有随着国家义务教育的全免费而降低,反而其隐性支出大幅增加。有条件的村民想方设法将孩子转入县城学校、乡镇中心小学等远离家乡的学校就学,村小学空巢化,行将撤并,家长弃农陪读,以追求优质的教育资源,为孩子打下良好的学习基础,提高孩子的整体素质和竞争能力。由择校产生的各种额外费用和花销增加了村民新的教育费用,村民家庭的经济负担加重。

再次,教育前景暗淡,辍学现象严重。辍学者不仅包括小学生、初中生和高中生,弃读大学的学生人数也开始增加。大学生放弃学业早日打工,高中学生放弃高考,初中学生辍学外出打工,小学生辍学在家闲逛,村庄中求学、向学的教育热情下降,昔日崇学尚教之风偏移,在消费主义文化的影响下,村民精神世界虚化。

最后,随着学生锐减,空巢化的村小学面临着被撤并的结局,村庄中的文化意象行将退出村民的生活。

二、问题反思

对于上述问题,本书从村民、学校、政府三个层面进行反思。

(一)村民层面

1. 传统教育观念遮蔽了对教育本体价值的认识

在中国几千年的历史发展中所形成的科举文化的制度惯习在刘村村民生活中依然具有顽强的生命力。"贾为厚利、儒为名高"、"劳心者治人、劳力者治于人"、"万般皆下品、唯有读书高"、"学而优则仕"的功利主义思想所形成的传统文化力量在刘村村民中仍具有深厚的认识论基础,渗透在村民的思想、心理、思维和意识之中,影响着他们的行动和习惯。

中国传统教育思想以儒学思想为核心,兼容并蓄,在漫长的封建社会一直处于显学地位和统治核心,形成了超强的裹挟力和巨大的隔离惯性。马克思、恩格斯认为,社会意识具有极强的反作用力,公众心理一旦形成,就会以某种坚韧的惯性来影响社会的运行与发展。"学而优则仕"的思想延续了几千年,在中国人的心目中形成了强烈的文化认同,对异质文化往往持排斥态度。从西学东渐到鸦片战争阶段的异质文化进入中国社会,就是一个极其艰难的融入过程,遭受到了异常激烈的抵制,即使面对"亡国亡种"的危机,士大夫依然坚持"国可亡,祖宗之法不可变"的悲情防范心理。这种对传统文化的超强认同心理并产生的制度依赖在中国人心里形成了深层文化积淀,对中国人的教育观念变革产生了深刻的影响。"这种传统文化是由中华民族共同的历史经验创造的,并渗透到教育领域,人们在约定俗成的氛围中创造了难以改变的教育习俗,在共同的预期和理想中构建着教育的规则,形成制度,当制度逐渐演进并且不被看作资源配置问题的有效解决办法的时候,制度就是路径依赖的,它严重影响了教育的发展,阻碍了教育对社会的适应性发展。"①

　　教育传统是历史的产物,是教育发展的过程中所出现过的教育制度、教育方式、教育价值经过历史积淀和人们的心理认同所形成的社会文化价值观。它使教育在发展中保持了同一性和连续性,但同时也会对教育的发展起阻碍作用。积淀在人们深层心理结构中的文化价值观往往具有强大的制约力量和渗透性,对人们的判断、选择和行动产生影响作用。例如,受儒家重人伦、重礼法、轻实用、轻技术思想的影响,中国的教育传统在教育内容的选择上重修身治人、轻技能技术,秉持"劳心者治人、劳力者治于人"的观念,教育与生产劳动相分离,脑力劳动与体力劳动相分离。重传统

<hr>

① 李艳、李双名:《农村义务教育制度选择论》,北京师范大学出版社2009年版,第70页。

和权威的观念,形成了人们读书就是获取功名的功利主义思想以及能出人头地的现实主义想法。传统文化观念表现在教育中,影响着人们教育观念的变革与新生。反观处于社会最底层、生活在条件艰苦环境中的刘村村民,始终存在光耀门楣的心理渴求。传统思想中的"学而优则仕"、"十年寒窗无人问,一朝成名天下知"的教育观念固化在村民思想中,形成了根深蒂固的人的发展和成才观念。村民认为只有读书、考大学才是唯一的正途,这种观念形态逐渐演绎成村民集体的无意识,在子女的身上得以复演,经过长期的文化渗透和思维积淀,凝结在村民的精神、心理,成为村庄社会文化心理结构的深层内容,影响了对教育的本体功能的认识,也是村民对教育制度产生误读的思想根源。儒家教育思想中"儒士"和"君子"的教育目的观和传统封建意识在封闭和隔离的村庄中延续了几百年,影响着人们教育观念的演进。一旦教育制度发生变革,固持的观念不能随之而变,必将造成无所适从的文化困境和矛盾心理。学者丁浩在《中国现代化转型中的农民心理问题研究》一书中认为,中国传统社会自给自足的小农经济和大一统的集权统治以及儒释道三体文化的共同作用形塑了中国农民特有的心理:小农心理(小视野、小心怀、小道德)、功利心理(权力崇拜和名利追逐)和天命心理。在传统与现代的碰撞转型期,农民处于无所适从的心理状态,容易形成见利忘义的利益观,导致诚信丧失、观念扭曲和从众心理严重,导致对教育的失望心理和消极应对心理①。这种心理在刘村村民中进一步得到了印证。

---

① 丁浩:《中国现代化转型中的农民心理问题研究》,《南昌大学学报(人文社会科学版)》2013年第7期。

2. 教育功能在村民中异化为社会流动的工具

在历史演进中形成的教育观念既有其优良的文化价值,但也有着消极的制约作用,往往在人们的观念形态中形成根深蒂固的惯习,影响着人们对子女教育目标的合理期望。中国教育传统观念对农村教育的发展所形成的惯习久远而固持。这主要表现在农村社会往往把教育看作阶层流动的工具。马克思主义认为:"人的本质并不是单个人所固有的抽象物,在其现实性上,它是一切社会关系的总和。"①人们在交往中形成的关系是社会存在的基础,在社会发展的进程中,必然会通过不断分化,形成不同的群体和阶层,为了维护社会的存在和发展,必然要建立恰当的并与之相适应的社会秩序,从而保证社会的稳定发展,而教育在社会发展和社会分层中承担着重要的作用。因此,布尔迪厄认为,人类社会的分层,除了经济资本外,文化资本是更重要的社会因素,它将影响社会分层的要素由传统经济学意义上的资本分析拓展为更重要的经济资本、社会资本、文化资本和符号资本,而教育兼具文化资本和符号资本的多层属性,在社会分层中发挥着后致性资本的功能。教育的分层功能往往是通过选拔方式来实现的。教育通过构建合理的培养机制、评价机制和筛选机制,不断甄别个体的文化水平和能力特点,并根据社会分工的需要,使个体合理地流动到社会各个阶层并进行职业分流,从事合适的职业,取得恰当的社会地位和身份。

从实践意义进一步分析,教育的分层功能具有双重属性。一方面,教育的分层功能在社会发展中发挥了重要的文化再生功能

---

① 《马克思恩格斯选集》第1卷,人民出版社1972年版,第8页。

和合理的社会评价功能,保证了社会的合理分层和公平流动;但另一方面,教育的社会分层功能也会出现异化力量,在社会分层中产生了不合理的社会因素,个体由于对社会阶层利益的过度追求,导致教育的选拔和甄别功能超出其本身所具有的功能,沦为不合理的社会分层的工具,甚至成为社会失范的"罪魁祸首"。

在中国历史发展中,教育历来被视为社会流动的工具,社会底层成员往往只有借助于教育的分层途径,才能完成命运的改变。隋唐科举制度的设立,其本质就在于为了给社会创立更加公正合理的流动之路,在为封建统治者选拔德才兼备的文韬武略之士的同时,也为广大老百姓广开阶层穿越之路,"一人得道、鸡犬升天"、"朝为田舍郎、暮登天子堂",保证了封建社会两千多年的统治格局得以稳定持续发展。但由于中国农村社会的发展状况的落后态势,农村社会的读书人(精英人士)往往具有"入仕为官"的文人情结,"入仕"意味着就要远离家乡,去异地任职,一旦皇榜高中,登科入仕,就要擢升为朝廷命官,远赴他乡异地为官,久而久之,文人儒士远离故土封侯便成为农村社会人才流动的表征,也成为农村人为之仰慕的文化根源。近代以来,在维新变法之后通过变革逐渐兴起的新学制以建立近代学校制度为己任,以自然科学知识的学习为主,"经世致用"的教育观念进一步加强,大量农村精英人士流动加速,乡村精英的结构性流动更为突出,大量文化人士从乡村向城市迁移,乡村教育成为城市人才培养的孵化器,一旦学有所成,功成名就,便会到城市为官,农村社会的人才流失严重,农村社会文化进一步荒芜化。有中国学者认为,乡村精英人才的流失严重对乡村社会的发展影响是极其严重的,中国城乡一体化的传统文化从此出现了难以弥合的裂痕,乡绅继替出现了中断,基础政权日益痞化,原有的社会控制方式逐渐失范,社会矛盾尖锐,乡村经济衰落,城乡差距进一步拉大,本已衰败不堪的农村社会陷入了全面的危机之中(李艳、李双名,2009)。时至今日,城乡差距的愈益拉大成为严峻的社会事实,农村更加难以留住人才,农村发展堪称空心化,发展的后劲极度匮乏。单纯依靠大幅度的经济投入并不能从根本上解决农村社会发展的难题,教育的投入、人才的培养是更为重要的资本投入,是关乎长远发展的课题。

然而,社会转型期囿于制度的变革使村民的社会流动之路变得困难重重,村民的教育期望陷入困境。在本书中,刘村的整体经济状况比较贫困,人均年收入较低,大部分家庭有两个以上的孩子,甚至有许多家庭有三个、四个孩子。教育支出对并不富裕的家庭而言是一笔不小的费用,教育支出在村民的整体性支出中占较大比重,村民寄托教育能对子女的人生和命运带来实实在在的改变,大部分供给学生上学的家庭因教返贫,陷入了脱贫前的困顿中。但是,就业竞争的严峻现实状况却不能保证村民教育期望得以实现。现实中的学校教育以培养应试人才为核心,突出教育的选拔功能,学校的考核机制和评价机制往往以升学率、及格率、上线率、重本上线率为出发点,学生的全面发展、素质教育放在了次要地位,甚至被忽略,违背了教育的本体功能。刘村小学由于师资水平、生源素质、教学设施以及教学水平等与城市学校的差距较大,学生的基础薄弱,发展后劲不足,导致村民的孩子缺乏竞争力,在考试竞争中,大部分初中学生毕业后无法升入高中,考入重点示范性高中的人数很少;高中毕业学生的高考成绩往往不理想,能考入大学者人数更少,在学校教育中学到的文化知识对他们回到农村劳动的用场不大,部分大学生毕业不能就业、回村劳动的大学生甚至不如从小没有上过学的人,教育与人的发展脱节。而当家长从对孩子的教育投入中看不到自己的期望和回报时,对教育投入的热情就会消减,教育的支撑力量弱化,辍学人数上升。经济学理论认为,投资者决策的基本出发点是成本最小化和利益最大化,以此理论视角分析,村民家庭有限的教育资源(资金、财物等)在投入到教育中的时候,利益计算是必然的,一旦学生上大学后不能就业,再回村劳动,投入和产出之间是成本亏损,村民的教育积极性自然就会受到挫伤,更为痛苦的是家庭为此要承担巨大的精神压力。

教育的本体功能在于提高个体素质、促进人的全面发展并促进社会的进步。"成人"与"成才"是学校教育不可或缺的重要组成部分。因此,村民亟待转变观念,进一步澄明教育的本体功能和流动功能,以素质提升和文化再造重塑村民的观念结构。

(二)学校层面

1. 刘村小学自身发展的滞后失去了村民的信任

农村学校建设与农村社会发展的关系问题历来是一个中国农村问题研究者们探讨的热点问题。置身于农村社会的农村学校能否发挥基础性和先导性的作用,并引领农村社会经济文化的发展是农村学校存在的首要价值和必然意义。国务院 2003 年颁布的《关于进一步加强农村教育工作的决定》中指出:"农村学校作为遍布乡村的基层公共服务机构,在培养学生的同时,还承担着面向广大农民传播先进文化和科学技术、提高农民劳动技能和创业能力的主要任务",为农村学校的建设指明了方向。农村学校由于地域文化因素,形成了与城市学校较大的差异性和不均衡性。长期以来,中国农村处处有学校,但农村学校没有真正面向农村和农民。农村学校的教育功能没有充分发挥出来,只培养了大批"离农"人才,而没有重视"向农"人才的培养。脱离农村社会发展的实际需要,农村学校建设就会缺乏乡土社会的支撑。因此,亟须探索适应农村经济社会发展所需要的并能服务于农村社会的学校管理制度、办学形式、教学内容、教学模式以及教学方法等,使农村学校在社会转型期为农村社会的发展起引领作用。钱志亮、石中英认为:农村教育的教育目的和教育价值取向应定为既符合农村社会发展的需要,又兼顾满足个人发展的需要。即其价值定位于"向农"与"离农"相互兼顾,共同协调,促进乡村社会的发展和乡土社会人才的培养。① 这种观点充分考虑了农村社会的发展实际和农村教育的独特任务。农村社会的发展需要农村学校的文化引领,反过来,农村学校的发展离不开农村社会的乡土支持,二者相融共生。反观刘村小学的发展现状,我们发现它自身存在着共同性的弊病:教学环境艰苦、教育观念落后、管理体制封闭、师资力量薄弱、教师人心思走、服务农村意识淡薄。这导致农村学校与农村社会严重疏离,而这种疏离状况逐渐失去了村民的信任。

2. 刘村小学发展滞后的主要原因在于学校制度执行效力的低下

随着制度效力的不断降低,制度的执行力日渐成为人们关注的焦点。俗话说:"三分制度,七分执行",形象地说明制度的核心在于执行。制度理论将制度划分为两个部分:制度内在的规则体系和制度外在的规则体系。制度内在的规则体系必须符合制度伦

---

① 钱志亮、石中英:《农村教育:我们关注什么》,《中小学管理》2005 年第 2 期。

理,也即制度设计的合理性和合法性,制度的制定要符合全体社会
成员的利益诉求,保证社会成员的权利和义务;制度外在的规则体
系预示着制度的执行效力。制度的执行要求提高制度的执行力
度,保证制度的效力。人们遵守制度的规则行事,制度面前人人平
等,任何人不得擅自破坏制度的约束,并建立相应的奖惩机制,对
违反制度者予以责惩。莫永波、张定安认为:"制度执行力就是指
制度本身所具有的被执行落实的强制力、执行的效力以及相关组
织在执行相关制度时的执行力量和执行效力。"①随着中国教育体
制改革的不断深化,学校的办学自主权也在随之扩大,学校的制度
执行力就成为学校发展的关键因素。一所学校能否在享有充分的
办学自主权的情况下,自觉地执行国家的相关办学制度和政策规
定,既是提高学校质量的核心,也是衡量学校规范发展的基本
要求。

　　通过对刘村小学的考察,对刘村小学的制度执行力问题作出
如下反思:

　　总体而言,刘村小学由于地处偏远乡村,与上级管理机构的监
管视域较为疏离,存在着一定程度的制度执行力不足的情况,导致
学校发展力不足,村民对学校办学不信任,使学校失去了公信力,
不断发生的村民子女的择校转学现象就充分说明了这一点。

　　具体而言,制度执行力问题主要表现在以下几个方面:

　　第一,管理制度形同虚设,管理松散。教师可以随意不上班,
可以随便缺课,这在教师教学管理规定中是严重的教学事故,轻者

---

① 　莫永波、张定安:《制度执行力:概念辨析及构建因素》,《中国行政管理》
2012 年第 2 期。

通报批评,扣发工资及津贴,重者予以处分。但刘村小学在以前的学校管理中,教师违纪现象严重,管理者"睁只眼闭只眼",没有得到及时的制止与纠正,导致学校的办学声誉受损,村民对学校失去信任。

第二,考核制度不完善,考核不严。"个别教师上课走出校门溜达、串门的现象时有发生",学生只能自习。这种情况的存在影响其他教师的工作热情,也使得教师失去工作的积极性,教与不教一个样,教好教坏一个样,耽误的是学生,影响的是学校的办学声誉。

第三,督查制度不严格,督导缺失。教师随意不上课,"教师在教室门口随便晃一下就不见人了",教师的责任心没有建立起来,学校管理者无人问津,长此以往,在教师中形成了不良习惯,影响正常教学秩序,导致教学质量不断下降。

第四,教学制度不执行,教学混乱。有些教师不批改作业,"作业中做错的题、写错的字也不纠正",教师缺失专业发展意识,教学工作得过且过,家长的意见较大,对学生成长和发展的影响更大。

第五,教师文化建设制度乏力,氛围低沉。刘村小学的教师以年轻教师为主,教师相对年轻化,"应该说,年轻教师在一起是充满活力的,有利于学校工作的开展",但是,由于教师文化建设乏力,校园文化氛围低沉,缺乏对教师工作积极性和工作激情的培养与引导,教师找不到专业文化的归属感,混日子的现象严重,教学工作受到较大影响。

制度的本质是一种规范标准,是服务于管理规定的"行动秩序",设计再精美的制度,也不可能自动产生效益,制度效益的高低往往取决于管理主体的执行力。因此,现代制度的核心理念是制度的执行力,从制度"设计"与"制定"走向"效率"与"执行";后现代制度文化的精髓在于将制度的强制力和规定性迁移为制度执行者主体的自觉性和自律性,保罗·托马斯说:"执行力是一整套行为和技术体系,它能够形成独特的竞争优势。"[1]执行力将管理目标、权变力、意志力等综合性因素合成执行者主体的自觉行动,执行并落实既定的制度目标。刘村小学的制度形同虚设,无从谈由执行力走向执行者的自觉行动。

(三)政府层面

1. 乡村文化建设相对滞后

在中国社会整体走向现代化的进程中,乡村社会逐渐"被边缘化"成为一个无法回避的沉重话题,刘村也不例外。乡村文化的整体滑落是中国社会现代化发展的缺失。乡村社会在现代化进程中被工业文明的价值理念渗透,"经济价值"和"功利主义"逐渐演变为乡村社会的主流词汇,几千年的乡村文化秩序和乡土本色在消退,乡土文化的价值体系在逐步分化和瓦解,乡村文化进一步荒漠化,村民的精神世界荒芜化,道德伦理虚化,乡村社会的文化价值核心在现代化的大潮中逐渐被消解,乡村社会难逃被边缘化的命运。乡村社会文化的虚化导致乡村社会边缘化,城市文化的侵蚀使乡村文化斑驳陆离。时至今日,乡村文化不再是具有独特内涵的精神象征,昔日乡村文化中的淳朴、宽厚已被功利化所代替,面对现代化的扩展与世俗化,乡村社会固有

---

[1]　[美]保罗·托马斯、大卫·伯恩:《执行力》,白山译,中国长安出版社2003年版,第10—12页。

的宁静深远的自然属性在消退,现代化的功利性浸淫了乡村社会的文化根脉,乡村社会在为城市化的发展奉献了自己的资源之后,被抛离了城市文化圈层,乡村社会不可避免地陷入自卑与无奈的窘境。

乡土是中国文化的根脉。葛兰言说:"乡土是中国文明的基础。"①中国乡村社会在历史的发展中形成了厚重的文化品格,在兼容并蓄、包容共济中形成了既有独特品质的自然生态、历史古迹、文物器皿、地理沿革、语言文字、民风民俗,更有学校教育、家庭生活、道德伦理、乡土人情、风物秩序等充满着浓郁地方色彩的文化元素,形成了滋养中国社会根基的乡土文化情结,孕育了中华民族的文化传统和现代养分。张岱年说:"传统文化所蕴含的思维方式、价值观念、行为准则,一方面具有强烈的历史性、遗传性;另一方面又具有鲜活的现实性、变异性,它无时无刻不在影响着今天的中国人,为我们开创新文化提供历史的根据和现实的基础。"②传统社会中乡村独特的自然生态与村民悠然的劳作方式天然合一,民间故事与伦理亲情自然融通,形成了独特的乡村文化品格与自然教化的文明生态,是宝贵的历史遗产。但在现代化的进程中,乡村社会独特的文化内蕴在消退,城市文化替代性的嵌入,乡村文化解体,传统价值缺位,村民精神世界日渐贫乏,利益关系代替了传统的自然乡韵,乡村社会流传千年的质朴、宁静的文化风格和山水、田园、绿意包裹着的自然景观在经济大潮的冲击下逐渐消退,传统农耕生活方式被现代生活节奏所代替,消费文化渐次成为乡

---

① 王铭铭:《走在乡土上》,中国人民大学出版社2003年版,序。
② 张岱年:《中国文化概论》,北京师范大学出版社2004年版,第7页。

村社会的强势文化,乡村生活被卷入现代社会的潮流中不能自持,昔日安详的袅袅炊烟、宁静致远的自然和谐的乡土气息逐渐退去。尤其随着大量人员的外出和迁徙,观念变革甚至更快地超越了物质变革,传统特有的乡土秩序和亲情文化逐渐解体,传统伦理分化,传统道德变迁,年轻一代对乡村文化的疏离感和陌生感在加重,市场经济、商品文化渗透在村民生活的各个层面,乡土伦理被市场逻辑所代替,村民的价值观念渐趋功利化,熟人社会的人文伦理所形成的"义理观"被"现实主义"取而代之,并与村民的小农意识相交织,导致传统的道德体系瓦解,老人无人赡养,子女不行孝道,"鸡犬之声相闻,老死不相往来",乡村人际关系日渐陌生。杨淑萍说:"在消费文化模式的影响下,消费既构成青少年现实生活的主要内容,也成为他们解读生活意义和自我价值的新话语。这一变化引起的不仅仅是他们物质生活世界的巨大变化,更重要的是重塑着他们的精神世界。"[1]乡村社会群体性的精神素养缺失愈益严重,成为比物质缺乏更严重的现实。

乡村学校是乡村文化的精神意象。在社会发展中,一个村庄的存在需要一所学校的文化引领,村庄学校存在的象征意义甚至会超越其自身的存在意义。矗立在乡土社会的乡村学校,以其超凡出众的意象引领着乡村文化的发展,对改变乡土社会的文化结构起着重要的示范作用:文化传播、教育教化、知识生成、观念变革等等。村民的生活因为学校的存在而更具活力,给单一的乡村文化品格注入多元的生机。刘村小学是刘村的文化核心,也是村庄

---

① 杨淑萍:《消费文化影响下的青少年道德观的特点分析》,《教育科学》2012年第3期。

的教育摇篮。然而,随着村民对教育要求的提高,进城择校现象不断发生,乡村孩子逐渐脱离乡村社会进入城市接受教育,学生的锐减,使乡村学校走向空壳化,也因而失去了存在的合理性和合法性,在教育整合中行将退出村民生活的视野,乡村社会文化传承的主阵地被拨离,留存在村民心目中的文化意象坍塌,失去学校的乡村将失去文化的引领,缺乏知识人才的乡村社会越来越像一具空壳。"一种教育必须有相应的文化背景的全面滋养,需要本土文化的细心呵护,那才是全方位滋养一个人的精神生命,发育人生各种细微情感的沃土。"(刘铁芳,2010)新时期乡村学校走向消亡,城市化过程中的乡村社会失去了文化辐射,不能不说是一种比物质的消亡更遗憾的缺失。

乡村教师是乡村社会的"文化人",在单调的持守中传道、授业、解惑、承训、励志,既是乡村知识的布道使,更是乡村文化的守护人,在传授知识中传习乡村特有的文化韵律,传承乡村文化根脉,在孩子的人格发展中注入乡土文化气息,使乡村学生的文化认同感在成长中得以持存。20世纪八九十年代的乡村教师的主体是中等师范学校毕业的中师生,多数以本土人士居多,具有强烈的乡土文化认同感和乡土情怀,家在农村,能安心从事农村教育工作。进入21世纪以来,随着三级师范学校的整体退出,取而代之的是以公开招考的大学生为主体,他们结婚后大多数将家安置在县城或乡镇街道,对乡村文化和乡村生活缺乏认同感,工作日在乡下学校上班,周末离开,几乎没有人愿意扎根在偏僻的乡村学校留守,宏大的城市文化和繁华的县城生活更具吸引力,乡村教师的精神世界游离于乡村之外,甚至排斥乡村的生活氛围,想方设法调进县城工作以褪去"农村的肤色"。这种游离状态对农村教育的发展极为不利。当乡村教师随着乡村学校的撤离而逐渐进城,存在于村民生活中的文化人和知识分子越来越少,乡村年轻一代逐渐失去了对乡村文化的认同,乡村文化发展的引路人也将退离乡村社会。

文化是一个民族的根基,教育离不开文化的支撑和滋养。当乡村文化日渐解体的时候,乡村教育难逃衰落的命运;反过来,乡村教育的衰落,进一步加剧了乡村文化的荒芜。乡村教育面临着日益衰败的"不能承受之重","一方面是社会对教育的要求和期望值如此之高,另一方面是对教育的评价和认同度如此之低。"[1]当城市化、现代化和全球化以不可逆转之势遭遇乡村时,乡村的变革和形塑成为一种必然趋势,"乡村沦陷"成为一个时代的历史印记。"在这样一个激变的时代,人们越来越无法按照祖辈的方式生活。"(陈壁生,2008)乡土文化的解体是从传统的生活方式开始的,那滋养人的文化沃土、精神意境、审美标准、道德观念、是非判断、处事方式等乡村社会稳定惯性系统,将在悄无声息的变革中走向消亡。如果说传统生活就是生活本身,现代生活却脱离生活自体,自体之外的追求遮蔽了本有的醇厚。

2.城乡教育不均衡发展的态势进一步加剧

城乡二元结构的教育发展现状是中国教育发展不均衡的根源,形成了极具差异性的发展态势,造成了城市教育与农村教育事实上的不平等。城市集中了中国的优势教育资源和优质教育条件,广大农村地区的教育资源相对贫乏,处于缺学少教的发展状态。尤其近年来随着村庄生源锐减和乡村学校的撤并,乡村学校

---

[1]　刘生全:《教育成层研究》,教育科学出版社2011年版,第6页。

空壳化，乡村文化的辐射点在衰落和萎缩中走向坍塌，文化传承与文化发展之轴断裂，村级学校资源在向乡镇、县城层次进一步集中，村庄失去了知识传播和文化辐射中心。由于制度性的樊篱和设计性的障碍，农村学生难以享受到城市优质的教育资源，高价择校也成为一种奢侈品。由于城乡生活条件的差异，为数不多的农村学生考入大学后，往往人心思走，再也不愿回到自己的故乡，逃离乡土去追求城市化的生活。农村的精英人士基本上留在了城市，城市的发展储备了优秀的人才资源，而农村社会的人才、知识和文化匮乏，农村社会走向文化虚化，恶性循环造成了农村经济落后、教育衰败和文化衰落。

农村教育的长期发展是一种教育在落后的传统教育观念和封闭的文化窠臼中的再生产，缺乏将农村孩子真正纳入到现代社会的文化体系中予以重构，同时也在追赶城市化的教育目标中失去了乡村特色。传统社会的农村与现代化社会的城市之间的差距进一步拉大。农村教育在与城市教育的利益博弈中始终处于追赶型的发展状态，地方财政的困难使得农村教育的投入严重不足，村级学校办学条件差，办学体制僵化单一，师资队伍总体素质较低，艰苦的工作条件引不来优秀的教师，更留不住优秀人才，导致农村学生的发展后劲明显不足，失学率、辍学率居高不下。同时，农村教育的发展不能为农村经济社会的发展提供人力资源支持，制约了农村社会的发展；农村家庭从教育投入中看不到预期的利益收益，制约农村人才素质的提高，经济难以快速发展，贫困落后的面貌难以改变。农村学生的出路堪忧。一方面，高昂的大学学费需举家借债甚至贷款才能勉强完成学业，家庭往往"因教返贫"，而大学毕业生的就业难又会让贫困的家庭雪上加霜，整个家庭会陷入物质上的贫困和精神上的压抑;另一方面,升不了学的学生以及就不了业的大学生回到农村,排斥生产劳动,"不爱农、不会农、不务农"成为一种趋势,他们的生活充满着尴尬,眼高手低,高不成低不就,我们的教育培养了大量只会考试的"应试人",而不是会生活的"现代人",让村民在投入教育的高昂付出中看不到设想中的收益,反而成为一种"蚀本"投资,严重挫伤了村民投资教育的积极性,导致辍学率增加,弃考率上升。农村经济文化发展的困局无法在短时间内消解,尤其在工业化、城市化和现代化的进程中,农村教育的价值迷失,方向偏移。几千年的农业文明的历史文化根脉对现代农村社会发展的意义缺失,农村教育在追赶现代社会的主流文明价值中缺位,时下的农村教育依然像陶行知在 20 世纪初指出的那样:"中国乡村教育走错了路!……他教人吃饭不种稻,穿衣不种棉,做屋子不造林,他教人羡慕奢华,看不起务农;他教人分利不生利;他教农夫子弟变成书呆子……"(陶行知,2002)教育的本体功能在于育人,在于促进个体社会化的过程中把新生一代培养成为具有社会知识和合乎社会规范的完整意义上的人,同时使个体兼具职业技能。但中国教育在应试模式中走向了异化,甄别功能与选拔功能成为教育的显在功能,在以城市文化为主导价值的选拔功能中,农村出身的学生迷失了自我。李书磊指出:"我国中小学教育的主要目的是为了通过高考,而除了这些榜上有名的成功者之外,绝大部分的受教育者都成为支持这种汰选的分母,被选出来的人将进入城市与体制,而被淘汰的人则仍留在乡村与民间,但他们所受到的教育却并非是为他们在现在的乡村生活做准备的,乡村并没有他们的用武之地,教育所给予他们的愿望和能力已使他们与现在的乡村生活格格不入。落选者的困境与中选者的成功乃是源于同一种教育战略与教育导向。"①农村学生上学越多，离农、离村心态越强，而一旦高考失利，回到农村的学生又不能发挥应有的文化作用，导致村民对教育功能的怀疑和失望。亨廷顿说，现代化带来的一个重要后果就是城乡差距，这一差距是正在经历着迅速的社会和经济变革的国家所具有的一个极为突出的特征，是这些国家不安定的重要根源，是阻碍民族融合的一个主要因素②。我们十分不愿意看到的一个事实，却在农村社会不断重复上演：农村社会边缘化，农村文化空心化。在现代城市文化与农村传统思想文化的融合过程中农村年轻一代逐渐失去文化根脉，他们向往城市文化生活并选择现代城市文化，但在农村能考上大学者毕竟是少数，大部分青年学生还是要被迫性地"回归乡土"，而回归乡土只是一种身体的回归，精神却成为漂泊状态。

城乡教育不均衡的态势对村民的教育期望产生了较大影响。通过对刘村村民教育期望的考察，我们可以看出村民的教育期望是现实主义的，教育的功利性遮蔽了教育的育人本性。他们积极投资教育，希望孩子通过接受教育，能够脱离农村生活场域，改变自己的人生际遇，取得进入城市生活的资格和身份。因此，刘村村民异常关注分数、考试成绩和学校的教学质量，城市社会的惯常做法逐渐在向农村社会延伸，择校热、升学热等成为时下农村家庭新的教育导向，基础教育的选拔功能低年级化，教育的育人功能和成人使命失去了文化支撑。家长热衷于择校，甚至不惜高价将孩子转入县城学校就读，家长弃农陪读，舍家离村，其根本原因在于对

---

① 李书磊：《村落中的中国》，浙江人民出版社1999年版，第143页。
② ［美］塞缪尔·P.亨廷顿：《变化社会中的政治秩序》，王冠华等译，生活·读书·新知三联书店1989年版，第66页。

优质教育资源的追求,"不能让孩子输在起跑线上"的价值导向使村民的教育行动蒙上了浓厚的功利化色彩,而教育的本体功能、生活功能在"考学文化"的冲击下断裂,价值迷失,成为农村教育新的发展困境。因此,亟须打破城乡二元结构的教育格局,缩小城乡教育的现实差距,促进城乡教育的均衡发展是刘村教育发展的制度期盼。乡村教育在发展中出现的困境,一方面源于政府对农村教育投入的不足,整个国家的基础教育资源配置存在着结构性的供需矛盾,另一方面,村民对城市优质教育资源的向往,转学进城,挤占城市教育资源,导致教育布局进一步不合理。Berger、Luckmann(1966)在《现实的社会建构》一书中指出:社会建构往往把制度化的过程看作一种习惯性行为的类型化,如果创造制度的个体可以将其置于自己的行动中,那么其后代也就会将这个被创造的制度看成是一个自然而然的过程。如果农村教育的发展成为一种自然而然的过程,教育的投入和利益的分配将不再是一个社会性的难题,农村教育也将迎来新的发展契机。

　　长期以来,由于经济社会发展的不均衡和户籍制度的隔离政策,城乡二元结构的社会格局往往以"城市为中心"。"城市中心"的价值取向反映在教育中,形成城乡不同的质量差异,处于同一地域的公民享受着有较大差别的教育质量。以义务教育为例,尽管国务院于2005年颁布了《关于深化农村义务教育经费保障机制改革的通知》,将农村义务教育的经费全面纳入公共财政予以保障,形成了中央政府和地方政府按比例、分项目承担的农村义务教育经费投入制度,对农村义务教育事业的进一步发展确立了制度保障,但是,农村义务教育的属地化管理缺陷以及地方政府财政的巨大差异,造成义务教育的不均衡态势,并且呈现不断扩大化的趋势。

政府是提供教育服务的第一责任人,均衡配置教育资源是政府制度调节的主要内容,政府有责任向社会提供均衡的教育产品配置。然而,中国教育制度的不合理设计在教育事业发展中进一步加剧了城乡教育的隔离状态。金生鈜指出:"(中国教育)作为公共领域的组成部分的特性是阙如的,一方面,教育的公共责任处于阙如状态;另一方面,我们的教育可能造就出的是没有公共精神和公共理性的社会成员。"[①]在教育长期发展的过程中,重点学校、城市学校甚至乡镇中心学校取得了优势资金和优质资源,得到优先发展,乡村学校逐渐沦为薄弱学校,薄弱学校的教育资源薄弱、师资力量薄弱、教育质量低下。当民众对薄弱学校教育发展的现状无法达到满意状态时,追求优质教育资源就会成为民众的选择行为,但是,制度性的教育樊篱又会阻碍甚至阻止教育选择,基于此而言,教育衍生成为一种"市场化的产品",甚至成为一种狭隘的利益工具。以本书中的刘村村民的择校行为为例,村民基于对优质教育资源的渴求,他们宁愿弃农陪读,做出了巨大的家庭牺牲,甚至不惜动用各种社会关系,花费不菲的代价去择校,就是试图超越制度的樊篱和障碍,让子女享受优质的教育资源,然而,择校的难度之大超出人们的臆想。择校成功的村民成为教育期望的持存者,而那些无法择校的村民子女大多在初中或者高中后走向辍学,成为一个不算合格劳动者的流失生,"去公共化"的教育失去了公平性,破坏了教育的公正价值。教育制度设计规避了公共属性,成为一种以地域占有为分野的私地产品(偏向县城学生),

---

① 金生鈜:《保卫教育的公共性》,福建教育出版社2008年版,第191页。

进入城乡不同的学校就读成为教育不公平的起点,县城学生因为地缘的优势接受了与乡村学生不同的教育资源、教育条件以及教育机会。因此,中国教育亟须回归公共属性,这是政府义不容辞的制度责任。政府是制度的执行主体,拥有制度设计、制度制定和制度执行的公共权力,处于制度的优势地位。作为执行公共权力的政府部门的教育主管部门,不仅承担着教育决策与管理职能,更承担着维护制度规则和保持制度公信力的责任。因此,教育制度的设计、制定、出台和实施,应尽可能地考虑广大贫困家庭人群和弱势群体的承受能力,对既有制度的修订与完善尽量保持制度的连续性和稳定性,制度变革应稳步推进。

　　社会依靠制度规则来维持公共生活领域,规定社会成员必须恪守制度的公共调节系统,以形成社会成员的规则意识和道德观念,构建符合社会要求的价值观念、行为习惯、意识形态和思维模式,并内化为个体的主观意识,以自发的方式去遵守制度的约束。新经济制度学的代表人物道格拉斯·C.诺斯(1994)认为:制度是"为决定人们的相互关系而人为设定的一些契约"。制定制度的目的,旨在规范人们的行为,约束利益主体之间的行动。因此,对制度的设计而言,充分考虑制度制定的公平性和区域差异性,是制度持久效力的基本前提。当刘村村民的择校需求持续上升,并成为一种自发、自愿的行动时,就要求政府部门和教育管理部门强化服务意识,因时而变,引导村民的择校行为,及时调整教育政策和择校制度,为村民的教育需求提供方便,满足村民的择校需求,而不是一味地出台规定,提高门槛,设置障碍。教育的公共属性决定了教育制度的公平性和公正性。择校行为,宜疏不宜堵。

第二节　发展建议

一、村民

刘村村民亟须转变传统教育观念,走出传统认识论的泥沼,重新认识教育的育人功能和成人价值,认识接受教育是知识经济社会每一个公民的必然选择;转变就业观念,进一步认识社会转型期中国就业形势和就业政策,做好心理准备,接受大学毕业生就业的多元化选择,打破固有的就业观念,适应经济社会的发展。

(一)转变传统观念

当代中国社会正处于转型发展的关键时期,制度变革是社会转型的必然逻辑,"青山挡不住,毕竟东流去",无论政治制度、经济制度、文化制度还是教育制度,都将在现代化的发展进程中发生变革,这是生产关系适应生产力发展的必然要求。村民期待的读书上大学、获得好工作和取得好职位的教育期望必将发生变革。从社会转型的角度看待制度变革,厘清政府、市场、学校、家庭之间的利益博弈,重新认识教育、收费、就业、工作和身份之间的关系,接纳竞争机制、多元选择与开放发展的关系。因此,进一步提高认识,淡化期望与回报之间的单向度思维和功利化思想,澄明教育的本体功能,明确教育的本质意义在于提高人的综合素质和职业竞争能力,只有具备了这种素质和能力的人才能在就业市场中具备选择的条件。

(二)转变就业观念

长期以来,村民在"学而优则仕"的教育价值观的影响下,把子女读书的目的固化为寻求仕途与改变身份的唯一目的。对制度的误读所产生的思维惯性,桎梏了人们认识的进一步拓展。在社会转型期,随着教育事业的快速变革,尤其在高度教育由精英化走向大众化的过程中,教育成为促进人的全面发展、提高人的素质的重要途径,其所承载的功能将进一步适应社会的发展需要。目前,就业难是一个世界性的问题。在中国城市化、工业化的发展过程中,由于中国人口的现实状况和发展差距,就业难一直是一个亟待解决但不一定在短期内就能有解的难题,就业竞争的激烈程度是必然的。因此,适度弱化教育的功利动机,相信只要子女通过接受教育,具备了专业水平和职业技能,总能找到适合自己的岗位;更为重要的是要转变职业岗位认识,走出非政府机关、事业单位不去的误区,拓宽就业选择的范围,才能寻找到满意的工作。

二、学校

学校自身要变革图强,注重内涵提高,拓展外延发展,内强素质,外树形象。加强学校各项制度的执行力,严格管理,规范纪律,激励和调动教师的工作积极性和工作热情,竭力发展;同时,继续加大对刘村小学的后续投入,完善教学设施建设,配备计算机,建设多媒体教室,配备专业的计算机教师和专业英语教师,让刘村小学从薄弱学校向优质学校转变,让村民放心地将自己的孩子送到家门口的学校上学,一方面减少村民的择校负担,另一方面减轻县城学校的承受压力和容纳压力。

(一)寻求自身变革

乡村社会的文化旨趣是乡土性和地方性的,是在与自然和谐亲近的基础上形成的具有浓厚的伦理价值观念和传统社会秩序的乡土文化,是中华民族文化的基底根脉。农村学校的建设可以充分吸纳农村社会厚重的文化品格,走"后均衡化"①的特色办学道路。

结合刘村小学与刘村经济社会发展的实际状况可见,走具有乡土特色的"乡土学校"建设道路不失为一种良好的选择。

首先,挖掘具有乡土文化的教育内容,编写乡土教育教材,以校本课程开发的乡土教材形式进入课堂,进入学生的生活世界,从小培养儿童的"向农"文化立场。如乡村民间故事、乡村礼仪规范、乡村地理知识、乡村历史人物故事、乡村儿歌、寓言等切近村民生活的教育素材都可以成为很好的教育内容。

其次,改进教学方法,密切结合乡土生活经验,培养学生的乡土意识。改变灌输式的教学模式,从学生的生活经验入手,注重结合与学生生活环境密切相关的事物,提高学生的生活能力,培养他们认识乡土、熟悉乡土、认可乡土的情感。师生互动,共同参与,增加探究的机会,增强学生的动手能力,如民间泥塑、民间彩陶、刺绣、手工编织等都是良好的开发素材,可以在课外活动中有效开展,增强学生的"向农"文化教育。

再次,注重乡土文化认同教育。在社会转型期,由于城市文化的扩张所形成的城乡文化结构的断裂导致乡土文化进一步衰落,城市文化遮蔽了具有悠久历史的乡土文化根脉,农村年轻一代对城市文化的向往和追求,造成了对乡村文化的背弃、躲避甚至拒斥心理,这种心理的泛化可能影响民族认同甚至国家认同。因此,从小对年轻一代进行乡土文化教育,让他们懂得尊重文化的多样性

---

① "后均衡化"的学术概念是李生滨、傅维利、刘伟等学者于2012年提出的观点。参见李生滨、傅维利、刘伟:《从"追求均衡"到"鼓励差异"——对后均衡化时代义务教育发展的思考》,《教育科学》2012年第1期。

和差异性,了解和认识自身区域的文化优势,激发乡土认同和乡土情感,促进国家认同和民族认同,培养他们的乡土文化归属感,从小树立热爱家乡和建设家乡的情感和信心。

(二)增强制度效力

刘村小学要适应现代学校的发展理念,走"后均衡化"特色办学之路,制度的执行力是其发展的重要保障。

首先,加强学习,明确纪律,组织教职工学习各项教育教学管理制度,树立良好的制度意识,为教学质量的稳步提高树立制度保障。

其次,制定适合本校特点的管理制度,使学校管理有制可循、有章可依,使制度规范深入人心,形成人人遵章守制、大家齐心协力的教学风气。

再次,加强管理力度,以严格的制度作为管理依据,奖罚分明,形成良好的制度规则秩序,克服懒惰心理和侥幸心理,使学校焕发出新的精神面貌。

最后,建设良好的校园育人文化,激发教师昂扬向上的工作态度,以校为家,爱生敬业,变革图强,奋发有为,使学校的发展和村民的教育期望之间建立起均衡化的态势,吸引村民子女就近入学。

三、政府

(一)提升村民文化水平

结合刘村的文化发展现状,政府发展刘村文化事业可从以下几方面入手:

首先,对村民进行普及文化知识教育。这里的大部分村民文化程度较低,略有文化知识的年轻村民大部分时间在外地打工,留守在家中的村民基本上是文盲或半文盲,文化知识的缺乏极大地限制了他们的致富思维。由乡政府配备的村主任助理和包村干部大部分都是近年来毕业的大学生,具有良好的文化知识素养,传授村民基本的文化知识没有任何难度。县乡政府应将对村民的扫盲教育列入对大学生村官和包村干部的考核内容之中,督促他们举办文化学习班,举办村民夜校,并适当给予补助,使尽可能多的村民掌握文化知识。

其次,加强村民的职业技能培训。根据市场对实用技术人才的需求,结合外出务工人员了解的不同工种、不同行业对技术人才的要求,有针对性地对年轻一代村民进行职业技能培训,使他们掌握一到两门实用技术,让村民外出务工的收入不断提高并逐步稳定,改善村民家庭的经济状况,为子女的教育取得经济支撑,在教育费用居高不下的情况下,保证村民子女能够完成学业,不要因为教育费用的问题而让孩子辍学。

再次,提高留守村民的种植技术。可以预见性地说,刘村的果树种植业将会成为刘村未来经济增长的新亮点。这里的村民户均种植苹果超过 6 亩,种植果树将每年为村民获得户均 10 万元以上的收入。但他们缺乏种植技术,在传统种植观念的影响下,不能保证果树种植的经济效益。因此,县、乡政府配备的农业技术指导人员要充分发挥引导作用和培训作用,让村民转变观念,学习新的果树栽培技术、修剪技术、嫁接技术、套袋技术、保色技术、农药泼洒技术、管护技术、冬防技术,等等,让将在来年挂果的苹果树结出经济硕果,吸引每年离家漂泊的外地打工村民回乡致富,让村民的经济收益成为教育发展的持续动力。

（二）促进教育均衡发展

根据 Z 县经济社会发展的实际水平,兼顾城乡学校之间、区域校际之间办学状况的实际差距,走城乡一体化的发展道路,促进县域内教育的均衡发展,打破制度瓶颈,推动 Z 县教育快速发展。

首先,建立有效均衡的制度机制。全面规划,整体布局,合理推进,区域均衡,硬件建设与软件建设并重,校舍改进与师资培训结合,走内涵均衡的发展道路;因地制宜,开拓创新,分步实施,办出特色,融合后均衡化的发展理念,促进均衡发展但又各具特色,走多元化、多样化的均衡之路;提高公共财政的筹措能力和保障水平,大力推进城乡教育一体化,改善薄弱学校的办学状况,促进薄弱学校的标准化建设,提高办学水平,推动县域校际均衡,为受教育者提供公平的起点。

其次,促进配置合理的师资均衡。构建合理的教师流动机制,打破校际隔离,实行资源共享;加大教师交流力度,县域内统一配置师资力量,原则上校长、教师 3 年一个聘任周期,期满交流,教师的身份由"学校人"向"系统人"转变;建立奖励机制,鼓励城区教师服务农村学校。将城区教师下乡支教作为教师职称评聘、职务晋升的条件之一,鼓励优秀校长、骨干教师支援农村薄弱学校发展;加强现有师资的培训,增强培训的针对性和效用性,引进地方性知识的培训,迎合学校"乡土"特色建设。

再次,鼓励城区学校帮扶农村薄弱学校。打破利益壁垒,携手共同发展,农村学校的良好办学能够吸引农民孩子入学,让村民放心地送子女就近入学,既是促进农村学校发展的有效手段,也是减轻城区学校办学压力的有效方式。

（三）健全教育服务制度

首先，建立经费保障机制，改善乡村教育落后的办学态势。缩小村小学与乡镇中心学校以及县城小学的差距，吸引村民子女就近入学。

其次，改革户籍制度隔离，降低择校门槛。对那部分确有择校意愿的村民，教育管理部门和县城学校可以因势利导，顺势而为，降低进入县城学校的门槛，鼓励他们的教育行动，使他们的子女能顺利满意入学，不能囿于地域的限制而设置制度障碍。在条件成熟的时候取消一切择校费和借读费。

再次，完善补偿机制，扶持弱势群体。对家庭特别困难的村民子女予以特殊的经济补偿，提高家庭困难学生的助学金、奖学金，执行好"两免三补"教育政策，让人人享受教育红利，平等面向每一个公民，人人享有教育资源，为村民子女的社会流动提供公平的起点，使农村困难家庭、弱势家庭的孩子以及残疾儿童接受平等的义务教育。

结语:保护村民的教育期望

期望是一种心理意象,是人们基于现实条件和未来目标而建立的动力机制,并在一定的条件下形成的稳定的文化心理结构图式。期望机制的形成离不开文化观念的引领,其指向未来的目标往往是基于现实的需要而建构的。因此,引导与保护村民的教育期望成为一个值得关注的话题。

教育制度在长期的准自动化的规则下形成了制度固化,人们对教育制度文化的适应往往形成制度的路径依赖,成为教育系统运行的惯性。在长期的制度适应中,个体与组织、社会与民众之间达成了共识性的制度契约,契约一旦形成并稳定下来,就会产生边际效益的递增功效,并形成人们稳定的合理化心理预期。在已有制度规则的约束下,单个行为人的行动目标是明晰的,对自己的行动策略也有一定的心理预期,边际递增收益随制度的稳固而不断增加。"教育制度进入锁定阶段后,人们便形成了稳定的心理预期,行为人之间具有普遍的约束力的共识性契约达成,形成了制度的帕累托均衡。"①刘村村民基于对教育制度的依赖所形成的功利主义的文化思维,使村民与教育投入之间形成了契约性的帕累托

---

① 陈彬、李明星:《教育制度变迁中路径依赖的成因及对策》,《教育科学》2012 年第 3 期。

均衡。在制度变革的社会背景下,要想打破既有的稳定的心理预期,重建新的心理期望,个体必然要达成新的帕累托均衡。所以,要转变村民教育观念,健全政府教育服务制度,促进城乡教育均衡发展,建设"乡土"特色乡村学校,提升乡村文化的整体水平和育人功能,改变时下乡村教育以"离农"为核心的价值取向,走出以"跳农门"为目的的乡村教育窠臼,超越村民功利主义的教育期望,重塑村民教育期望的乡土文化适切性。因此,要保护并提升村民珍贵的教育期望,让制度变革与村民教育期望之间的帕累托均衡持存。

参 考 文 献

(一)著作类

[1] [法] P.布尔迪厄、J.C.帕斯隆:《再生产——一种教育系统理论的要点》，邢克超译,商务印书馆 2002 年版。

[2] [法] P.布尔迪厄、J.C.帕斯隆:《继承人——大学生与文化》,邢克超译,商务印书馆 2002 年版。

[3] [法] 皮埃尔·布尔迪厄、[美]华康德:《实践与反思——反思社会学导引》,李猛、李康译,中央编译出版社 1998 年版。

[4] [法]布尔迪厄:《文化资本和社会炼金术》,包亚明译,上海人民出版社 1997 年版。

[5] [法]米歇尔·福柯:《规训与惩罚》,刘北成、杨远婴译,生活·读书·新知三联书店 2003 年版。

[6] [美] M.卡诺依:《教育经济学国际百科全书》,闵维方译,高等教育出版社 2000 年版。

[7] [美] S.南达:《文化人类学》,刘燕鸣等译,陕西人民教育出版社 1987 年版。

[8] [美]伯纳德·巴伯:《信任——信任的逻辑与局限》,牟斌等译,福建人民出版社 1989 年版。

[9] [美]费正清:《美国与中国(第四版)》,张理京译,商务印书馆 1987 年版。

[10] [日]仲新、持田荣一:《学校制度》,雷国鼎译,中华书局 1972 年版。

[11] [英]班克斯:《教育社会学》,林清江译,(台湾)伟文图书出版社 1978 年版。

[12] [英]托马斯·摩尔:《心灵书——重建你的精神家园》,刘德军译,海南出版社2001年版。

[13] [法]亨利·柏格森:《创造进化论》,姜志辉译,商务印书馆2004年版。

[14] [美]詹姆斯·麦格雷戈·伯恩斯:《领导论》,常健等译,中国人民大学出版社2006年版。

[15] [德]O.F.博尔诺夫:《教育人类学》,李其龙译,华东师范大学出版社1999年版。

[16] 蔡英文:《政治实践与公共空间》,新星出版社2006年版。

[17] 蔡映辉:《中国大学生期望研究》,福建教育出版社2011年版。

[18] 但菲:《幼儿社会性发展与教育活动设计》,高等教育出版社2008年版。

[19] [美]道格拉斯·C.诺斯:《经济史中的结构与变迁》,陈郁等译,上海三联书店、上海人民出版社1994年版。

[20] 丁柏铨、胡治华:《人文社会科学基础》,首都师范大学出版社2009年版。

[21] 董小英:《再登巴比伦塔——巴赫金与对话理论》,生活·读书·新知三联书店1994年版。

[22] [美]约翰·杜威:《民主主义与教育》,王承绪译,人民教育出版社2001年版。

[23] 费孝通:《江村经济》,江苏人民出版社1986年版。

[24] 费孝通:《乡土中国》,人民出版社2008年版。

[25] 冯建军:《教育的人学视野》,安徽教育出版社2008年版。

[26] 冯建军:《教育公正——政治哲学的视角》,福建教育出版社2008年版。

[27] 冯建军:《生命与教育》,教育科学出版社2004年版。

[28] [美]S.E.佛罗斯特:《西方教育的历史和哲学基础》,吴元训等译,华夏出版社1987年版。

[29] [联邦德国]伽达默尔:《科学时代的理性》,薛华等译,国际文化出版公司1988年版。

[30] 高伟:《存在论教育哲学》,教育科学出版社2006年版。

[31] 郭丛斌:《教育与代际流动》,北京大学出版社2009年版。

[32]郭元祥:《教育的立场》,安徽教育出版社 2009 年版。

[33][德]马丁·海德格尔:《存在与时间》,陈嘉映等译,生活·读书·新知
三联书店 2000 年版。

[34]洪汉鼎主编:《理解与解释——诠释学经典文选》,东方出版社 2001
年版。

[35]韩震、孟鸣岐:《历史·理解·意义——历史诠释学》,上海译文出版社
2002 年版。

[36]何建章:《当代社会阶级结构和社会分层问题》,中国社会科学出版社
1990 年版。

[37]倪康梁:《现象学及其效应——胡塞尔与当代德国哲学》,生活·读书·
新知三联书店 1994 年版。

[38][德]埃德蒙德·胡塞尔:《欧洲科学危机和超验现象学》,张庆熊译,上
海译文出版社 1988 年版。

[39][英]怀特海:《教育的目的》,徐汝舟译,生活·读书·新知三联书店
2002 年版。

[40]金东海等:《义务教育阶段贫困生就学资助制度研究》,人民教育出版社
2011 年版。

[41]金生鈜:《理解与教育——走向哲学解释学的教育哲学导论》,教育科学
出版社 1997 年版。

[42][德]康德:《法的形而上学原理》,沈叔平译,商务印书馆 1991 年版。

[43][德]康德:《历史理性批判文集》,何兆武译,商务印书馆 1990 年版。

[44][德]康德:《论教育学》,何兆武译,人民出版社 2005 年版。

[45]康永久:《教育制度的生成与变革——新制度教育学论纲》,教育科学出
版社 2003 年版。

[46]李春玲:《断裂与碎片——当代中国社会阶层分化实证分析》,社会科学
文献出版社 2005 年版。

[47]李峻:《转型社会中的高考政策研究——基于利益相关者理论的分析》,
湖南人民出版社 2012 年版。

[48]李培林、李强、孙立平等:《中国社会分层》,社会科学文献出版社 2004

年版。

[49]李文阁:《回归现实生活世界》,中国社会科学出版社 2002 年版。

[50]李艳、李双名:《农村义务教育制度选择论》,北京师范大学出版社 2009 年版。

[51]李政涛:《教育人类学引论》,上海教育出版社 2009 年版。

[52]李政涛:《教育学的智慧》,安徽教育出版社 2008 年版。

[53]刘洁:《中国农户教育投资行为研究》,经济管理出版社 2010 年版。

[54]刘全生:《教育成层研究》,教育科学出版社 2011 年版。

[55]刘少杰:《理解的追寻——实践理解引论》,吉林大学出版社 1994 年版。

[56]刘铁芳:《乡土的逃离与回归——乡村教育的人文重建》,福建教育出版社 2010 年版。

[57][美]刘易斯·芒福德:《城市发展史:起源、演变与前景》,宋俊岭等译,中国建筑工业出版社 2005 年版。

[58][法]卢梭:《社会契约论》,何兆武译,商务印书馆 2003 年版。

[59]卢现祥:《西方新制度经济学》,中国发展出版社 1996 年版。

[60]陆学艺、景天魁:《转型中的中国社会》,黑龙江人民出版社 1994 年版。

[61]陆学艺:《当代中国社会阶层研究报告》,社会科学文献出版社 2003 年版。

[62]陆学艺:《当代中国社会流动》,中国社会科学出版社 2004 年版。

[63][英]路易丝·麦克尼:《福柯》,贾湜译,黑龙江人民出版社 1999 年版。

[64][美]约翰·罗尔斯:《正义论》,何怀宏等译,中国社会科学出版社 2001 年版。

[65]《马克思恩格斯全集》第 4 卷,人民出版社 1995 年版。

[66]《马克思恩格斯全集》第 42 卷,人民出版社 1979 年版。

[67]《马克思恩格斯选集》第 1 卷,人民出版社 1995 年版。

[68][加]马克斯·范梅南:《教学机智——教育智慧的意蕴》,李树英译,教育科学出版社 2001 年版。

[69][德]尼古拉斯·卢曼:《信任:一个社会复杂性的简化机制》,瞿铁鹏、李强译,上海人民出版社 2005 年版。

[70] 钱理群:《追寻生存之根——我的退思录》,广西师范大学出版社 2005
年版。

[71] 钱民辉:《教育社会学:现代性的思考与建构》,北京大学出版社 2005
年版。

[72] 申仁洪:《论教育科学:基于文化哲学的批判与建构》,重庆大学出版社
2007 年版。

[73] 石中英:《教育学的文化性格》,山西教育出版社 2007 年版。

[74] 苏宏章:《利益论》,辽宁大学出版社 1991 年版。

[75] 孙立平:《断裂——20 世纪 90 年代以来的中国社会》,社会科学文献出
版社 2003 年版。

[76] 孙培青:《中国教育史》,华东师范大学出版社 2002 年版。

[77] 陶行知:《生活教育文选》,四川教育出版社 1988 年版。

[78] 汪民安、陈永国:《后身体文化、权力和生命政治学》,吉林人民出版社
2003 年版。

[79] 王沪宁:《当代中国村落宗族文化》,上海人民出版社 1991 年版。

[80] 王嘉毅、吕国光:《西北少数民族地区基础教育发展现状与对策研究》,
民族出版社 2006 年版。

[81] 王鉴:《课堂研究概论》,人民教育出版社 2007 年版。

[82] 王坤庆:《教育哲学——一种哲学价值论的视角的研究》,华中师范大学
出版社 2006 年版。

[83] 王铭铭:《走在乡土上——历史人类学札记》,中国人民大学出版社 2006
年版。

[84] 王思斌:《走向社会的基础结构》,社会科学文献出版社 2012 年版。

[85] 王一涛:《农村教育与农民的社会流动——基于英县的个案分析》,社会
科学文献出版社 2008 年版。

[86] [德]沃尔夫冈·布列钦卡:《教育科学的基本概念——分析、批判与建
议》,胡劲松译,华东师范大学出版社 2003 年版。

[87] 吴德刚:《中国教育改革发展研究》,教育科学出版社 2011 年版。

[88] 肖川:《教育的理想与信念》,岳麓书社 2002 年版。

[89][美]约瑟夫·熊彼特:《资本主义、社会主义和民主主义》,吴良健译,商务印书馆1999年版。

[90]熊培云:《一个村庄里的中国》,新星出版社2012年版。

[91]杨耕:《为马克思辩护》,黑龙江人民出版社2002年版。

[92]曾满超:《教育政策的经济分析》,人民教育出版社2000年版。

[93]张静:《现代公共规则与乡村社会》,上海书店出版社2006年版。

[94]张人杰:《国外教育社会学基本文选》,华东师范大学出版社2009年版。

[95]张汝伦:《现代西方哲学十五讲》,北京大学出版社2003年版。

[96]章辉美:《社会转型与社会问题》,湖南大学出版社2004年版。

[97]赵海利:《高等教育公共政策》,上海财经大学出版社2003年版。

[98]赵汀阳:《论可能生活》,中国人民大学出版社2011年版。

[99]郑杭生、李强、李路路:《当代中国社会结构和社会关系研究》,首都师范大学出版社1997年版。

[100]周树志:《公共政策学:一种政策系统分析新范式》,西北大学出版社2000年版。

(二)期刊类

[1]蔡国英:《我国辍学现象的经济学分析》,《北京师范大学学报(社会科学版)》2004年第2期。

[2]董泽芳、沈百福:《试析农村初中学生教育分流意向》,《湖北大学学报(哲学社会科学版)》1997年第6期。

[3]冯建军:《论当代中国教育的双重转型》,《南京师大学报(社会科学版)》2011年第3期。

[4]郭丛斌、闵维方:《家庭经济和文化资本对子女教育机会获得的影响》,《高等教育研究》2006年第11期。

[5]郝德永:《不可"定义"的教育——论本质主义教育思维方式的终结》,《教育研究》2009年第9期。

[6]洪岩璧、钱民辉:《中国社会分层与教育公平:一个文献综述》,《中国农业大学学报(社会科学版)》2008年第4期。

[7]黄忠怀:《20 世纪中国村落研究综述》,《华东师范大学学报(哲学社会科学版)》2005 年第 3 期。

[8]金生鈜:《"无立场"的教育学思维——关心人间、人事、人心》,《华东师范大学学报(教育科学版)》2006 年第 9 期。

[9]劳凯声:《中国教育学研究的问题转向——20 世纪 80 年代以来教育学发展的新生长点》,《教育研究》2004 年第 4 期。

[10]李莉:《教育对社会分层流动的影响——教育公平与和谐社会》,《现代教育科学》2007 年第 2 期。

[11]李路路:《制度转型与分层结构的变迁——阶层相对关系模式的"双重生产"》,《中国社会科学》2002 年第 6 期。

[12]李培林:《另一只看不见的手:社会结构转型》,《中国社会科学》1992 年第 2 期。

[13]刘崇顺、C.M.布劳戴德:《城市教育机会分配的制约因素——武汉市五所中学初中毕业生的调查分析》,《社会学研究》1995 年第 4 期。

[14]刘宏元:《努力为青年人创造平等的受教育机会——武汉大学 1995 级新生状况调查》,《青年研究》1996 年第 4 期。

[15]刘精明:《教育与社会分层结构的变迁——关于中高级白领职业阶层的分析》,《中国人民大学学报》2001 年第 2 期。

[16]刘明兴:《农村税费改革前后农民教育负担变化的研究》,《中国农业经济评论》2007 年第 7 期。

[17]刘旭东、吴原:《基础主义教育理论及其批判》,《教育理论与实践》2009 年第 7 期。

[18]刘旭东:《"现代性"教育学的评判与反思》,《西北师范大学学报(社会科学版)》2007 年第 7 期。

[19]刘旭东:《对教育与生活关系的思考》,《教育研究》2007 年第 8 期。

[20]刘旭东:《教师实践性知识的反思与重建》,《教育科学研究》2008 年第 10 期。

[21]刘旭东:《教育理论学术旨趣的实践转向》,《安徽师范大学学报(人文社会科学版)》2010 年第 7 期。

[22]刘旭东:《教育学的困境与生机》,《教育研究》2005 年第 11 期。

[23]刘旭东:《预设与建构——教育价值观演进的思考》,《教育理论与实践》2007 年第 6 期。

[24]刘再春:《论制度的本质,功能和重新》,《山西高等学校社会科学学报》2004 年第 8 期。

[25]刘志强:《城乡二元结构下农村大学生就业难问题分析》,《山东省青年管理干部学院学报》2008 年第 1 期。

[26]刘祖云:《社会转型:一种特定的社会发展过程》,《华中师范大学学报(哲学社会科学版)》1997 年第 6 期。

[27]鲁洁:《教育的原点:育人》,《华东师范大学学报(教育科学版)》2008 年第 12 期。

[28]马和民:《当前中国城乡人口社会流动与教育之关系》,《社会学研究》1997 年第 4 期。

[29]马和民:《论社会转型期的教育问题与综合治理》,《杭州师范学院学报(社会科学版)》2003 年第 1 期。

[30]孟献华等:《教学世界对生活世界的观照——兼论"教学回归生活世界"》,《教育理论与实践》2011 年第 5 期。

[31]宁虹:《教师成为研究者的现象学意识》,《教育研究》2003 年第 11 期。

[32]宁虹:《教育的实践哲学——现象学教育学理论建构的一个探索》,《教育研究》2007 年第 7 期。

[33]宁虹、钟亚妮:《现象学教育学探析》,《教育研究》2002 年第 8 期。

[34]潘彭丹、余期江:《浅析当前阶层分化对高等教育机会获得的影响》,《江西科技师范学院学报》2004 年第 2 期。

[35]王官诚、李江源:《论教育制度的稳定性与变革》,《教育理论与实践》2009 年第 8 期。

[36]王建华:《论制度变迁与教育转型》,《教育导刊》2011 年第 1 期。

[37]王伟宜、顾自安:《各阶层子女对高校科类选择的偏好与入学机会差异——基于偏好模型的解释》,《教育与经济》2005 年第 2 期。

[38]王香丽:《广东高等教育入学机会研究——对广东省几所高校的调查》,

《高教探索》2005 年第 3 期。

[39] 王向华:《对话教育论》,《教育研究》2010 年第 9 期。

[40] 王远伟、高巍:《经济因素对个人高等教育选择的影响》,《教育学报》2007 年第 4 期。

[41] 文东茅:《家庭背景对我国高等教育机会及毕业生就业的影响》,《北京大学教育评论》2005 年第 3 期。

[42] 谢作栩、王伟宜:《社会阶层子女高等教育入学机会差异研究——从科类、专业角度谈起》,《大学教育科学》2005 年第 4 期。

[43] 徐婷:《农村社会分层与社会流动研究综述》,《中国市场》2011 年第 9 期。

[44] 徐晓军:《论教育排斥与教育的阶层化》,《广东社会科学》2007 年第 2 期。

[45] 杨春华:《教育期望中的社会阶层差异:父母的社会地位和子女教育期望的关系》,《清华大学教育研究》2006 年第 4 期。

[46] 杨东平:《高等教育入学机会:扩大之中的阶层差距》,《清华大学教育研究》2006 年第 1 期。

[47] 叶宏生:《高考的城乡差异及对策研究》,《高等教育研究》2011 年第 6 期。

[48] 叶澜:《实现转型:新世纪初中国学校改革的走向》,《探索与争鸣》2002 年第 7 期。

[49] 于珍:《教育要满足农民社会流动的需求》,《教育教学论坛》2012 年第 18 期。

[50] 余小波:《当前我国社会分层与高等教育机会探析:对某所高校 2000 级学生的实证研究》,《现代大学教育》2002 年第 2 期。

[51] 袁桂林:《农村初中辍学现状调查及控制辍学对策研究》,《中国教育学刊》2004 年第 2 期。

[52] 张鸿雁:《论当代中国城乡多梯度社会文化类型与社会结构变迁——依据"社会事实"对"二元结构"的重新认识》,《南京社会科学》2007 年第 11 期。

[53] 张积家、陈俊:《期望教育的心理学理据》,《华南师范大学学报(社会科学版)》2003 年第 4 期。

[54] 张立昌:《论教师的反思及其策略》,《教育研究》2001 年第 12 期。

[55] 张士菊:《农村青少年辍学的非经济因素》,《青年研究》2003 年第 1 期。

[56] 章忠民:《基础主义的批判与当代哲学主题的变化》,《哲学研究》2006 年第 6 期。

[57] 钟宇平、陆根书:《高等教育成本回收对公平的影响》,《北京大学教育评论》2003 年第 2 期。

[58] 周作宇:《教育、社会分层与社会流动》,《北京师范大学学报(人文社会科学版)》2001 年第 5 期。

(三)学位论文类

[1] 曹晶:《教育社会分层功能的弱化——转型期农村教育的根本性危机》,博士学位论文,华东师范大学教育学系,2007 年。

[2] 冯霞:《青海循化撒拉族自治县汉族移民乡村社会文化变迁研究——以东街村为例》,博士学位论文,兰州大学民族学研究院,2010 年。

[3] 任淑芳:《父母的教育期望、青少年家庭义务感与教育领域的未来取向》,硕士学位论文,山东师范大学教育学院,2009 年。

[4] 司洪昌:《嵌入村庄的学校——仁村教育的历史人类学探究》,博士学位论文,华东师范大学教育高等研究院,2006 年。

[5] 孙小红:《家长职业状况与子女学业成绩关系的社会学探讨——以上海市四所学校为案例》,硕士学位论文,上海师范大学教育学院,2006 年。

[6] 王彤:《欠发达地区农村家庭的子女教育决策研究——以吉林省一村为个案》,硕士学位论文,东北师范大学教育学系,2007 年。

[7] 魏莉莉:《"贫困文化"视野下的城市青少年辍学问题——以上海市个案分析为例》,硕士学位论文,华东师范大学社会学系,2005 年。

[8] 张济州:《文化视野中的村落、学校与国家——一个县教育变迁的历史人类学考察(1904 — 2006)》,博士学位论文,华东师范大学教育学系,2007 年。

[9]张清:《中国大学的社会信任基础研究——教育陇中二百户村的观察与阐释》,博士学位论文,陕西师范大学教育学院,2010年。

[10]赵爽:《征地、撤村建居与农村人际关系变迁——以一个中国北方村落为例》,博士学位论文,复旦大学社会发展与公共政策学院,2012年。

(四)外文类

[1]James S Coleman et al. , *Equality of Education Opportunity*, Washington, DC: Government Printing Office, 1966.

[2]James S Coleman, "Social Capital in the Creation of Human Capital", *The A-merican Journal of Sociology*, Vol.94(supplement), 1988.

[3]Haller A O, Swell W H, "Farm residence and levels of Educational and Occu-pational Aspiration" *The American Journal of Sociology*, vol.62, No.4(1957).

[4]Leepel K, Williams M L and Waldauer C, "The Impact of Parental Occupation and Socioeconomic Status on Choice of College Major", *Journal of Family and Economic Issues*, vol.22, No.4(Winter 2001).

[5]Alexander K L, Eckland B K, and Griffin L J, "The Wiscousin Model of Socio-economic Achievement: A Replication" *The Americon Journal of Sociology*, vol. 81, No.2(1975).

[6]Pribesh S, Downey D B, "Why are Residential and School Moves Associal with Poor School Performance", *Demoggraphy*, vol.120, No.6(1999).

[7]Teachman DJ, "Family Background, Educational Resource, and Educational Achievements", *American Sociological Review*, vol.40, No.8(1987).

[8]Leepel K, Williams M L and Waldauer C, "The Impact of Parental Occupation and Socioeconomic Status on Choice of College Major", *Journal of Family and Economic Issues*, vol.225, No.4(Winter 2001).

[9]C Spera, K R Wentzel, H C Motto, "Parental Aspirations for Their Childrens'Educational Attainment: Relations to Ethnicity, Parental Education, Childrens'Acedemic Performance, and Parental Percepations of school Cli-mate", *Journal of Youth and Adolescence*, vol.232, No.8(2008).

[10] Fan X Parental Involement and Students', "Academic Achievement: A Growth Modeling and Analysis", *Journal of Experimental Education*, vol.70, No.1(2001).

[11] Chunyuan Song、Jennifer E Glick, "College Attendence and Choice of College Majors Among Asian-American Students", *Social Science Quarterly*, vol.162, No.5(2004).

[12] Kourilsky M L& Walstad W B, "Entrepreneurship and female youth: knowledge attitude, gender differences, and educational practice", *Journal of Business Venturing*, vol.98, No.13(1998).

[13] David Harrison *The sociology of modernation and development*, New York: Academic Division of Unwim Hyman Ltd, 1988.

[14] Van manen Max, *Phenomenological pedagogy and the Qestion of Meaning*, In D.Vandenberg(Ed.), phenomenology and Educational Discourse (pp.39 - 46).Durban: Heinemann Higher and Further Education, 1966.

[15] Weinstein RS, *Reaching higher: the power of expectation inschool*, Cambridge: Harvard University Press, 2002.

[16] Burbules NC, *Dialogue in teaching: Theory and Practice*, New York: Teachers College Press, 1993.

[17] James S Coleman et al., *Equality of Education Opportunity*, Washington DC: Government Printing Office, 1966.

[18] Michel Foucault, *Discipline and Punish: the Birth of the Prison*, New York: Vintage Books, 1979.

[19] L.Valli, *Reflective Teacher Education: Cases and critiques*, New York: State University of New York Press, 1992.

主　题　索　引

后　记

本书是在我的博士学位论文的基础上整理出版的。

一直以来，童年的生活印记如影相随。父母在贫苦的日子里忙碌的身影始终在我的脑海中萦绕，母亲的谆谆教诲和父亲的慈祥目光挥之不去，他们的劳碌给我诠释了生活的哲理："要想过上好日子，就要努力学习，考上大学"。尽管后来上了大学，进了城，离开了乡土，但在城市生活的时间越长，反而对家乡父老乡亲越牵挂，他们艰苦的生活和殷殷期望总让我难以释怀。可以说，是家乡的生活历练给了我博士论文选题和写作的思想源泉。

初识导师刘旭东教授，是在2005年我读硕士研究生二年级期间。那次他是我们专业方向三年级学长们的毕业论文答辩主席。他精彩的讲解、激昂的论辩、铿锵的回应给我留下了深刻的记忆，这位青年学者意气风发、激扬文字的英俊风采让我深深折服。我暗暗下定决心，要拜在他的门下攻读博士学位，做他的学生。然而，经过四年激烈的考博竞争，当我真正成为他的学生的时候，我感受到了沉重的压力。"压力山大"是我当时的真实心态。这种压力主要源自导师的渊博睿智与我的粗疏浅薄之间的巨大反差，以及"刘门弟子"个顶个的刻苦。只有通过勤奋学习，才能弥补这种差距。那三年，我很"苦"，但苦并乐着。

诚挚感谢导师刘旭东教授的培养和教诲。他为人和善、雅致精深，对我的生活、学习、成长关怀备至，帮助我解决了种种困难和问题，使我能够安心读书。但在学术成长中，他的要求严格严厉。

那种一丝不苟、严谨治学的风范是我们永远学习的榜样。刘老师铸就了我们不懈追求学术的严谨风格。

西北师范大学是座"大殿"，这座百年学术殿堂精英荟萃。感谢培养我们的各位导师：胡德海、王嘉毅、万明钢、李瑾瑜、张学强、王兆璟、王鉴、孙百才、傅敏、周爱宝、赵明仁、凌茜等教授。他们不仅给我们传授知识，更传承了西北师范大学的学术品格和高尚风格。

感谢在"考博"道路上给予我无私帮助的华南师范大学扈中平、华中师范大学王坤庆、南京师范大学金生鈜、青海师范大学何波、兰州城市学院张海钟等教授，前辈们的学术品格是我们永远学习的榜样；感谢参加我博士论文开题并任答辩主席的高宝立（《教育研究》主编）及东北师范大学于伟、山西大学侯怀银等教授，他们的金针度人使我终生难忘；非常感谢华东师范大学陈振华、湖南师范大学刘铁芳等教授的提携和教诲，以及江苏省教育科学研究院刘自团、华南师范大学肖绍明等博士的无私帮助；特别感谢内江师范学院陈理宣教授，他博学睿智、仁厚宽宏，在我的学术发展道路上给予了悉心教诲和无私帮助。同时，感谢兰州城市学院陈婷博士后、刘淑红博士、蔡兆梅副教授、李梅讲师，以及甘肃省教科所王毓新博士和西北师范大学樊改霞博士后的关心和帮助；感谢同学魏坤、叶蓓蓓、龙红芝、郭思含、孙丽华、陈富、王太君、崔向平等博士的帮助。

"刘门"是一个充满生机的学术团体。在导师治学精神的感召下，我们团结一致、齐心协力向前进。忘不了每一次学术沙龙上的侃侃而谈和激烈论争，也忘不了图书馆里那努力拼搏的劲头和校园里匆匆的身影。感谢你们：张善鑫、吴原、吴银银、高小强、谭月娥、苏向荣、李峻和尤伟夫妇、马丽、吴永胜、陈旭等博士,以及乔茂凤、康君明、杨恩泽、刘楠、闫凤玉等硕士同门。

"读博"期间,离不开家人的鼓励和支持。非常感谢姑父赵鹏先生和姑姑刘海莲女士的照顾,他们无私的关怀和帮助成就了我今天的一切;感谢妻子龚晓萍女士,她用柔弱的肩膀担起了家庭的重担,为我读书和学习创造了一个温暖的生活领地,使我能安下心来完成博士学业;感谢女儿刘金苑,她的温婉雅致让我时刻领悟着生活的希冀。

非常感谢人民出版社王世勇编审和刘伟编辑!两位老师在百忙之中审阅了我的书稿,给予我详尽的修改意见和建议。他们的垂青让我倍感荣幸!激励我在以后的为学、为事、为人的道路上不断奋进。

由于水平有限,书中的错误和不妥难免,恳请学界同仁和前辈方家不吝赐教。

昭昭之路,物华天宝。人生的乐趣就在于奋斗和求索的"行动"中。当我们攀登上一座高峰,回眸来路,其实无边的风景就在我们行走的路边;展望前路,更多更美的风景依然在昭示攀登者。"而今迈步从头越",我将用更加坚定的步伐去开拓新的生活疆域。

故曰:人生是一个追梦的过程,只有努力过,奋斗过,才不会有遗憾。

是为记。

刘炎欣

2015 年 10 月 18 日于金城